Opel

Das Unternehmen
Die Automobile
Die Menschen

Jürgen Lewandowski

Opel

Das Unternehmen
Die Automobile
Die Menschen

DELIUS KLASING VERLAG

Die Deutsche Bibliothek – CIP-Einheitsaufnahme

Opel: das Unternehmen, die Automobile,
die Menschen / Jürgen Lewandowski.
[Hrsg.: Adam Opel AG. Red. Mitarbeit:
Monika Lewandowski]. – 1. Aufl. –
Bielefeld: Delius Klasing, 2000
ISBN 3-7688-1252-9

Herausgeber: Adam Opel AG

1. Auflage
ISBN 3-7688-1252-9

Redaktionelle Mitarbeit: Monika Lewandowski
Schutzumschlaggestaltung: Robert Becker, Zornheim
Layout: D + K Horst Repschläger GmbH, Wiesbaden
Bildnachweis: Opel-Archiv
Druck: Kunst- und Werbedruck, Bad Oeynhausen
Printed in Germany 2000

Delius Klasing Verlag, Siekerwall 21, D-33602 Bielefeld
Tel.: 0521/559-0, Fax: 0521/559-113
e-mail: info@delius-klasing.de
http://www.delius-klasing.de

1

Wie Adam Opel, einer der drei Söhne des Schlossermeisters Philipp Wilhelm Opel, in Paris den Bau von Nähmaschinen lernt, in Rüsselsheim seine Fabrik eröffnet und in wenigen Jahren ein Imperium aufbaut. Und wie seine Söhne das Fahrrad entdecken, es populär machen und das Haus Opel auch in diesem Marktsegment reüssiert – und zum größten Fahrradhersteller wird.

Eine Dynastie, auf Fahrrädern gegründet

Wir alle wissen, daß die erste Automobilfabrik dieser Erde nicht in Rüsselsheim gegründet wurde. Aber wir wissen auch, daß die erste industrielle Revolution in der Mitte des vergangenen Jahrhunderts von einigen tatkräftigen Männern ausgelöst wurde, die über Visionen verfügten. Adam Opel war so ein Mann: Er hatte im Ausland gelernt, neue Techniken gesehen – und sie mit einer gesunden Mischung aus Zukunftsgläubigkeit und Bodenständigkeit in die Realität umgesetzt. Er hatte ein Imperium aufgebaut – während sich Gottlieb Daimler und Karl Benz darum bemühten, das Automobil zu erfinden, hatte Adam Opel bereits seinen Weg gefunden.

Als das Automobil laufen lernte, war die »Adam Opel Näh-Maschinen Fabrik« bereits ein florierendes Unternehmen, das nur ein Jahr später mit der Produktion von Fahrrädern beginnen sollte und die Generalvertretung des französischen Reifenherstellers »Michelin« für das gesamte Deutsche Reich übernehmen sollte.

Doch gehen wir erst einmal viel weiter zurück, in die Zeit des 30jährigen Krieges: In diesen Jahren gab es in der Gemarkung Dachsenhausen im Taunus eine Bauernsippschaft, die den Namen »Oppel«, »Obbell« oder »Opel« trug. Wahrscheinlich stammte sie aus der

Gegend von Bingen im Soonwald. Die Tatsache, daß hier ein Berg (oder, um ehrlicher zu sein, ein Hügel) mit dem Namen »Opel« anzutreffen ist, scheint den Historikern Beweis genug für diese These zu sein. Aber die »Oppels« waren auf die andere Seite des Rheins gezogen und machten sich hier als Bauern seßhaft. Als im 30jährigen Krieg Truppen Dachsenhausen in Schutt und Trümmern zurückgelassen hatten, begann man mit dem mühsamen Wiederaufbau der Bauernhöfe und Stallungen. Einer aus der Sippe beschloß jedoch, seinen Sohn nicht mehr als Bauern groß werden zu lassen. Der Thönges Opel wollte, daß sein Erstgeborener etwas Besseres lernte – Schmied sollte er werden. Und so entwikkelte sich ein neuer Opel-»Stamm«, der die Tradition dieses Berufs durch die Generationen trug.

Der 1803 in Gräfenhausen bei Darmstadt geborene Philipp Wilhelm Opel ging dann den nächsten Schritt: Er erlernte das Schlosserhandwerk und erhielt im Herbst 1835, nachdem er die Gesellenprüfung erfolgreich bestanden hatte, vom Rat des Marktstädtchens Rüsselsheim die Erlaubnis, sich in diesem – etwa 25 Kilometer von Frankfurt entfernten – Flecken niederzulassen.

Die ersten Aufträge kamen rasch herein, Philipp Wilhelm Opel reparierte und fertigte Dachrinnen, Blitzableiter, Schlösser und Fenstergitter. Rasch hatte er sich eine solide Existenz aufgebaut und zusammen mit Anna Katharina Diehl, die er im Frühjahr 1836 heiratete, gründete er eine vielköpfige Familie: Am 9. Mai 1837 kam Adam zur Welt, sein Bruder Georg folgte am 18. November 1838, und der am 27. April 1846 geborene Wilhelm wurde das Nesthäkchen. Anna Katharina Opel starb jedoch viel zu früh am 4. Mai 1849; Philipp Wilhelm Opel heiratete dann später noch ein zweites Mal.

In diesen Jahren sollte sich Deutschland mit dramatischen Begleiterscheinungen von einem Agrarstaat zu einer Industrienation wandeln, und an diesen Veränderungen war nicht zuletzt der 1736 geborene James Watt schuld: Als gelernter Werkzeugmacher brachte er an der Universität Glasgow in Schottland der Dampfmaschine das ökonomische Laufen bei. Zwischen 1776 und 1800 bauten Watt und sein Partner Matthew Boulton rund 500 immer weiter verbesserte Maschinen, die Hauptantriebskraft in den Fabriken und Bergwerken Englands und anderer Länder wurden. 1829 hatte dann Robert Stephenson die erste schnellfahrende Lokomotive entwickelt und gewann mit seiner immerhin 54 km/h schnellen »Rocket« das erste Lokomotivenrennen von Rainhill.
In Deutschland waren diese Errungenschaften der Technik erstmals am 7. Dezember 1835 zu besichtigen: An diesem Tag fand die erste Eisenbahnfahrt von Nürnberg nach Fürth statt, und rasch begann ein immer dichter werdendes Schienennetz die deutschen Lande zu überziehen. Anfang der 40er Jahre des vergangenen Jahrhunderts wurde dann auch die Eisenbahnlinie von Frankfurt nach Höchst eröffnet. Natürlich zog es auch die beiden älteren Opel-Buben an die Eisenbahnstrecke. So oft es die Zeit erlaubte, marschierten sie an den Bahndamm und konnten sich an den zischenden und dampfenden Lokomotiven gar nicht satt sehen. Natürlich mußten die beiden, während sie noch die Schulbank drückten, bereits in der Werkstatt helfen und dem Vater, wo es möglich war, zur Hand gehen. Dann absolvierten sie ihre Lehrzeit, aber während der mittlerweile verwitwete Vater darauf hoffte, daß die beiden ihm und seiner kleinen Werkstatt erhalten blieben, hatten sich Adam und Georg ganz andere Gedanken in den Kopf gesetzt: Sie wollten etwas von der Welt sehen, und dafür mußten sie aus dem kleinen Städtchen Rüsselsheim heraus.

Der Traum des Adam Opel: Einmal in Paris leben

Adams großer Traum war die Stadt Paris. Wenigstens einmal wollte er in dieser Stadt leben, über die er in den Zeitungsberichten schon so viel gelesen hatte. In dieser Stadt wollte er sein, in der 1855 die große Weltausstellung stattgefunden hatte, auf der all die neuen Erfindungen zu bewundern waren, die das Leben revolutionieren sollten. Die Luft wurde ihm immer enger, schließlich bat er den Vater, nach Paris gehen zu dürfen, um

Großherzogthum Hessen.

Provinz

STEMPEL PAPIER 20 kr. № 8

Wander-Buch

für

von

Preis für Papier, Druck und Einband 16 Kreuzer.

Darmstadt, im Verlag der Großh. Hess. Invaliden-Anstalt.

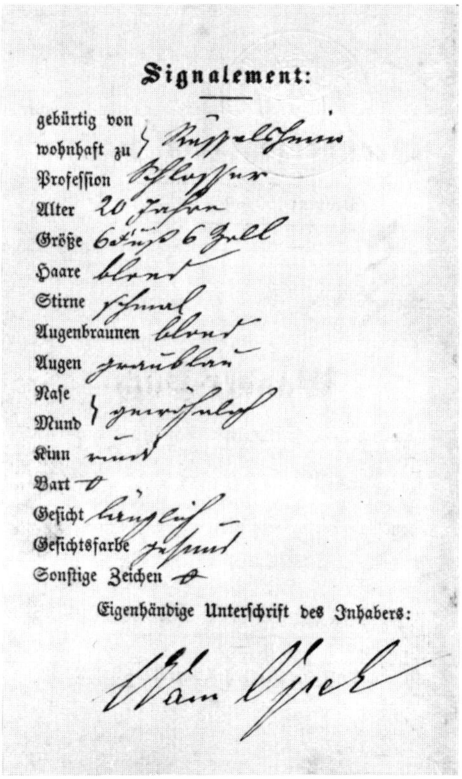

Signalement:

gebürtig von
wohnhaft zu
Profession
Alter
Größe
Haare
Stirne
Augenbraunen
Augen
Nase
Mund
Kinn
Bart
Gesicht
Gesichtsfarbe
Sonstige Zeichen

Eigenhändige Unterschrift des Inhabers:

Auszüge aus dem Wanderbuch, mit dem Adam Opel am 10. Juni 1857 seine Lehrzeit in Belgien, England und Frankreich antreten konnte.

So sahen die Maschinenfabriken in den 60er Jahren des vergangenen Jahrhunderts in Paris aus – welch Unterschied zur schlichten väterlichen Werkstatt in Rüsselsheim.

dort »Mechaniker« zu werden. Doch der über den Verlust seiner Frau verbitterte Vater wollte den mittlerweile 18jährigen (noch) nicht ziehen lassen – erst zwei Jahre später gab er ihn, wenn auch widerwillig, »frei«. Am 10. Juni 1857 bekam Adam das langersehnte Wanderbuch, allerdings nur bis zum 1. März 1858 befristet, denn noch drohte dem jungen Adam Opel der Militärdienst.

Da es damals mehr junge Männer als Plätze beim Militär gab, hatte jeder ein Los zu ziehen. Adam Opel zog eine hohe Nummer, die Wahrscheinlichkeit, daß man ihn einrücken lassen würde, war nur gering. Allerdings muß der große junge Mann mit seinen blonden Haaren bei dem Rekrutierungsoffizier einen guten Eindruck hinterlassen haben, denn dieser legte ihm mehrmals ans Herz, doch als Freiwilliger zum Heer zu kommen. Aber Adam Opel hatte sein Herz bereits an den damaligen Mittelpunkt der Welt, an das strahlende Paris, verloren. Und so fuhr er im Sommer 1857 mit dem Schiff über Mainz nach Köln und reiste von dort mit der Postkutsche ins belgische Lüttich. Hier übernahm er seine erste Stelle und lernte den Umgang mit Dampfmaschine und mechanischem Webstuhl. Dann erfuhr er am 31. März 1858, daß er tatsächlich nicht zum Militär zu gehen hatte, und so machte er sich über Brüssel zuerst auf den Weg nach London. Schon bald mußte er aber zur Kenntnis nehmen, daß dies nicht »seine« Stadt war. Also ging es zurück nach Dover und mit dem Schiff über den Ärmelkanal nach Frankreich.

Im Sommer 1858 hatte Adam Opel endlich sein Ziel erreicht: Er war in Paris. Aber das Leben gestaltete sich in dieser Millionenstadt härter als in Rüsselsheim. Paris, damals Zentrum des europäischen Handels und vielumjubelter Mittelpunkt glanzvoller Ausstellungen, hatte nicht gerade auf Adam Opel gewartet, und so war der mittlerweile 21jährige Geselle erst einmal froh, als er bei einem Bäcker gegen Kost und Logis Hilfsdienste übernehmen durfte. Während der langen Nachtstunden, in denen das Brot gebakken wurde, kreisten seine Gedanken nur darum, in welche Sparten er seine Zukunft lenken könnte. Eines Nachts schließlich stand der Entschluß fest: Er wollte sein Glück mit Nähmaschinen versuchen. Mit jenen Geräten also, die der Franzose Timmonier knapp drei Jahrzehnte zuvor erfunden hatte. Adam war nun konsequent: Er machte sich auf die Suche nach einer Lehrstelle bei einem der großen Nähmaschinenhersteller und erhielt am 19. August 1859 eine Anstellung bei »F. Journaux & Leblond«, dem damals größten Nähmaschinenproduzenten der Welt. Zweieinhalb Jahre sollte er bei diesem Unternehmen bleiben, und – was noch viel wichtiger war – im Herbst des Jahres 1859 reiste sein Bruder Georg nach Paris nach. Georg, der die Briefe von Adam mit großen Augen gelesen hatte, war nur allzu gern bereit, die bedrückende Enge von Rüsselsheim zu verlassen, um mit Adam in dem leuchtenden Paris sein Glück zu suchen.

Gemeinsam erarbeiteten sich die beiden nun das Wissen, das zum Bau von Nähmaschinen nötig war – und beide waren auch intelligent genug, die Schwächen der Maschinen aufzudecken, die sie tagtäglich montieren mußten. Nachts saßen sie zusammen, tüftelten und feilten und fanden so langsam zu »ihren« Lösungen. Bis zum 5. Februar 1862 erhielt Adam Opel seinen Lohn von »F. Journaux & Leblond«, dann ging er – mit einem glänzenden Zeugnis versehen – einen Monat später zur großen Konkurrenz: Bei »Huguenin & Reimann« wollte der ehrgeizige junge Mann noch die Tricks der zweiten marktbeherrschenden Firma kennenlernen.

Er ging als junger Bursche und kehrte als Mann zurück

Aber Adam schien bereits genug gelernt zu haben – oder siegte schließlich doch das Heimweh? Auf jeden Fall kündigte er bereits am 14. August desselben Jahres und reiste zurück ins heimatliche Rüsselsheim. Die Jahre in der Fremde hatten ihn geprägt – Adam Opel hatte viel von der Welt gesehen, andere Sprachen gelernt, seinen geistigen Horizont erweitert. Er war nicht mehr der junge Bursche, der sein Städtchen fluchtartig verlassen hatte. Er war nun ein gestandener Mann mit einer hervorragenden Ausbildung, der genau wußte, was er wollte:

Der »Kuhstall« – die erste eigene Werkstatt, in der Adam Opel seine Nähmaschinenproduktion begann.

Adam Opel, Mechaniker
22) in Rüsselsheim
empfiehlt selbstgefertigte Nähemaschienen aller Art, nach der neuesten Construction, zu festen und billigen Preißen.

Am 10. April 1863 erschien im »Groß-Gerauer Kreisblatt« die erste Anzeige von Adam Opel.

Die erste Nähmaschine diente dem Schneidermeister Hummel mehr als 40 Jahre lang (rechts).

Nähmaschinen bauen. Aber der Vater, der allein mit dem jüngsten Bruder gelebt hatte, war den Wünschen und Vorstellungen seines Ältesten gegenüber unzugänglich. Wenn er schon glaubte, sich jahrelang in der Fremde herumtreiben zu müssen, so war es nun doch seine Pflicht, ihm mit seinem neuen Wissen in der Werkstatt zu helfen oder ihn wenigstens zu entlasten. Aber schließlich waren da noch die Nächte, in denen Adam Stück für Stück die Einzelteile »seiner« Nähmaschine von Hand zurechthämmerte und bog, feilte und schmirgelte. Oft hatten die zur Verfügung stehenden Materialien aber nicht die gewünschte Qualität; manche Teile mußten so oft neu gefertigt werden, daß der Vater, der das Unternehmen noch immer mißtrauisch beäugte, zu der festen Überzeugung gelangte, daß die Bemühungen seines Ältesten nur Hirngespinste seien. In diesen Nächten begann Adam Opel eigentlich seine Nähmaschinenproduktion, und im Spätherbst 1862 war dann endlich das erste Stück fertiggestellt. Der Rüsselsheimer Schneidermeister Hummel wurde der erste Käufer, und er sollte zufrieden sein: Die Maschine verrichtete die nächsten 40 Jahre problemlos ihre Dienste.

Trotz aller Widerstände: Opel machte sich selbständig

Für die zweite Nähmaschine benötigte Adam Opel zwar nur noch sechs Wochen Arbeitszeit, doch die Ablieferung bei dem Kunden gestaltete sich schwieriger, als er es sich vorgestellt hatte: Als er sein Werk mit einer Fähre über den Main nach Flörsheim bringen wollte, wurde Opel am Ufer von wütenden Schneidergesellen mit einem Steinhagel empfangen. Die Gesellen fürchteten um Arbeit und Brot. Opel verstand die Welt nicht mehr: Mit seiner Maschine wurde die Arbeit doch leichter, und er war der Meinung, wer mehr produziere, der könne doch auch mehr verdienen. Aber noch siegte das Argument der Gewalt: Die Fähre mußte umdrehen, und die Nähmaschine kehrte mit ihrem Schöpfer nach Rüsselsheim zurück. Doch Adam Opel, ein rechter hessischer Dickschädel, gab so rasch nicht auf, und so waren bald drei weitere Maschinen gebaut und an zufriedene Kunden ausgeliefert.

Inzwischen hatte es auch die ersten Platzprobleme gegeben. Philipp Wilhelm Opel sah noch immer nicht so ganz ein, was der »Unsinn« mit den Nähmaschinen eigentlich sollte, und daher ist es nur verständlich, daß Adam schließlich die ständigen Auseinandersetzungen mit dem Vater leid war: Also machte er sich auf die Suche nach einer eigenen Werkstatt. Schneller als erwartet fand er bei seinem Wunsch, sich selbständig zu machen, einen ersten Verbündeten. Der Bruder der früh verstorbenen Mutter überließ dem Nähmaschinenbauer kostenlos seinen leerstehenden Kuhstall und stellte darüber hinaus sogar noch etwas Geld zur Verfügung, damit Adam eine Grundausrüstung für seine Werkstatt und ein paar Rohstoffe für die Produktion erwerben konnte. Dabei war auch sein Bruder Georg, der einstweilen noch in Paris geblieben war, äußerst hilfreich: Er lieferte den Spezialstahl, den Adam im nahegelegenen Frankfurt nicht besorgen konnte.

Im Frühjahr des Jahres 1863 – also etwa sechs Monate nach der Auslieferung der ersten Maschine an den Meister Hummel – war die Werkstatt fertig. Und am 10. April 1863 tauchte im »Groß-Gerauer Kreisblatt« erstmals eine Opel-Anzeige auf: „Adam Opel, Mechaniker in Rüsselsheim, empfiehlt selbstgefertigte Nähemaschienen aller Art, nach der neuesten Construction, zu festen und billigen Preißen."

Rasch wurden weitere Maschinen angeschafft, für die ein von Hand getriebenes Schwungrad die erforderliche Antriebsenergie lieferte. Im Herbst desselben Jahres kehrte auch Georg Opel aus Paris zurück, und zusammen mit Peter Schäfer, der als erster Arbeiter zu den Gebrüdern Opel gekommen war, nahm eine der großen Firmen dieses Landes ihre

Mit eigenem Gleisanschluß: Die erste Fabrik – das Grundstück hatte den jungen Fabrikanten 144 Gulden gekostet.

Arbeit auf. Zwar liefen die Geschäfte am Anfang nicht ganz so, wie man es sich in Rüsselsheim erträumt hatte – noch gingen die Lieferungen nicht über den Großraum Frankfurt hinaus –, aber einmal mehr kam der Krieg den Geschäften zu Hilfe: Als Preußen im Sommer 1866 gegen Österreich ins Feld rückte, wuchs die Nachfrage nach Uniformen schlagartig an. Die »Näh-Maschinen-Fabrik von Adam Opel« sah sich plötzlich einer Nachfrage ausgesetzt, die die zur Verfügung stehende Kapazität weit überschritt. Adam beschloß, die ungewohnte Situation mit zwei verschiedenen Strategien zu nutzen. Zunächst kaufte er bei anderen Herstellern in Frankreich alle Nähmaschinen auf und verkaufte sie mit erheblichem Gewinn. Und dann machte er sich daran, mit dem verdienten Geld seine Fabrik drastisch zu vergrößern.

Die erste Fabrik lag an der Eisenbahn

Philipp Wilhelm Opel konnte den Aufstieg seines Sohnes zum Fabrikanten freilich nicht mehr miterleben: Er starb am 9. April 1867, ohne zu ahnen, daß die von ihm so verspotteten Nähmaschinen die

Frisch getraut: die Hotelierstochter Sophie Marie Scheller und der glückliche Bräutigam Adam Opel im November 1868.

Familie Opel zu den ungekrönten Königen von Rüsselsheim machen sollten. Im Sommer 1867 kaufte Adam Opel für 144 Gulden in der Nähe des Rüsselsheimer Bahnhofs einen großen Acker, auf dem er sein erstes Fabrikgebäude errichten wollte – er hatte die Nähe zum Bahnhof bewußt gewählt, schließlich war er sich darüber im klaren, daß bei einer Vergrößerung der Produktion die gute Verkehrsanbindung entscheidend sein würde. Und der eigene Gleisanschluß bot den direkten Kontakt zur weiten Welt. Einige Monate später lagen die ersten Zeichnungen vor, die eine zweigeschossige Fertigungshalle, ein Wohn- und Bürohaus sowie das Kesselhaus für die Dampfmaschine berücksichtigten.
Im März 1868 wurde mit dem Bau begonnen.

Im Jahr zuvor hatte Adam Opel seine Frau gefunden: Am 17. November 1868 heiratete er in Homburg vor der Höhe die Hotelierstochter Sophie Marie Scheller. Über die am 13. Februar 1840 in Dornholzhausen geborene Tochter aus wohlhabender Familie berichtet eine später veröffentlichte Familienchronik: „Mit dem Einzug seiner Frau in das wohnlich eingerichtete neue Haus kam auch ein frischerer Zug in die neue Firma.“ Sophie Marie Scheller wurde nicht nur zur perfekten Gattin des ehrgeizigen Adam Opel, sie brachte auch eine beachtliche Mitgift in die Ehe mit ein, die dem aufstrebenden Unternehmen die Möglichkeit bot, eine Dampfmaschine für die mechanischen Antriebe und Werkzeugmaschinen zu erwerben. Die Hochzeitsreise führte – natürlich – über Brüssel nach Paris. In die Stadt also, über die Adam Opel später sagen sollte, daß er sie »für sein ganzes Leben mit tiefer Dankbarkeit verehrte und liebte«. In Paris konnte die junge Frau, die fließend Französisch sprach, ihren Mann auch bei allen Geschäftsverhandlungen und bei der Anknüpfung neuer Kontakte tatkräftig unterstützen. Kein Wunder, daß Adam Opel ein 1870 neu eingeführtes Modell zu Ehren seiner fleißigen Frau »Sophia« benannte.

Sophie Marie Opel hatte diese Ehrung verdient, denn sie entwickelte sich innerhalb kürzester Zeit zur Seele des Unternehmens – sie kümmerte sich um die Buchhaltung, sie zahlte die Löhne aus, und sie sorgte mit preußischer Disziplin für Ordnung und Sauberkeit. Und gleichzeitig gründeten Adam und Sophie Opel noch eine große Familie: Zwischen 1869 und 1880 brachte sie fünf Söhne zur Welt – am 31. August 1869 Georg Adolf Carl, am 15. Mai 1871 Albert Wilhelm, am 22. September 1873 Heinrich Adam, am 20. April 1875 Friedrich (»Fritz«) Franz und schließlich am 1. Januar 1880 Ludwig.

Ein Nähmaschinen-Reich, das bis nach Indien reichte

Die Firma wurde mit eiserner Sparsamkeit geführt: Wer seinen Arbeitsplatz nicht sauber halten konnte, bekam fünf Pfennige vom Lohn abgezogen. Es gab sogar Gerüchte, daß im Hause Opel Ziegenmilch getrunken wurde, weil sie billiger als Kuhmilch war. Daß in einem derart sparsamen Haushalt auch nicht geraucht wurde, bedarf kaum der Erwähnung. Andererseits investierte Adam Opel seine Gewinne in das Unternehmen, und er nahm mit Interesse zur Kenntnis, daß einer seiner Hauptlieferanten für das von ihm benötigte speziell legierte Eisen, die französische Gießerei »Lallement, Henrard & Cie.«, durchaus bereit war, größere Anteile des Unternehmens zu verkaufen. So wurde Adam Opel Teilhaber an der Gießerei, bis er die Anteile 1876 wieder verkaufte, da die deutschen Konkurrenzunternehmen mittlerweile in der Lage waren, dieselbe Qualität wie die Franzosen zu liefern. Daß er geschäftstüchtig war, zeigte sich auch daran, daß die »Näh-Maschinen-Fabrik Adam Opel« für die reichlich vertretene Winzerzunft Maschinen zum Verkorken und Versiegeln von Weinflaschen zur Verfügung stellen konnte, die bis zum Jahr 1886 im Programm bleiben sollten. Dann verkaufte er die Werkzeuge, das Material und den Vertrieb an die beiden Werksangehörigen Wilhelm Blöcher und Georg Lorenz.

Der Krieg zwischen Frankreich und dem Deutschen Reich hatte einmal mehr dafür gesorgt, daß die Nachfrage nach Militäruniformen wieder stieg. Also konstruierten Adam und Georg eine besonders robuste Maschine für diesen speziellen Einsatzzweck, und das Ergebnis war ein weiterer erfreulich steigender Umsatz. Inzwischen war die Belegschaft auf über 100 Mann angewachsen, und der Besitzer bekam immer mehr Angebote aus Frankfurter Bankierskreisen, sein florierendes Unternehmen doch in eine Aktiengesellschaft umzuwandeln. Aber Sophie und Adam Opel dachten nicht daran, ihre Fabrik fremden Geldgebern zu übereignen.

Die fünf Söhne von Sophie und Adam Opel im Jahr 1884.

Mittlerweile hatte Adam Opel fünf verschiedene Modellreihen im Programm – von der kleinen Haushaltsmaschine bis hin zum schweren Ledernähapparat für Schuhmacher. Bei den großen Ausstellungen wurden erste Preise gewonnen, und der jüngste Bruder Wilhelm machte sich daran, von der Hauptniederlassung in Frankfurt aus ein beachtliches Vertreternetz aufzubauen. Als der große amerikanische »Singer & Cie.«-Konzern den deutschen Markt erobern wollte, hatten die Gebrüder Opel eine neue Idee: Von nun an gab es die Opel-Nähmaschinen auch auf Raten zu kaufen. Kein Wunder, daß so das deutsche »Näh-Reich« relativ rasch in Opel-Hand war. Daraufhin begannen die Rüsselsheimer dann natürlich, den Export zu verstärken. Bald gab es die Opel-Maschinen auch in den USA, in ganz Europa bis nach Rußland – man lieferte sogar nach Indien. Besonders erfreut zeigte sich das Trio aber über den sensationellen Verkaufserfolg in Frankreich – waren Adam und Georg nicht wenige Jahre zuvor zur Lehre nach Paris gezogen, um dort hinter die Geheimnisse der Technik zu kommen? Jetzt waren ihre Maschinen besser als die der Firmen, denen sie ihr Können und Wissen verdankten.

Klappern gehört zum Handwerk: 1877 wies dieser Festprospekt auf das 15jährige Bestehen der »Nähmaschinenfabrik Adam Opel« hin.

Der »Bonebreaker« trug seinen Namen zu Recht

1884 war das Jahr, in dem Karl Benz im nahegelegenen Mannheim den ersten stationären Zweitaktmotor in Gang setzte – in diesem Jahr wurden bei Adam Opel von mittlerweile 240 Arbeitern nicht weniger als 15 000 Nähmaschinen hergestellt und ausgeliefert, und der erzielte Umsatz lag bei 600 000 Mark. Als Karl Benz und Gottlieb Daimler zwei Jahre später den überwiegend skeptischen Zeitgenossen ihre ersten Automobile vorstellten, montierten in Rüsselsheim 300 Arbeiter bereits 18 000 Nähmaschinen.

Von Zeit zu Zeit machten sich Sophie und Adam Opel auf den Weg in das geliebte Paris. Dort suchten die beiden nicht nur den Kontakt zu alten und neuen Geschäftspartnern, dort wollten sie auch die neueste Mode, die neuesten Erfindungen sehen und bewundern. Schließlich galt die Stadt an der Seine noch immer als »die« Metropole schlechthin; und vielleicht entdeckte man ja doch die eine oder andere Idee, die noch nicht ihren Weg in das provinzielle Rüsselsheim gefunden hatte. 1884 war es einmal wieder soweit: Das Ehepaar Opel reiste in die französische Hauptstadt, und der Herr Nähmaschinenfabrikant entdeckte auf den Straßen die ersten Fahrräder. Sie hatten zwar nichts mehr mit der »Draisine« des Freiherrn von Drais zu tun, der nur mühsam zu erklimmende hohe Sitz über dem mächtigen Vorderrad ließ aber dennoch gewisse sportliche Fähigkeiten anraten. Adam konnte sich zwar nicht genau erklären, was er an diesem merkwürdigen Gefährt fand, dem die Engländer den Namen »Bonebreaker« oder »Knochenbrecher« verliehen hatten, doch er bestellte sich so ein Gefährt aus England, wo die meisten Hersteller saßen. Als das bei der Anlieferung in seine Einzelteile zerlegte Exemplar schließlich zusammengebaut war, unternahm das Familienoberhaupt dann seinen ersten Fahrversuch. Adam Opel kam rasch zu dem Ergebnis, daß der Name »Bonebreaker« durchaus seine Berechtigung hatte. Zwar waren die Knochen bei dem Sturz in den Graben heil geblieben, der Vorfall hatte ihn jedoch davon überzeugt, daß die Sache mit dem Fahrrad kein gutes Ende nehmen konnte. Und so wunderte sich die Gattin auch kaum über den Auftrag, dieses Gefährt sofort wieder zu verkaufen. Die fünf Opel-Buben, die sich bereits auf das Fahrradfahren gefreut hatten, nahmen den Verlust des Spielzeugs, das sie nicht einmal ausprobieren durften, nur widerwillig hin – sie wünschten sich auch weiterhin ihre fünf Fahrräder, für jeden ein eigenes.

Als Adam Opel erfuhr, daß der Verkauf des Fahrrads einen beachtlichen Gewinn erbracht hatte, änderte er seine Meinung. Wenn die Menschen wirklich bereit waren, für diese Maschinen derartig viel Geld auszugeben, dann wollte er sich natürlich dieses Geschäft nicht entgehen lassen. Vielleicht spielte aber auch ein wenig die Erinnerung an seinen Vater eine Rolle, der die Begeisterung Adams für Nähmaschinen nie teilen konnte. Hatten seine Söhne mit ihrer Begeisterung für das Fahrrad etwas entdeckt, dem nun er mit seinem Starrsinn im Weg stand?

Fahrradrennen waren die beste Werbung

Kurz gesagt: Die Buben fanden am Weihnachtstag des Jahres 1886 ihre ersehnten Fahrräder als Geschenke vor. Zwölf Monate zuvor war jedoch bereits aus England eine Sendung von Fahrradteilen eingetroffen, die von den geschicktesten Mechanikern intensiv zerlegt und geprüft wurden. Die Suche nach dem perfekten Fahrrad begann, das leicht zu produzieren und mit der von der Firma Opel gewohnten Zuverlässigkeit hergestellt werden konnte. Im Frühjahr 1886, also drei Monate bevor Karl Benz die erste Ausfahrt mit seinem Dreirad wagte, verließ das erste Opel-Hochrad die Fabrik. Nun war Adam Opel auch noch zum Fahrradfabrikanten geworden.

Zwar ließ sich der Verkauf nur langsam an, aber als Carl Opel im Frühjahr 1887 in die »Hauptstadt des Fahrradbaus«, ins britische Sheffield reiste, um dort die Produktionsanlagen zu besuchen und mit 25 verschiedenen Musterfahrrädern zurückkehrte, besserte sich die Lage bereits. Carl hatte in Großbritannien noch etwas Interessantes gesehen: Das Fahrrad war nicht nur dabei, sich als Massentransportmittel durchzusetzen, sondern die Briten veranstalteten nun auch Fahrradrennen, die große Zuschauerzahlen in die Stadien und auf die Straßen lockten. Das Ergebnis des rasch einberufenen Familienrats war klar: Carl durfte an den in Deutschland immer beliebter werdenden Radrennen teilnehmen – und so zugleich für den neugegründeten Unternehmenszweig Werbung betreiben. Mit der Zahl der Siege stieg auch die Zahl der Auftragseingänge – Adam Opel mußte seine Firma einmal mehr vergrößern. Im Lauf der Zeit wurde die Angebotspalette immer breiter, zu den Hochrädern kamen nun auch Niederrad-Modelle und Dreiräder. Die erste Preisliste zierte das Vorwort des mittlerweile überzeugten Fahrradfabrikanten Adam Opel: „Das Vergnügen des Radfahrens ist keinem Alter und Stand verschlossen, selbst Damen und älteren Herren bietet das Dreirad Gelegenheit zu gesunder Erholung. Das Fahren auf unseren Rädern übt eine für Körper und Geist gleich erfrischende und kräftigende Wirkung aus. Rüsselsheim, Dezember 1887, Adam Opel."

Nachdem der schottische Tierarzt John Boyd Dunlop im Jahr 1888 seine Luftreifen erfunden hatte, reiste Wilhelm Opel nach England, um sich sofort an Ort und Stelle über diese komfortsteigernde Neuerung zu informieren – doch das Geschäft machten die Opels dann mit der Dunlop-Konkurrenz: Opel übernahm die Generalvertretung des Hauses »Michelin« für das Deutsche Reich, da sich deren Produkte als besonders reparaturfreundlich erwiesen.

Die Modellreihen »Opel Blitz« und »Victoria Blitz« begannen sich am Markt durchzusetzen, wobei aufwendige Werbekampagnen entscheidend zu diesen Erfolgen beitrugen: So hatte man das ovale Opel-Emblem nicht nur an jedem Fahrradrahmen montiert, sondern auch groß auf die Trikots der bekanntesten Radrennfahrer sticken lassen, die mit den Rennrädern des Hauses von Sieg zu Sieg fuhren. Der beste Werbeträger war jedoch das Opel-»Werksteam«, das aus den fünf Opel-Brüdern bestand. Berühmt ist die Aufnahme, die alle Fünf mit dem extra für sie gebauten »Quintuplet« zeigt, mit dem sie bei großen Veranstaltungen gerne eine

»Die Meisterschaftsfahrer von Deutschland – 1893«. Die Namen der Meister sind freilich nicht bekannt.

Ob Wilhelm Opel das Fahrrad eines Freundes anschob oder nur hielt, ist nicht überliefert.

Ein berühmtes Bild: die fünf »Rüsselsheimer« Ludwig, Fritz, Heinrich, Wilhelm und Carl Opel mit ihrem »Quintuplet« (v. l.).

Natürlich durfte später auch das »schwache« Geschlecht auf die Fahrräder – Opel ließ sich diese Werbung 1914 nicht entgehen.

Ehrenrunde drehten und dafür tosenden Applaus bekamen. Alle Brüder waren äußerst erfolgreiche Sportler – Carl gewann 60 erste Preise, darunter die hessische Meisterschaft. Wilhelm wurde Meister von Hessen und von Mähren und durfte 70 Siegerkränze mit nach Hause nehmen. Heinrich errang 150 erste Preise und elf Meisterschaften und wurde auch Sieger der Fernfahrt »Paris – Frankfurt«, bei der er mit seiner Zeit von 80 Stunden und 30 Minuten einen neuen Rekord aufstellte. Zum besten Werbeträger der Familie sollte aber Friedrich – oder »Fritz« – werden, der mit über 180 ersten Preisen zu einem der erfolgreichsten deutschen Radrennfahrer überhaupt wurde. Sein größter Sieg: Mit einer Fahrzeit von 27 Stunden und 50 Minuten gewann er die 620 Kilometer lange Fernfahrt »Basel – Cleve« und bekam dafür den »Kaiserpreis« überreicht. Und Ludwig, der Jüngste im Bunde, brachte im Lauf seiner Karriere ebenfalls rund 100 Siegerkränze mit nach Hause. Kein Wunder, daß die vielen und überzeugenden Siege für ein glänzendes Renommee sorgten – und daß dieser neue Produktionszweig auch bald die Umsätze aus der Nähmaschinenfertigung übertraf.

Gruppenbild mit ganzen Kerlen: die Arbeiter der Nähmaschinenmontage im Jahr 1875.

Ein florierendes Unternehmen: das Opel-Werk im Jahr 1880.

Adam Opel sollte diese Entwicklung aber nicht mehr miterleben – er starb am 8. September 1895 an den Folgen einer Typhusinfektion, die er sich einige Jahre zuvor auf einer Geschäftsreise nach Holland zugezogen hatte. „Trotz der sorgfältigsten Pflege, geleitet von den ersten medizinischen Autoritäten Deutschlands, war es nicht möglich, das Leben dieses bedeutenden Mannes zu retten. Am 10. September trug man ihn hinaus zur ewigen Ruhe", so schrieb Ludwig Opel später in einem Brief.

Der Gründer der »Näh-Maschinen-Fabrik« konnte die Siege seiner Söhne zwar nur noch teilweise mitfeiern, aber er hatte sein Werk zum bedeutendsten

Arbeitgeber am Ort gemacht – über 1000 Angestellte und Arbeiter standen bei den Opels auf den Lohn- und Gehaltslisten. Und so vermachte er seiner Frau den Hauptanteil an dem Unternehmen, während die Söhne mit kleineren Anteilen bedacht wurden. Adam Opel beauftragte Carl und Wilhelm auch mit der Fortführung der Geschäfte, während Georg Opel, der Bruder des Verstorbenen, die Vormundschaft für die jüngeren Brüder übernahm, die im Jahr 1895 noch minderjährig waren.

Die Geschäfte liefen glänzend: Die Nähmaschinenproduktion wurde weiter rationalisiert, damit schließlich jährlich 20 000 Exemplare ausgeliefert werden konnten. Und auch der Fahrradboom schien kein Ende zu nehmen. 1912 konnte der interessierte Leser einer Festschrift entnehmen: „Die Nachfrage wuchs so ungeheuer, daß kein Jahr verging, in dem nicht kleinere oder größere Erweiterungsbauten vorgenommen werden mußten. Die Entwicklung war derart, daß selbst die hochgespanntesten Erwartungen noch übertroffen wurden."

Die millionste Nähmaschine entstand aus Ersatzteilen

Aber bald tauchten auch hier erste dunkle Wolken am Horizont auf, denn natürlich hatten immer mehr Investoren mit Interesse die glänzenden Gewinne auf diesem Markt zur Kenntnis genommen – und ihrerseits mit der Produktion von Fahrrädern begonnen. Das Ergebnis war eine veritable Überkapazität mit verfallenden Preisen und schrumpfenden Gewinnmargen, in deren Folge der Fahrradmarkt 1898 urplötzlich zusammenbrach, und in den darauffolgenden zwei Jahren mußten mehr und mehr Unternehmen Konkurs anmelden. Bei Opel sank die Produktion um rund ein Viertel. Konnten 1898 noch etwa 16 000 Fahrräder verkauft werden, so waren es zur Jahrhundertwende nur noch 11 500 Exemplare dieses beliebten Verkehrsmittels. Zwar konnten es die Opel-Brüder gerade noch vermeiden, einen Großteil ihrer mittlerweile 1500 Werksangehörigen auf die Straße setzen zu müssen – schließlich verdienten die Nähmaschinen ja noch etwas Geld –, aber ihnen wurde schmerzlich bewußt, daß ihr Unternehmen doch allzusehr von einem Produkt abhängig geworden war. Die Lösung, so sagten sich die Opel-Brüder, könnte möglicherweise ein anderes Fahrzeug, das Automobil, bringen – jenes eigenartige Gefährt, das rund zehn Jahre zuvor das Laufen gelernt hatte und mittlerweile in den Kreisen der Reichen zu einem hochbegehrten Spielzeug geworden war. Und während Nähmaschinen und Fahrräder weiter für die Erträge sorgten, beobachteten die beiden älteren Opel-Brüder voller Interesse diesen neuen Markt.

Bevor wir uns diesem neuen Kapitel in der Geschichte des Hauses Opel zuwenden, noch ein paar Worte zu den Zahlen und Entwicklungen in jenen Geschäftsbereichen, die das Unternehmen groß gemacht hatten. Kurz vor der Jahrhundertwende konnte die »Näh-Maschinen-Fabrik« die fünfhunderttausendste Nähmaschine ausliefern und die Produktion lief zügig weiter, bis im Jahr 1911 ein Großbrand die Hallen vernichtete, in denen diese Maschinen gefertigt wurden. Zwar fehlten nur noch einige wenige Exemplare, um die Million ganz »vollzumachen«, die Opel-Brüder entschieden sich aber dennoch, den Bau und Verkauf von Nähmaschinen einzustellen und den beim Wiederaufbau gewonnenen Raum für die Fahrrad- und Automobilproduk-

Der Jäger Adam Opel mit – wahrscheinlich ausgestopftem – Hirsch.

Bereits ein vertrauter Anblick: ein Fahrrad aus der Produktion des Jahres 1887.

tion zu nutzen. Das konnte sie freilich nicht daran hindern, die zur Million fehlenden zwölf oder dreizehn Nähmaschinen aus Ersatzteilen zusammenzubauen.

Die Fahrräder aus Rüsselsheim waren jedoch noch lange im Handel erhältlich. Nach dem Verkaufsdesaster machten sich die Ingenieure sofort daran, neue Produkte zu entwickeln – so wurde beispielsweise von 1900 an die von der Firma »Sachs« in Schweinfurt neu entwickelte Rücktrittbremse serienmäßig montiert. Kein Wunder, daß die Produktion rasch wieder anstieg und das Haus Opel Mitte der 20er Jahre mit einer Tagesproduktion von 4000 Einheiten der größte Fahrradhersteller der Welt geworden war. In den 20er und 30er Jahren nahm das Autogeschäft zugleich derartig große Dimensionen an, daß der für die Fahrradmontage verwendete Raum immer dringender für die Automontage benötigt wurde. Deshalb verkaufte Opel 1937 seine Fahrradproduktion an die Firma NSU in Neckarsulm. Mit dem Kaufvertrag erwarb das Haus NSU auch das Recht, die neuen Modelle noch ein Jahr lang unter dem Doppelnamen »Opel-NSU« anbieten zu dürfen – damit die Kundschaft auch wußte, daß sie ein Produkt erwarb, in das die ganze Erfahrung von Europas größtem Fahrradhersteller eingeflossen war.

Als Opel die Fahrradproduktion aufgab, hatte man in Rüsselsheim etwa 2,5 Millionen Fahrräder gefertigt; aber die Trennung von diesem Geschäftszweig fiel dem Unternehmen leicht – war es doch mittlerweile zu Europas größter Automobilfabrik geworden.

2

Die Opel-Brüder kaufen für 116 687 Mark eine deutsche Autofabrik, schließen sie nach der Produktion von nur 65 Automobilen. Aber noch ist die Begeisterung für das Auto nicht erloschen. Zusammen mit dem französischen Automobilpionier Alexandre Darracq unternehmen die Rüsselsheimer einen neuen Versuch, eine eigene Automobilproduktion auf die Räder zu stellen.

Auf der Suche nach neuen Märkten

Wie bereits eingangs erwähnt, stand die Wiege des Automobils nicht in Rüsselsheim. Es wäre nun aber nicht ganz gerecht, alle Meriten den Herren Gottlieb Daimler und Karl Benz zuzusprechen, denn der Drang nach Mobilität hatte bereits in grauer Vorzeit ein unbekannt gebliebenes Genie zu der wichtigsten Erfindung der Menschheit, dem Rad, getrieben. Der Traum, sich frei bewegen und rasch große Distanzen überwinden zu können, beschäftigte über die Jahrhunderte hinweg Dichter und Erfinder gleichermaßen. Homer träumte diesen Traum in der »Odyssee«, Leonardo da Vinci zeichnete ihn in seinen berühmten »Codices« auf.

Der Weg zum Automobil führte jedoch über den niederländischen Physiker und Mathematiker Christian Huyghens. Er war es, der 1673 erstmals seine »Pulvermaschine«, bei der die Verbrennungsgase eines gezündeten Pulvergemischs einen Kolben in einem Zylinder vorantrieben, zum Laufen brachte. Ihm folgten viele Namen: James Watt, der 1765 die Dampfmaschine etablierte; der Schwede Isaac de Rivaz, der 1807 ein Patent für einen Wasserstoffgasmotor erteilt bekam – der Franzose Joseph Etienne Lenoir, der 1860 das Patent für einen Hubkolbenmotor erhielt und der Deutsche Nikolaus August Otto, der den mit Gas betriebenen Lenoir-Motor auf flüssigen Kraftstoff »umstellte«. Sein »Otto«-Motor löste viele der bis dahin bestehenden Probleme. Nun war es nur noch eine Frage der Zeit, wem es zuerst gelingen würde, die großen stationären Otto-Motoren so zu verkleinern, daß sie eine Kutsche antreiben konnten. Auch dazu gab es viele Versuche – und nahezu jede Nation hat ihre eigenen Helden, die das Automobil erfunden haben wollen. Aber es waren dann die Herren Daimler und Benz, deren »pferdelose Kutschen« das Rennen machen sollten.

Natürlich folgten den Pionieren mit atemberaubender Geschwindigkeit all die kreativen Visionäre, die die Perspektiven dieser neuen Technologie erkannten. Hans-Heinrich von Fersen hat in seinem Buch »Autos in Deutschland 1885–1920« nicht weniger als 99 verschiedene Hersteller aufgeführt, und eine dieser Marken trug den Namen von Friedrich Lutzmann. Der am 5. April 1859 in Nienburg an der Saale geborene Kunstschlosser war einer dieser Visionäre, die – sobald sie des ersten Automobils ansichtig wurden – dem neuen Verkehrsmittel förmlich verfallen waren. Lutzmann war ein weitgereister Mann: Er hatte seine Gesellenjahre in Deutschland, Italien und Österreich verbracht, bevor er sich 1886 in Dessau niederließ und dort in der »Askanischen Straße 125« eine Bau- und Kunstschlosserei einrichtete. Deren Erzeugnisse überzeugten den Großherzog von Sachsen-Anhalt derart, daß er ihn am 21. Mai 1891 zum »Hofschlossermeister« ernannte. Knapp zwei Jahre darauf sah der versierte Schlossermeister erstmals ein Automobil. Der »Anhalter Anzeiger« erinnerte sich 1934 in einem Artikel an den 28. April des Jahres 1893: „Zur großen Überraschung der Dessauer rollte an diesem Tag von Leipzig her eine Kutsche in die Stadt, ein offenes, landauerähnliches Gefährt, das sich ohne Bespannung mit ziemlicher Schnelligkeit fortbewegte, mit Geschnatter die Aufmerksamkeit auf sich zog und einen Streifen von blauem Rauch und Gestank hinter sich ließ. Das neue Verkehrsmittel Auto hatte Dessau seinen Antrittsbesuch gemacht."

Lutzmann war beeindruckt. Und Karl Benz in Mannheim konnte einen neuen Kunden verbuchen, denn der Hofschlossermeister aus Dessau hatte sich sofort einen »Victoria« mit einer viersitzigen Karosserie bestellt. Dies war der erste vierrädrige Serienwagen der Firma »Benz & Co.«, denn bis 1892 hatte Karl Benz nur etwa 27 Dreiräder gebaut. Der »Victoria« wurde von einem liegenden Einzylindermotor mit anfänglich 1730 ccm Hubraum und 3 PS Leistung angetrieben, die bei 470/min abgegeben wurden. Später kam auch eine stärkere Version mit 2650 ccm Hubraum und 5 PS Leistung bei 600/min in den Verkauf. Ob Friedrich Lutzmann zur stärkeren oder schwächeren Version gegriffen hat, ist heute nicht mehr festzustellen. Tatsache ist aber, daß der am 13. September 1893 ausgelieferte Wagen, den Lutzmann zusammen mit seinem Freund, dem Klempnermeister Koch in Mannheim abgeholt hatte, nicht nur zur Gründung einer regelmäßigen Verkehrsverbindung von Dessau nach Oranienbaum-Wörlitz und Aken erworben wurde, sondern auch der Befriedigung der technischen Neugierde des Besitzers diente. Und der 34jährige Lutzmann machte sich nun an die Arbeit, sein eigenes Automobil zu bauen.

Hofschlossermeister Lutzmann verkaufte bis nach Aden

Nach etwa einem Jahr war das erste »Lutzmann« -Automobil fertig. Als Basis hatte eine schlichte Pferdekutsche gedient, und für den Vortrieb sorgte ein liegender Einzylindermotor mit 2640 ccm Hubraum, der bei 300/min glatte 5 PS leistete. Hatte Karl Benz seinem 2650 ccm großen Motor gleichermaßen 150 Millimeter Bohrung und Hub zugestanden, so wählte Lutzmann eine Bohrung von 140 Millimeter und einen Hub von 165 Millimeter. Mit seinen 5 PS erreichte der Wagen immerhin knapp 30 km/h. Nach der ersten Probefahrt gründete der stolze Autobauer dann auch sofort die »Anhaltische Motorwagenfabrik«, die die rasch eingehenden Aufträge wohl nicht zuletzt der Tatsache zu verdanken hatte, daß der geschäftstüchtige Lutzmann den Preis seines Modells auf 2000 Mark festlegte. Zwar entsprach diese Summe damals einem kleinen Vermögen, aber für einen Benz »Victoria« war der doppelte Betrag zu entrichten. Lutzmann verkaufte in den darauffolgenden Jahren sein immer weiter verbessertes Modell bis nach Aden am Persischen Golf – und mit spektakulären Fernreisen rührte der Hofschlossermeister kräftig die Werbetrommel. Lutzmann wußte, wo die Reichen dieser Erde anzutreffen waren: Beispielsweise auf der ersten »Revue der pferdelosen Wagen«, die 1897 in Berlin abgehalten wurde, und bei der ganze drei Marken antraten: Daimler, Benz und Lutzmann.

Der »Pfeil 1 b« beeindruckte die Opel-Brüder auf Anhieb

Zwei Jahre nachdem der »Victoria« und ein Jahr nachdem der erste »Lutzmann« auf den Straßen Dessaus zu sehen und zu hören waren, ließ Lutzmann sich auch am 26. September 1895 von der Polizeiverwaltung schriftlich bescheinigen, „daß seit zwei Jahren ein Benzin-Motorwagen in der Stadt Dessau und Umgebung verkehre und sich derselbe, soweit zur Kenntnis gelangt sei, in keiner Weise als hinderlich für den Verkehr gezeigt habe, da derselbe in Bezug auf Lenkbarkeit, Fahren in jeder gewünschten Gangart und schnelles Anhalten sich bewährt habe und auch die Pferde sich an dessen Anblick gewöhnen."

Der mittlerweile zum »Großherzoglich Anhaltischen Hofwagenbauer« avancierte Lutzmann beschloß im Frühjahr 1898, wieder bei der in Berlin stattfindenden zweiten »Automobil-Revue« teilzunehmen. Der Veranstalter, der »Mitteleuropäische Motorwagenverein«, hatte der »Revue der pferdelosen Wagen« diesen etwas einprägsameren Namen verpaßt und zugleich eine der ersten deutschen Zuverlässigkeitsfahrten organisiert: Zwischen dem 25. und dem

Friedrich Lutzmann am Steuer seines Motordreirades – vorne saß der Klempnermeister Koch.

Einer der ersten Patentmotorwagen, die in Rüsselsheim gebaut wurden.

27. Mai galt es, möglichst rasch von Berlin nach Leipzig und zurück zu fahren – sechs Fahrzeuge stellten sich den 387 Kilometern: ein Lastwagen, zwei Motorräder und drei »Motorwagen für Personenbeförderung« – ein Daimler, ein Benz und ein Lutzmann. Und natürlich saß der Chef persönlich hinter dem Steuer seines neuesten Wagens: dem »Pfeil 1b«. Daß der »Pfeil« nach einem Unfall im Graben und Friedrich Lutzmann im Krankenhaus landete, war zwar Pech – aber er hatte zwei am Straßenrand stehende Männer beeindruckt, die den »Pfeil« und seine Technik aufmerksam begutachteten: Fritz und Wilhelm Opel.

Für 116 687 Mark besaß Opel nun eine Autofabrik

Das Fahrradgeschäft hatte sich – wie bereits erwähnt – zu diesem Zeitpunkt aufgrund einer großen Überproduktion mit entsprechend verfallenden Preisen und schrumpfenden Gewinnmargen unerfreulich entwickelt, und die Opel-Brüder waren auf der Suche nach neuen Produkten. Natürlich hatten sich die Rüsselsheimer schon seit geraumer Zeit mit den ersten Automobilen beschäftigt, aber die Seniorchefin Sophie hatte ihre Abneigung gegen die stinkenden und lauten Kisten derart deutlich zum Ausdruck gebracht, daß an eine zusätzliche Produktion in diese Richtung einstweilen nicht zu denken war. Als dann 1897 die ersten rückläufigen Verkaufszahlen auf dem Tisch lagen, nahm die Abneigung von Mutter Sophie gegen das Automobil ab. Und als im Jahr darauf der große Einbruch kam, durften Fritz und Wilhelm Opel nach Berlin zur »Automobil-Revue« fahren, um sich die zukünftige Konkurrenz einmal zu betrachten. Das Ergebnis ist bekannt: Die beiden Opel-Brüder nahmen Kontakt zu Friedrich Lutzmann auf. Der wiederum lud die beiden in seine »Motorwagenfabrik« nach Dessau ein, um ihnen seine Produktion zu zeigen. Zwar konnte die im Jahr zuvor bezogene neue »Fabrik« mit ihren 15 Angestellten die an große Fabrikhallen gewöhnten Brüder nur bedingt überzeugen – Lutzmann hatte seit Produktionsbeginn ganze 60 Fahrzeuge, darunter auch einige Dreiräder und Omnibusse ausgeliefert –, die beiden Opel-Brüder erkannten aber sofort die Möglichkeit, hier Know-how einkaufen zu können, das man sich sonst selbst teuer und zeitraubend hätte erarbeiten müssen. Nachdem sich Fritz und Wilhelm Opel einen Abend lang besprochen hatten, machten sie am nächsten Morgen dem überraschten Friedrich Lutzmann einen Vorschlag, der über eine Kooperation weit hinaus ging – sie machten dem Hofschlossermeister ein Kaufangebot, das finanziell derart gut ausgestattet war, daß Lutzmann praktisch nicht nein sagen konnte: Für das Grundstück und die Gebäude erhielt Lutzmann den amtlichen Schätzpreis von 51 678 Mark; für die Patente, die Kundenkartei, Gebrauchsmuster, Modelle und Fabrikationsrechte wurden weitere 50 000 Mark angewiesen. Und für die Werkstatteinrichtung gab es noch einmal 15 000 Mark – nicht weniger als 116 687 Mark erlöste Lutzmann aus dem Verkauf der »Anhaltischen Motorwagenfabrik«. Der Hofschlossermeister war damit ein gemachter Mann, der zudem noch einen auf zwei Jahre befristeten Vertrag als »Betriebsleiter der Adam Opel Motorfahrzeug-Fabrik« bekam, der ihm im ersten Jahr 8000 und im zweiten Jahr 6000 Mark sicherte. Allerdings hatte er eine »Concurrenzklausel« zu unterzeichnen, in der er sich verpflichtete, nach dem Ende seiner Betriebsleitertätigkeit drei Jahre lang „kein Geschäft ähnlicher oder gleicher Branche in Rüsselsheim oder in einem Umkreis von 100 Kilometer um Rüsselsheim ein Geschäft in Fahrrädern, Nähmaschinen, Motorfahrzeugen zu gründen bzw. sich an solchen zu beteiligen".

Als Gegenleistung für diesen am 21. Januar 1899 unterzeichneten Vertrag demontierte der nun vermögende Betriebsleiter seine Maschinen und verlegte den Betrieb mit den meisten seiner Mitarbeiter bereits im Winter des Jahres 1898 nach Rüsselsheim, wo er auf einem völlig neuen Areal mit dem Aufbau des Opel Motorwagenwerks begann. Natürlich machte er sich sofort daran, die neuen Besitzer mit einem eigenen und neukonstruierten Fahrzeug zu erfreuen. Der kleine, elegante »Opel Patent-Motorwagen, System Lutzmann« lief erstmals im Frühjahr 1899, wobei die Technik noch immer an die seiner »Pfeil«-Vorgänger erinnerte: Der liegende 1545 ccm große Einzylindermotor besaß eine Bohrung von 122 und einen Hub von 132 Millimeter, und die maximale Leistung von 3,5 PS wurde nun bei 650/min erreicht und über ein Zweiganggetriebe mit Treibriemen an die Hinterachse gebracht – die Höchstgeschwindigkeit lag bei etwa 20 km/h. Auch wenn es den enthusiastischen Opel-Brüdern noch nicht ganz bewußt war, so zeigte sich doch bereits bei den ersten Fahrzeugen, daß der Hofschlossermeister Lutzmann kein ausgebildeter Ingenieur, sondern eher ein begeisterter Tüftler und begnadeter Handwerker war. Der Prototyp mußte öfter zerlegt und wieder neu aufgebaut werden, als es den neuen Fabrikbesitzern lieb war, und die im Haus angestellten Techniker arbeiteten immer öfter in der »Auto-Fabrik« mit, um die Zahl der Pannen und Ausfälle zu reduzieren.

Mit dem »Opel-Patentmotorwagen System Lutzmann« begann 1899 die Zeit der Opel-Automobile – am Steuer: Heinrich Opel.

Sobald die ersten Fahrzeuge zuverlässiger wurden, beteiligte sich das Haus Opel natürlich auch an sportlichen Veranstaltungen, schließlich hatte man aus der Fahrradproduktion gelernt, daß Siege noch immer die beste Werbung waren. Dazu suchte man sich gerne extreme Ziele aus, die es mit dem Automobil zu erklimmen galt. So wurde im Sommer der Feldberggipfel im Taunus bezwungen, und in den Zeitungen waren dann solche Meldungen zu lesen: „... und sie erklommen als erste Touristen mit einem solchen Gefährt den steilen Feldberg, den Sammelplatz kühner Fußgänger, aufs Freudigste begrüßt von allen Anwesenden." Wie sich die Zeiten doch ändern – aber damals war das Automobil tatsächlich der Inbegriff des Fortschritts schlechthin.

Nach nur 65 Fahrzeugen war die »Lutzmann«-Ära vorbei

In diesem letzten Jahr des vorigen Jahrhunderts lieferte Opel ganze elf Fahrzeuge an die Kundschaft aus – noch mußte jedes Teil von Hand gefertigt werden und die gewünschte Autoproduktion lag noch in weiter Ferne. Dennoch druckte man bereits die ersten ausführlichen Prospekte, in denen das Haus Opel eine Vielzahl von Modellen anbot: Schon die erste Broschüre bot nicht weniger als vier Karosserie-Versionen an – vom »Patent-Motorwagen« für 2650 Mark bis hin zum 5 PS starken »Duc« für 3800 Mark. Natürlich gab es auch schon die ersten Aufpreislisten: Für die »Pneumatics« – also die Luftreifen – mußten 250 Mark bezahlt werden, und der Rückwärtsgang kostete 200 Mark extra. Dafür gewährte Opel allerdings bereits eine sechsmonatige Garantie auf Teile, die „durch Material- oder Arbeitsfehler unbrauchbar werden". Das Jahr 1900 sollte die Wende zu höheren Verkaufszahlen bringen, denn noch subventionierten der Nähmaschinenbau und der mittlerweile wieder gestiegene Fahrradverkauf den Unternehmensteil, der eigentlich diese Sparten stützen und ergänzen sollte. Da das Haus Opel zudem einen gewissen Ruf für Qualität zu verteidigen hatte – schließlich hielten die Nähmaschinen in der Tat ein ganzes »Schneiderleben« lang, pumpten die Besitzer immer mehr Geld in die Hallen des Betriebsleiters Lutzmann, damit dieser die Fahrzeuge alltagstauglicher machen und zugleich die Angebotspalette verbreitern konnte. Das Ergebnis: Der Werksprospekt des Jahres 1900 bot nun nicht weniger als sechs verschiedene Modelle

Kaum war der erste »Opel Motorwagen« montiert, wiesen die Rüsselsheimer mit diesem Prospekt bereits auf eine noch nicht existierende Wagenpalette hin.

an. Und der Einfachheit halber bekamen die Fahrzeuge eine durchgehende Numerierung: Der »Motorwagen No. I« kostete als neues Basismodell mit 4 PS Leistung 3000 Mark, während die 5 PS starken Zwei- und Dreisitzer mit den Nummern »II« und »III« 3300 und 3800 Mark kosteten. Die viersitzige »No. IV« leistete 6 PS und kostete 4000 Mark, während für das 8 PS starke Spitzenmodell »No. V« stolze 7500 Mark zu entrichten waren. Die »No. VI« war hingegen deutlich billiger: Für 3500 Mark gab es hier einen Lieferwagen mit Kastenaufbau zu erwerben. Wenn der Käufer allerdings am Wochenende mit der Familie eine Ausfahrt machen wollte, ließ sich der Gepäckkasten mit einigen wenigen Schrauben lösen und durch eine zweisitzige Bank – Aufpreis 350 Mark – ersetzen.

Aber all die großartigen Werbemaßnahmen konnten nicht darüber hinwegtäuschen, daß die Konstruktionen des Herrn Lutzmann nicht zu den großen Würfen ihrer Zeit gehörten – da half auch nicht die Teilnahme an der vierten »Auto-Revue« in Berlin, wo andere Hersteller den Opel-Brüdern deutlich zeigten, daß die in Rüsselsheim produzierten Fahrzeuge technisch antiquiert waren. Und noch immer lagen die Verkaufszahlen so niedrig, daß die anderen Unternehmensbereiche massive finanzielle Unterstützung gewähren mußten. Im Frühjahr 1901 fuhren dann Carl, Wilhelm und Fritz Opel nach Paris, um sich auf dem dortigen Automobilsalon die Produkte der Konkurrenz zu betrachten. Zwar war das Automobil von den Deutschen entwickelt worden, aber die Franzosen hatten es ins Herz geschlosssen, und um die Jahrhundertwende war der technische Fortschritt in Frankreich zu Hause. Etwa 60 Hersteller zeigten auf dem Pariser Salon ihre Erzeugnisse, die nichts mehr mit den »Kutschen ohne Pferde« zu tun hatten. Die Erzeugnisse der Firmen Peugeot und Renault, De Dion und Darracq waren bereits richtige Automobile, die sich auch optisch von den hochbeinigen, am Kutschenbau orientierten deutschen Modellen unterschieden. Die technisch versierten Opel-Brüder erkannten relativ rasch, daß ihr »Patent-Motorwagen« diesen Technologievorsprung nicht mehr aufholen konnte, und sie zogen die harte, aber einzig richtige Konsequenz: Man kündigte den Vertrag mit Lutzmann, und die Produktion dieser Automobile wurde eingestellt. Zwar baute man bis zum Ende des Jahres 1901 aus Ersatzteilen noch einige Fahrzeuge auf, es sollte aber bei etwa 65 Fahrzeugen bleiben, die in der »Lutzmann-Ära« in Rüsselsheim entstanden.

Daß ein extra leicht gebauter »Opel-Lutzmann« am 31. März eines der ersten Bergrennen in Deutschland, nämlich die 7,5 Kilometer lange Strecke auf den Königsstuhl bei Heidelberg, in einer Fahrzeit von 17 Minuten und 20 Sekunden gewann, wurde von den Opel-Brüdern zwar mit Aufmerksamkeit zur Kenntnis genommen, änderte aber an ihrer grundsätzlichen Einstellung zu den Produkten nichts mehr. Überhaupt trat man noch immer bei allen möglichen Wettbewerben an – schließlich wußten die fünf Brüder aus ihrer eigenen Radfahrerkarriere, daß diese Form der Werbung mit die erfolgreichste war. So nahmen sie mit den Automobilen auch hin und wieder an Fernfahrten teil, aber die Erfolge konnten mit denen der »Fahrrad-Ära« nicht mithalten.

Natürlich hatten Carl, Wilhelm und Fritz auf dem Pariser Automobilsalon die ersten Kontakte zu einigen französischen Herstellern gesucht und gefunden. Sie waren noch immer der Überzeugung, daß es zu teuer und zu zeitaufwendig sein würde, eine eigene Produktion und eigenes Know-how aufzubauen; nur wollte man dieses Mal bei der Wahl des Partners etwas vorsichtiger sein. Dabei half ihnen natürlich die Tatsache, daß bereits der Vater Adam Opel nach seinen Lehrjahren an der Seine durch und durch »frankophil« war, die Brüder hatten also keine Berührungsängste mit den Nachbarn. Rasch wurden die ersten Kontakte zu Louis Renault geknüpft; man unterzeichnete einen Lizenzvertrag und übernahm zusätzlich die Generalvertretung für die Renault-Modelle im Deutschen Reich. Aber der Kooperationswille schien bei den Franzosen doch nicht so ausgeprägt zu sein, wie man sich das in Rüsselsheim vorgestellt hatte, denn die Teile kamen spät und zögerlich, wenn überhaupt. Also wurde diese Verbindung wieder gelöst, und man sprach Alexandre Darracq an, einen der anderen großen französischen Autopioniere. Der in Suresnes beheimatete Darracq war für seinen Kooperationswillen bekannt – schließlich hatte er gerade in Portello bei Mailand ein Unternehmen gegründet, von dem aus er mit Lizenzmodellen den italienischen Markt erobern wollte. Aus diesem Werk sollte letztlich dann »Alfa Romeo« erwachsen. Darracq war nur allzu gern bereit, sich mit Hilfe des Hauses Opel auch auf den deutschen Markt zu wagen.

Ein neuer Versuch mit Alexandre Darracq

Zu der Vertragsunterschrift, die dem Haus Opel die Alleinvertretung der französischen Produkte für das Deutsche Reich und Österreich-Ungarn zugestand und Opel zudem die Möglichkeit gab, Darracq-Fahrgestelle zu importieren und mit eigenen Aufbauten zu versehen, trug natürlich auch der blendende Ruf der Darracq-Rennwagen bei. Sie hatten in Frankreich bereits etliche der großen Rennen gewonnen, die seit Mitte der 90er Jahre zu den beliebtesten Veranstaltungen überhaupt gehörten. Als der Darracq-Werksvertreter dann im Dezember 1901 bei Schnee und Eis den ersten Wagen aus Frankreich nach Rüsselsheim überführte, waren sich die Opel-Brüder endgültig sicher, daß mit den Darracq-Modellen der langerwartete Aufschwung kommen würde. Nun sollte es doch endlich möglich sein, Deutschlands größte »Nähmaschinen«- und »Fahrrad«-Fabrik auch zum größten »Automobil«-Hersteller zu machen.

Stolze Männer, die sich ihrer Pionierrolle bewußt waren: die Motorwagen-Abteilung 1900.

3

Endlich auf dem richtigen Weg

Die Opel-Brüder wissen die Werbetrommel zu rühren: Mit Rennsiegen auf allen Pisten der Erde und mit bester Qualität wird man bald zum Hoflieferanten ernannt. Dennoch erkennen die Rüsselsheimer rasch, daß die von Nähmaschinen- und Fahrradproduktion gewohnten großen Stückzahlen nur mit preisgünstigen Fahrzeugen zu erreichen sind – und so beginnt die Suche nach dem Volks-Wagen.

Zwar hatte der »Opel Patentmotorwagen, System Lutzmann« das Haus Opel für zwei, drei Jahre in eine Sackgasse geführt – aber er konnte die Begeisterung der Brüder für das Automobil selbst nie ernsthaft in Frage stellen. Und die langsam, aber stetig gestiegene Zahl der zugelassenen Kraftfahrzeuge schien ihnen recht zu geben: Im Jahr 1900 waren weltweit immerhin schon 12000 Automobile im Einsatz, davon verkehrten allein in Europa 8500 Stück. Mit der Ankunft der ersten Darracq-Fahrgestelle und -Fahrzeuge stand endlich den Opel-Brüdern das Material zur Verfügung, mit dem die Rüsselsheimer eine Chance hatten, sich auch in diesem neuen Industriebereich einen Platz zu erobern. Da man rasch erkannt hatte, daß der Karosseriebau – die Holzkarossen wurden ja noch immer in aufwendiger Handarbeit gefertigt – der Schwachpunkt bei der Fertigung größerer und lukrativer Stückzahlen war, importierten die Opel-Brüder zunächst hauptsächlich Darracq-Fahrgestelle, bis man parallel zu der bislang relativ kleinen Werkstatt für den Karosseriebau neue, großzügige Fertigungsstätten eingerichtet hatte. Auf der Basis des importierten 1,1-Liter-Vierzylinders mit 8 PS Leistung (später sollte eine 1,3-Liter-Variante mit 9 PS Leistung folgen) wurde nun eine elegante viersitzige Karosserie montiert, die dem – mittlerweile knapp 5000 Mark teuren – »Opel-Darracq« zu etwas größeren Stückzahlen verhalf. Wurden von dem »Lutzmann« 1901 nur

Der erste »Opel-Motorwagen« war der »10/12« PS, der 1902 zum Preis von 6000 Mark ausgeliefert wurde.

Die »Auto-Ausstellung Hamburg« fand 1902 in der Bahnhofshalle der Hansestadt statt.

Der 9 PS-Motorwagen »System Darracq« kostete 1902/3 immerhin 5000 Mark.

noch ganze 24 Exemplare montiert, so brachte das darauffolgende Jahr eine Produktion von immerhin 64 Automobilen hervor, wobei allerdings bedacht werden sollte, daß für die arbeitsintensive Montage eines Autos – je nach Modell – bis zu vier Monate Bauzeit nötig waren. Noch ein kurzes Wort zum besseren Verständnis des Kaufpreises: Erst wenn man weiß, daß der Stundenlohn 1902 bei etwa 60 Pfennig lag, kann man ermessen, wieviel Geld ein Käufer besitzen mußte, der in der Lage war, für ein Automobil 5000 Mark zu bezahlen.
Noch während die ersten »Opel-Darracq«-Fahrzeuge gefertigt wurden, hatten sich Fritz und Wilhelm Opel schon daran gemacht, mit dem Know-how der neuesten französischen Technologie die Entwicklung eines eigenen Wagens voranzutreiben: Der erste »Opel« schien in Reichweite. Dafür zerlegten die beiden ausgebildeten Techniker einen 9-PS-Darracq bis zur letzten Schraube und analysierten zusammen mit ihren Mitarbeitern die Technik dieses Wagens.

Der erste »Opel-Motorwagen« rollte 1902 aus den Werkshallen

Und nachdem man – wo es nötig schien und möglich war – Teile ausgewechselt oder modifiziert hatte, entstand der erste »Opel-Motorwagen«, der erfreulicherweise deutlich besser lief. Parallel dazu wurde auch ein neuer Zweizylindermotor konstruiert, der aus 1885 ccm bei 1200/min immerhin 12 PS abgab. Daß der Motor wirklich alle Merkmale fortschrittlicher Technologie in sich vereinigte, zeigte nicht nur der Nockenwellenantrieb durch gekapselte Stirnräder und ein Wabenkühler mit Ventilator, sondern auch die automatische Ölpumpe, die Batteriezündung und vor allem das vergleichsweise niedrige Chassis, das den Opel 10/12 PS auch optisch von den bislang eher an den Kutschenbau orientierten Karossen abhob. Im Herbst 1902 war dieser Wagen erstmals auf dem Hamburger Automobilsalon zum Preis von 6000 Mark zu besichtigen, und der Motor sollte in einer Vielzahl von Karosserieformen von 1903 bis 1906 als »Opel-Darracq 9/10« und als »Opel Motorwagen 10/12 PS« angeboten werden.

Aber knapp zehn Monate später überraschte Opel dann mit einem ersten Vierzylindermotor, der zwar letztlich »nur« aus zwei hintereinandergestellten Zweizylinder-Triebwerken bestand, der aber aufgrund etlicher technischer Verfeinerungen zu einem der bekanntesten und erfolgreichsten Motoren der damaligen Opel-Produktion wurde. Die wichtigste Änderung war die Verlegung der stehenden Ventile auf eine Zylinderseite. Der Vorteil bestand darin, daß die Ventilsteuerung nun von einer Nockenwelle übernommen werden konnte. Und dazu sorgte eine von der Drehzahl abhängig mitlaufende Ölpumpe dafür, daß das Schmieröl in den exakt benötigten Mengen zugeführt werden konnte. Der Hubraum ergab sich zwangsläufig aus dem des eingesetzten Zweizylinders: Mit einer Bohrung von 100 und einem Hub von 120 Millimeter besaß der neue »20/24 PS« exakt 3770 ccm Zylinderinhalt. Allerdings bot der »Opel Motorwagen 20 PS System Darracq« nicht nur vergleichsweise viel Leistung, er brachte diese Leistung auch durch ein modernes Fahrgestell hervorragend auf die Straße, bei dem das über der Hinterachse hochgekröpfte Chassis für einen bislang nicht gekannten tiefen Schwerpunkt sorgte.

Die »Darracq«-Familie 1904 bei einem Treffen vor dem Römerkastell »Saalburg«.

Mit vier Zylindern: Der »Opel 16/18 PS – System Darracq« kostete 1905 11 500 Mark.

Nur etwas für die wirklich Reichen: Für einen »Opel 25/30 PS – System Darracq« mußten 1906 zwischen 13 500 und 16 500 Mark bezahlt werden.

Für die Verzögerung waren zwei Bandbremsen zuständig, die auf die Hinterräder wirkten. So viel neue Technik hatte aber auch ihren Preis: Der fünfsitzige »Luxus-Tonneau« kostete nicht weniger als 13 000 Mark. Später kam dann noch eine Version mit kürzerem Radstand für 12 000 Mark ins Angebot, dem 1905 ein »Doppel-Phaeton« für 11 000 Mark folgte. Bis zu diesem Jahr blieben der »10/12 PS« als Zweizylinder und der »20/24 PS« die beiden einzigen reinen Opel-Modelle, der Rest der Angebotspalette bestand aus importierten Darracq-Fahrgestellen, die mit eigenen Aufbauten versehen wurden. Diese »Opel-Darracq«-Modelle hatten rasch einen so guten Ruf, daß sie ins europäische Ausland, und was die Opel-Brüder besonders freute, auch nach Frankreich exportiert werden konnten. Alexandre Darracq selbst hatte übrigens an den Zwei- und Vierzylindermotoren aus Rüsselsheim ebenfalls Gefallen gefunden und baute diese Triebwerke in Frankreich in Lizenz nach.

Wenn auch die Verkaufsziffern nur langsam nach oben gingen (1903 wurden 178 Fahrzeuge montiert, im Jahr darauf sollten 244 folgen), so war es den Opel-Brüdern dennoch klar, daß die Zeit der Volksmotorisierung noch einige Zeit auf sich warten lassen würde. Deshalb machte man sich bereits im Frühjahr 1901 daran, konkrete Pläne für ein »Opel-Motorrad« zu schmieden. Hatte man nicht vom Fahrradbau her bereits die besten Voraussetzungen für eine günstige Produktion im Haus zur Verfügung? Im Herbst desselben Jahres war es dann soweit: Das erste »motorisierte Fahrrad«

Im Photostudio ließ man sich 1903 gerne auf einem Opel-Motorrad ablichten.

wurde fertiggestellt. Der Begriff paßte deswegen so gut, weil dieses Gefährt noch nicht viel mit dem Motorrad in der uns heute geläufigen Form gemein hatte. Es handelte sich hier in der Tat mehr um einen Fahrradrahmen, in den unter dem oberen Querrahmen ein Tank montiert wurde und bei dem ein mächtiger (nun stehend montierter) Einzylindermotor seine Kraft über einen Lederriemen an das Hinterrad weiterreichte. Auf Pedale, Tretlager und Kette wurde einstweilen noch nicht verzichtet, schließlich war keineswegs klar, wie zuverlässig so ein Motor tatsächlich lief. Außerdem reichte die Leistung noch nicht aus, um auch steile Wege zu erklimmen, und in solchen Situationen half dann nur noch die Wadenkraft des Motorradfahrers aus allen Schwierigkeiten.

Der Wunsch nach Mobilität, den die vergleichsweise billigen Motorräder leichter erfüllen konnten, sorgte rasch dafür, daß Opel auch in diesem Marktsegment erfolgreich agierte. Das »2 PS Motorzweirad« kam für 700 Mark auf die Preisliste, das »2,5 PS Motorzweirad« kostete 100 Mark mehr. Natürlich war auch hier Leistung gefragt, deshalb wurde nicht nur die Leistung des Einzylinders bis zur

Mit ungewohnter Sitzhaltung: das »Opel 3¾ PS«-Motorrad von 1903.

einstweiligen Produktionseinstellung im Jahr 1907 auf bis zu 3,25 PS angehoben, sondern es kam auch ein Zweizylinder mit 3,5 PS ins Angebot. Dieser Viertakt-Motorradmotor, dessen Zylinder parallel zueinander standen, wurde aber nur in kleinsten Stückzahlen gebaut. Die Preise trugen daran wohl kaum die Schuld, denn diese konnte Opel dank der Serienproduktion im Lauf der Jahre senken: 1906 lagen sie nur noch zwischen 400 Mark für die schwächste Einzylinder-Version und 600 Mark für den »3½ PS Zweizylinder mit magnetelektrischer Zündung«.

Die Motorradproduktion wurde 1907 eingestellt. Nach dem Ersten Weltkrieg sollte man sich aber in Rüsselsheim dankbar an das brachliegende Know-how erinnern und durch die »Fahrräder mit Hilfsmotor« die ersten Transportprobleme lösen helfen.

Die Trennung von Alexandre Darracq

Aber dies lag alles in weiter Ferne – noch arbeitete man in Rüsselsheim hart daran, mit neuen eigenen Modellen endgültig den Absprung von den Lizenzen des Herrn Darracq zu schaffen. Während man den Anteil der Ein- und Zweizylindermodelle immer weiter reduzierte, nahm man sich von 1904 an der Vierzylinderpalette an, die man deutlich ausweitete. Da es immer offensichtlicher wurde, daß die Reichen dieser Erde auf das Automobil nicht mehr verzichten wollten, dachte man zuerst einmal an ein neues prestigeträchtiges Spitzenmodell, das im Sommer 1904 als »Opel Motorwagen 30/32 PS System Darracq« zum stolzen Preis von 17 000 Mark auf den Markt kam. Für das Geld wurde allerdings auch einiges geboten: Der 30 PS starke 4,7-Liter-Vierzylinder besaß als erstes Opel-Modell eine Doppelzündung und Innenbackenbremsen an der Hinterachse. Dazu gab es einen etwas kleineren 3,1-Liter-Vierzylinder mit 18 PS Leistung. Nachdem man in Rüsselsheim erkannt hatte, daß sich die teuren Luxusautomobile immer besser verkaufen ließen, ergänzte man die Modellpalette dann 1905 mit dem 6,8 Liter »35/40 PS«, dem im Jahr darauf der 8 Liter »45/50« folgen sollte, der nicht weniger als 22 000 Mark kostete. Diese großen Vierzylinder waren auch die ersten Fahrzeuge, bei denen das Vierganggetriebe serienmäßig montiert wurde.

Mittlerweile gab es erste Überlegungen, sich allmählich von Alexandre Darracq zu trennen. Zwar war der Vertriebs- und Lizenzvertrag 1905 um weitere fünf Jahre verlängert worden, aber bereits im Winter 1906 wurde die Zusammenarbeit von

den Rüsselsheimern endgültig aufgekündigt. Offensichtlich vertrat man nun die Meinung, daß die eigene Technik derartig ausgereift war, daß man auf das Wissen der einstmals führenden Franzosen verzichten konnte. Und was die Reputation (heute: »das Image«) betraf, so hatten die Opel-Brüder natürlich nicht nur auf erstklassige Qualität mit bereits damals beachtlichen Garantieleistungen gesetzt, sondern auch den Markennamen mit erfolgreichen Sporteinsätzen einmal mehr in aller Munde gebracht. Schließlich wären sie sich selbst untreu geworden, wenn sie nicht auch mit dem Automobil die Chance gesehen hätten, durch Rennsiege auf sich aufmerksam zu machen.

Mit Rennsiegen und Qualität zum »Hoflieferanten«

Die Lizenz für den Bau von Automobilen hatten sie nicht zuletzt deswegen mit dem Haus Darracq abgeschlossen, weil dessen Schöpfungen sich bereits bei den ersten Rennen in Frankreich bestens bewährt hatten. 1903 war dann der erste »Opel«-Rennwagen fertig: Ein »10/12 PS«-Zweizylinder aus dem Jahr 1902 wurde von den Großteilen seiner Karosserie befreit und von einem besonders liebevoll montierten Motor angetrieben. Bereits beim ersten Einsatz mit Fritz Opel am Steuer und Carl Jörns auf dem Beifahrersitz errang der immerhin 72 km/h schnelle »Opel-Special« einen Klassengewinn, dem im Lauf der nächsten Jahre viele weitere Opel-Siege folgten. Vielleicht sollten wir in diesem Zusammenhang kurz auf Carl Jörns, den Beifahrer des ersten Rennens, eingehen: Die Opel-Brüder kannten den 1875 geborenen Jörns bereits seit vielen Jahren – schließlich war er einer der besten Radrennfahrer seiner Zeit und hatte Fritz und Heinrich Opel mit seinen über 300 Siegen so manchen Siegespokal vor der Nase weggeschnappt. Deshalb schätzten sie das Können von Jörns, und so trat er am 1. Februar 1903 seine neue Stellung an – als »Einfahrmeister« und Rennfahrer. Dies sollte eine der besten Personalentscheidungen des Unternehmens sein, denn Jörns gewann in den darauffolgenden Jahren etliche der großen und entscheidenden Rennen für Opel. Fuhr der kleine, aber bärenstarke Jörns seine ersten Siege und Plazierungen mit den »Opel-Darracq«-Modellen nach Hause, so sollte er bald nur noch in »reinrassigen« Opel-Fahrzeugen an den

Ein Blick in die Sattlerei im Jahr 1906.

Die Montagehalle im Jahr 1906.

Noch war der Automobilbau reine Handarbeit – ein Bild aus dem Jahr 1906.

Start gehen. Doch bei dem ersten wirklich wichtigen Rennen – der von dem New Yorker Verleger James Gordon-Bennett bereits 1899 gestifteten »Gordon-Bennett«-Trophy –, trat Fritz Opel am 17. Juni 1904 noch mit einem 80 PS starken »Opel-Darracq« an, der allerdings nach wenigen Kilometern mit einem Bruch des Kardanwellengelenks aufgeben mußte. Dies sollte aber die einzige größere Niederlage in diesem Jahr bleiben: Bereits zwei Tage später gewannen die Opel-Rennwagen beim »Großen Internationalen Motorwagen-Rennen zu

Fritz Opel am Steuer des 100 PS-»Gordon Bennett«-Rennwagens aus dem Jahr 1904.

Carl Jörns, der erfolgreichste Opel-Werksfahrer mit dem Siegespreis von 1907 (links) und der Opel-Werkswagen mit Jörns am Steuer beim »Kaiserpreisrennen« im Taunus ebenfalls im Jahr 1907 (rechts).

Frankfurt« nicht weniger als drei erste Preise und sechs weitere Plazierungen. Und so ging es weiter: Am Semmering und am Exelberg, beim Großen Bergpreis von Gaillon und beim »Großen Preis von Hamburg« lagen die Rennwagen aus Rüsselsheim stets an der Spitze. Über zwei Erfolge freuten sich die Opel-Brüder aber besonders: Erstens erzielte ein Opel mit einer Durchschnittsgeschwindigkeit von 168,2 km/h einen neuen Weltrekord über den fliegenden Kilometer, und zweitens bewies der Sieg bei der immerhin 3782 Kilometer langen Fernfahrt »New York–St. Louis«, daß die von den Opel-Brüdern angestrebte Solidität und Haltbarkeit erreicht worden war. Um diese

München war 1909 eine der Stationen bei der »Prinz Heinrich-Fahrt« – hier Sieger Wilhelm Opel vor der Bavaria.

Strecke erfolgreich zu bewältigen, war der Wagen 15 Tage und 2 Stunden lang ohne Unterbrechung und »ohne Störung auch auf schlechtesten Straßen« unterwegs gewesen.

Und die Zahl der Siege nahm keine Ende: 1905 wurde unter anderem der »Vanderbilt«-Cup gewonnen. Im Jahr darauf gehörte Opel der Sieg bei dem Rennen »Paris–Monte Carlo–Paris«, im selben Jahr gewann Emmy Opel, die Frau von Heinrich Opel, dann auch die Gesamtwertung der »Westdeutschen Tourenfahrt«, die über eine Strecke von 1000 Kilometer von Bielefeld über Hannover und Frankfurt nach Köln führte. Dies war auch ein weiterer Meilenstein auf dem Weg der Emanzipation der Frau.

Obwohl die Rennsaison 1907 mit einem Unfall begann – Carl Jörns wollte bei der extravaganten »Targa Florio« auf Sizilien einer Ziege ausweichen und landete im Graben –, sollte dieses Jahr in der Geschichte des Hauses einen besonderen Rang einnehmen, denn Jörns belegte beim »Kaiserpreisrennen« am 14. Juni 1907 hinter dem Italiener Felice Nazzaro auf F.I.A.T. und dem Belgier Hautvast auf einem Pipe einen ehrenvollen dritten Rang, der ihm und dem Haus Opel den Ehrenpreis für den besten deutschen Wagen einbrachte. Was aber für die Reputation noch viel wichtiger war: Der deutsche Kaiser beliebte von nun an, mit den Fahrzeugen aus Rüsselsheim zu reisen. Welche Bedeutung dieses Rennen gehabt haben muß, zeigte sich nicht zuletzt daran, daß nicht weniger als 42 Hersteller 92 Fahrzeuge zum Start gemeldet hatten – und dies, obwohl pro Wagen stolze 3000 Mark Startgeld bei dem Veranstalter, dem »Kaiserlichen Automobilclub« in Berlin, bezahlt werden mußten. Jörns trat zusammen mit seinen beiden Markengefährten Fritz Opel und dem zweiten Werksfahrer Michel mit einem 7,8-Liter-Vierzylinder-Rennwagen an, der mit 60 PS für eine Höchstgeschwindigkeit von immerhin 110 km/h sorgte – damit hatten die Opel-Rennwagen den maximal zulässigen Hubraum von 8 Liter nahezu ausgeschöpft. Da die Veranstalter zu Recht annahmen, daß sich die Fahrzeuge auf der 118 Kilometer langen Rundstrecke gegenseitig behindern könnten, veranstaltete man zunächst zwei Ausscheidungsrennen, nach denen noch 39 Rennwagen in der Lage waren, die angesetzten vier Runden anzutreten – und alle drei Opel-Werkswagen waren noch dabei.

Fritz Opel mußte in der dritten Runde mit einem Wasserrohrbruch ausscheiden, doch die beiden Werksfahrer hielten sich vorzüglich: Nach 5 Stunden, 39 Minuten und 49 Sekunden Fahrzeit kam Carl Jörns als Dritter ins Ziel, sein Teamgefährte Michel wurde Vierter. Die deutschnationale Presse war begeistert: „Die Opelwagen, deren herrliche Präzisionsarbeit in allen Kreisen höchste Anerkennung findet, errangen einen wohlverdienten Erfolg und retteten die Ehre der deutschen Automobil-Industrie.“ Auch der Kaiser zeigte sich begeistert: Wilhelm II. fuhr von 1907 an auf einem Opel-Fahrzeug, und das Rüsselsheimer Unternehmen durfte sich von nun an offiziell »Hoflieferant« nennen. Und während die Opel-Rennwagen von Erfolg zu Erfolg eilten, ernannte der Großherzog Ernst Ludwig von Hessen am 5. Juni 1907 Carl Opel zum Großherzoglich-Hessischen Kommerzienrat – sein Bruder Wilhelm wurde am 25. November 1908 mit demselben Titel geehrt.

Opel-Werbung aus dem Jahr 1903.

Mit verträumtem Blick: der Katalog der »Opel Automobilwerke« 1904.

Der Zeit voraus: Opel-Werbung aus der »Allgemeinen Automobilzeitung« von 1910.

Der große Erfolg des »Kaiserpreis«-Rennens hatte den Bruder von Wilhelm II., den autobegeisterten Prinz Heinrich, nicht ruhen lassen: Nur wenige Wochen nach dem Rennen, das die Opel-Brüder zu Hoflieferanten aufsteigen ließ, stiftete auch er einen Wanderpokal für einen internationalen Tourenwagenwettbewerb, der seinen Namen trug. Die »Prinz-Heinrich-Fahrt« wurde von 1908 bis 1910 ausgetragen und machte sich sofort einen Namen als eine der selektivsten Prüfungen der damaligen Jahre. Natürlich war auch Opel bei diesen Fahrten vertreten. Hier kam der große Erfolg im Jahr 1909, als Wilhelm Opel auf einem »10/20 PS« mit einem 2,6-Liter-Vierzylinder nach 1840 Kilometern quer durch Deutschland, Ungarn und Österreich als Sieger den begehrten Wanderpreis entgegennehmen durfte. Und da die Modelle aus Rüsselsheim auch noch die Plätze drei, fünf, sechs und zehn belegten, wuchs der Ruhm des jungen Unternehmens noch weiter. Es würde hier den Platz sprengen, nur die wichtigsten der großen Erfolge dieser Jahre aufzuführen – Carl Jörns und seine Mitstreiter gewannen vom Bergrennen über kurze Sprintwettbewerbe bis hin zu den großen Langstreckenfahrten derartig viele Siegerkränze und Pokale, daß selbst die alten Firmenchroniken nur von »Hunderten von Siegen und Plazierungen« berichteten.

Auf der Suche nach dem »Volks-Wagen«

In der Chefetage dachte man mittlerweile über die nächsten Schritte nach. Natürlich hatten die großen und teuren Limousinen nicht nur für die Reputation und auch für beachtliche Verkaufszahlen gesorgt – immerhin produzierte man 1909 bereits 798 Kraftfahrzeuge, und der 1907 begonnene Bau von Lastwagen und Lieferwagen betrug ebenfalls schon 47 Stück –, aber warum sollte es eigentlich nicht möglich sein, den offensichtlich wachsenden Bedarf für ein preiswertes »Volksautomobil« mit einem Opel zu dekken? Hatte nicht auch die Großserienfabrikation bei den Fahrrädern für sinkende Preise und steigende Stückzahl gesorgt? Der Weg wurde immer klarer: Ein kompakter, robuster und preiswerter Wagen mußte her.

Auszug aus dem Prospekt des Jahres 1907: „Bei »Reklame-Wagen« stehen Vorschläge für besonders gewünschte Wagenaufbauten unter Berücksichtigung aller Wünsche stets zu Diensten."

4

Opel baut den Doktorwagen und geht auch aufs Wasser und in die Luft. Der große Brand ermöglicht den Aufbau neuer Produktionsanlagen – und zum 50jährigen Firmenjubiläum kommt der hessische Großherzog. Als Carl Jörns am 12. Juli 1913 beim »Großen Preis von Frankreich« antritt, verfügt sein Vierzylindermotor bereits über 16 Ventile.

Der »Doktorwagen« und die Stückzahlen

Bei aller Freude über die großen Erfolge, die Opel innerhalb kurzer Zeit mit seinen teuren Luxuswagen und den Rennerfolgen hatte, war man sich in Rüsselsheim aber dennoch darüber im klaren, daß diese elitäre Schiene langfristig ins Abseits führen mußte. Zwar gab es natürlich eine reiche Oberschicht, die nicht auf die Mark achten mußte und die sich auch das Personal für Wartung und strapaziöse Fahrarbeit leisten konnte, aber die Zahl der Reichen blieb einstweilen auf etwa 25 000 Menschen begrenzt. Und so war es auch kein Wunder, daß die Produktionsziffern 1906 bis 1908 relativ konstant blieben: 1906 – 492 PKW und 26 LKW; 1907 – 454 PKW und 24 LKW; 1908 – 470 PKW und 30 LKW. Deshalb mußten neben den teuren Modellen fürs Prestige nun endlich auch Modelle ins Programm kommen, die die breite Masse zu Autofahrern machen würden. Schließlich konnte nur diese den Markt von morgen darstellen. Bereits die Fahrradproduktion hatte doch bewiesen, daß nur die Massenproduktion die Preise senken und damit die Verkaufsbasis verbreitern konnte. Doch bis zur Fließbandproduktion war noch ein weiter Weg mit vielen Hindernissen zu überwinden.

Zuerst einmal mußte der Kunde gefunden werden, der auf ein zuverlässiges Automobil angewiesen war und auf schiere Größe und Repräsentation keinen so großen Wert legte – der aber dennoch über die finanziellen Mittel verfügte,

Der »4/8 PS Doktorwagen« besaß einen Vierzylindermotor mit 1029 ccm Hubraum und kostete 3950 Mark.

einige tausend Mark für so ein Vehikel ausgeben zu können. Auf der Suche nach diesem idealen Kunden entdeckten die Opel-Brüder dann die gesuchte Nische. Die Berufsgruppe der Ärzte benötigte einen Wagen, der sie bei Nacht und Nebel über kleinste Feldwege rasch und sicher zu den zwei- und vierbeinigen Patienten brachte (Opel hatte natürlich auch die Tierärzte ins Visier genommen) – und mit der nötigen finanziellen Ausstattung stimmte es bei dieser umworbenen Klientel ebenfalls. Um den angestrebten Preis von unter 4000 Mark zu erreichen, wurde ein kleiner Zweisitzer einfach, schlicht und robust ausgelegt: Der »Opel 4/8 PS«, wie er offiziell heißen sollte, bekam einen Vierzylinder-Reihenmotor mit 1029 ccm Hubraum, dessen Maximalleistung von 8 PS bereits bei 1600/min bereitstand. Über ein unter dem Wagenboden liegendes Dreiganggetriebe wurde die Kraft mittels einer Kardanwelle an das Hinterachsdifferential übertragen. Chassis und Karosserie des nur 525 Kilogramm schweren Wagens waren so robust wie möglich. Die starre Vorderachse bestand aus einem kräftigen Stück Schmiedestahl, und da der Landarzt auch bei schlechtester Witterung über aufgeweichte Feldwege eilen mußte, wurden Motor und Getriebe durch eine stabile Blechwanne geschützt, und die abnehmbaren Felgen erleichterten den damals noch allzu oft anfallenden Reifenwechsel deutlich. Auch schienen die Verbrauchswerte durchaus angemessen: Hier flossen nur etwa 8 Liter Treibstoff auf 100 Kilometer durch den Spritzvergaser. Kurz gesagt: Der zweisitzige »Doktorwagen«, dessen Insassen lediglich durch eine Kniedecke vor der Kälte geschützt wurden, kam zu dem für damalige Verhältnisse unglaublichen Grundpreis von 3950 Mark in die Preislisten. Und rasch entdeckte die gesuchte Klientel auch die Vorzüge dieses immerhin 50 km/h schnellen und (im Vergleich zu den großen und schweren Luxusmodellen) auch leicht zu lenkenden »Klein«-Wagens: „Die Verwendung eines Automobils in meinem schwierigen Praxisgelände war für mich ein außerordentliches Wagnis, und daß dieses so glänzend gelungen, verdanke ich vor allem Ihrem vorzüglichen Fabrikat“ – Briefe dieser Art erreichten das Opel-Werk in wachsender Zahl. Und die Mundpropaganda sorgte für weitere, zufriedene Kunden.

Kein Zweifel: Opel war dabei, sich einen neuen Markt zu erschließen – als 1909 die Produktion des »4/8 PS« begann, schnellten die Verkaufsziffern auf 798 PKW und 47 LKW hoch – und bereits ein Jahr später hatte sich die Produktionszahl wiederum verdoppelt: 1556 Fahrzeuge wurden nun bereits ausgeliefert. Und die Zahlen sollten bis 1914 immer weiter steigen – schließlich war Opel im Jahr des Kriegsausbruchs mit 3335 PKW zum größten deutschen Automobilhersteller geworden.

Ein Besuch bei Henry Ford brachte neue Ideen

Zu dieser immensen Steigerungsrate trug Wilhelm Opel entscheidend bei, denn er sorgte – nachdem er bereits seit 1898 regelmäßig die USA besucht hatte – dafür, daß die Produktionsanlagen vergrößert und drastisch modernisiert wurden. Besonders beeindruckt zeigte er sich natürlich nach einem Besuch in Detroit im Jahr 1909, wo er die Fließbandproduktion aufmerksam begutachtete, mit der Henry Ford jährlich 19000 Exemplare des »T-Modells« produzierte. Ford hatte mit diesem »Bestseller« bewiesen, daß die von den Opel-Brüdern prognostizierte Massenmotorisierung realistisch war, und er machte ihnen damit zugleich auch Mut, noch mehr Zeit und Geld in die eigenen Produktionsanlagen zu stecken. Wilhelm Opel erkannte bei diesem Besuch aber auch, daß eine Vielzahl von verschiedenen Modellen der Massenproduktion nur im Weg stehen konnte. Wieder daheim begann er daher, die Zahl der Chassis und der Motoren zu reduzieren – und sorgte zugleich dafür, daß diese verschiedenen Bausteine auch untereinander kombinierbar wurden. Im Jahr 1909 gab es noch elf verschiedene Basismodelle, die vom »Doktorwagen« bis zum »35/60 PS«-Vierzylinder reichten, der zu Preisen zwischen 17 500 und 20 500 Mark dem wahrhaft Reichen mit 8928 ccm den hubraumgrößten Wagen auf dem gesamten deutschen Markt bot. Von dieser Modellvielfalt blieb im Jahr darauf nur ein Modell unverändert im Programm: der »6/14 PS« mit einem 1,5-Liter-Vierzylinder. Die restliche Modellpalette wurde gestrafft und der Steuergesetzgebung, die davon ausging, daß 1 Steuer-PS grob gerechnet etwa 0,25 Liter Hubraum entspricht, gerecht. Und da der Drang der Käufer nach mehr Leistung auch schon in jenen Jahren existent war, vergrößerte man die Triebwerke so weit, daß die jeweilige Steuerklasse voll erfüllt wurde. Zwei Beispiele: Der »Doktorwagen« verfügte nun über einen Hubraum von 1195 ccm, wobei der kleine Vierzylinder 10 PS bei 1800/min leistete. Und aus dem Spitzenmodell, dem »35/60 PS«, wurde der »28/70 PS«, der mit 7270 ccm Hubraum nur noch über 28 kostengünstigere Steuer-PS verfügte, dafür aber – zum gleichen Preis – nunmehr 70 PS an die Hinterräder brachte, die für immerhin knapp 100 km/h sorgen konnten. Daß dieser »28/70 PS« eine leistungsreduzierte Variante des Rennwagens von 1910 darstellte, die durch ein niedrigeres Chassis und größere, rechteckige Kühler aufgefallen war und bis zu 100 PS leisten sollte, machte dieses Modell für die Reichen nur noch interessanter. Da gerade auch die Wohlhabenden gerne sparen, sorgte diese »Modellpflege« weiter für den guten Ruf des Hauses und einen erfreulichen Geschäftsgang. So kamen gegen Ende des Jahres 1910 bereits 12,3 Prozent aller in Deutschland produzierten Fahrzeuge aus Rüsselsheim.

Opel geht aufs Wasser und in die Luft

Mit dem Interesse an allen technischen Neuerungen, das die Familie Opel zu den Nähmaschinen, Fahrrädern und Automobilen geführt hatte, betrachteten die fünf Brüder aber auch wohlwollend die recht erfolgreichen Versuche von Heinrich Opel, von 1910 an mit einem umgerüsteten Vierzylinder bei den ersten Motorbootrennen zu reüssieren. Gesteigert wurde dieses Interesse noch, als aus Frankreich und England die ersten Nachrichten über wagemutige Flugpioniere kamen. Da traf es sich gut, daß in Frankfurt ein guter Freund des Hauses, der auf Opel-Rennwagen recht erfolgreiche Fabrikant August Euler, als erster Deutscher eine Fluglizenz erwarb und Opel animierte, für den von ihm geschaffenen Doppeldecker doch einen Flugmotor bereitzustellen. Die Brüder sahen einen weiteren Markt und reagierten schnell: Bereits im Sommer 1911 lief erstmals der wassergekühlte Reihenvierzylinder mit knapp sieben Liter Hubraum, der sich konstruktiv eng an den Motor des »Prinz Heinrich«-Wagens anlehnte. Als August Euler zu seinem Jungfernflug auf dem Darmstädter Flugfeld startete, waren unter den Zuschauern nicht nur die mittlerweile 71jährige Sophie Opel, sondern auch ihre Söhne, um den ersten Aufstieg eines Opel-Triebwerks in die Luft zu verfolgen. Weitere Gäste dieses denkwürdigen Tages waren: der motorvernarrte Prinz Heinrich von Preußen und Großherzog Ernst Ludwig von Hessen.

Mittlerweile war die Firma Opel aber nicht nur auf der Straße, dem Wasser und in der Luft vertreten – man hatte auch erkannt, daß die Bauern nicht länger dazu verdammt waren, die schwere

Ein Blick auf den »Opel-Flugmotor«, der bereits 1912 aus 7 Liter Hubraum stolze 70 PS abgab.

Feldarbeit mit Ochs und Pferd zu verrichten. Auch waren die Dampfpflüge, die sich die Besitzer einiger größerer Güter angeschafft hatten, derart umständlich zu bedienen und zu handhaben, daß sich die Rüsselsheimer zu fragen begannen, ob man nicht auch einen Motorpflug konstruieren und anbieten sollte. Das Ergebnis war 1911 erstmals zu besichtigen, und bald erwies sich der 60 PS starke Motorpflug als eine weitere Stütze des Unternehmens.

Das große Feuer und der Wiederaufbau

Die Geschäfte entwickelten sich gut: Jährlich wurden wieder knapp 30 000 Fahrräder produziert und verkauft; das Stammgeschäft mit den Nähmaschinen lief wie eh und je, bei den Automobilen und Nutzfahrzeugen wurden endlich die Steigerungsraten erreicht, von denen man über ein Jahrzehnt lang geträumt hatte, und die ersten Opel-Motoren verrichteten nun auch noch auf dem Wasser und in der Luft ihre Arbeit.

In der Nacht vom 19. auf den 20. August 1911 brach dann das große Chaos über Opel herein: In der alten Vernickelei wütete ein Feuer, das einen Großteil der Fabrik in Schutt und Asche legte. Als der Morgen des 20. August anbrach, waren alle Werkshallen aus der Gründerzeit abgebrannt, 2000 Fahrräder und 3000 Nähmaschinen lagen zusammengeschmolzen unter den Trümmern. Die Opel-Brüder konnten dankbar sein, daß es ihnen in letzter Minute noch gelungen war, aus den Stahlschränken des Hauptbüros Gelder und die wichtigsten Papiere zu retten. Sie hatten aber noch größeres Glück – die Fahrzeugabteilung blieb ohne nennenswerten Schaden. Knapp 600 nahezu fertiggestellte Automobile konnten – nachdem sie durch ein emsiges Putzkommando von Ruß und Staub befreit waren – fertiggestellt und verkauft werden. Ein Extrablatt des »Frankfurter Generalanzeigers« berichtete am 21. August: „Kurz nach zehn Uhr stehen wir auf dem rauchenden, trümmerbedeckten Boden, auf dem noch vor wenigen Stunden fleißige Arbeiter ihrem Berufe nachgingen – die für lange

Das rare »6/16 PS Stadt-Coupé« von Karmann entstand 1911 (links), während sich die breite Käuferschicht von 1910 an auf die hochmodische »Torpedo«-Karosserie stürzte.

Mit dem »60 PS«-Motorpflug hatte Opel von 1911 an auf den großen Gütern Erfolg.

Wochen schuldlos zur Untätigkeit verurteilt sind, Familienväter, die am Sonnabend mit dem wohlverdienten Wochenlohn ihre Arbeitsstätte verließen und sie eine Nacht später als ein wirres Chaos wiedersahen. Wohin das Auge reicht, Vernichtung. Wohin der Fuß tritt, Zerstörung." Und später heißt es in dem Extrablatt: „Die sogenannte alte Fabrik mit dem von Adam Opel im Jahr 1868 errichteten Bau ist ein Raub der Flammen geworden. Der Schaden beläuft sich nach einer vorläufigen Schätzung auf 4 bis 4,5 Millionen Mark. Insgesamt war die Fabrik mit 12 Millionen Mark versichert." Zwar waren sich die Opel-Brüder rasch darüber im klaren, daß dieses Feuer durch Brandstiftung entstanden war, aber die Täter wurden nie gefunden, obwohl die Werksleitung für die Ergreifung derselben nicht weniger als 2000 Mark ausgesetzt hatte – eine Summe, die für die damaligen Verhältnisse sehr hoch war.

Den Versicherungszahlen können wir entnehmen, daß sich die Opel-Brüder selbstverständlich auf einen derartigen Ernstfall vorbereitet hatten. Sie waren aber nicht nur gut versichert, sondern auch bereits seit dem Jahr 1905 durch einen Generalbebauungsplan auf alle Eventualitäten vorbereitet – schließlich war das Labyrinth immer neuer Gebäude und Werkstätten, das in dem beispiellosen Aufstieg der Gründerjahre ohne jedes System errichtet worden war, den Besitzern selbst bereits etwas unheimlich erschienen. So hatte der große Brand von Rüsselsheim sogar seine Vorteile: Endlich konnte man die Produktionsstätten nach modernsten Erkenntnissen neu aufbauen und den Bau der mittlerweile nicht mehr so ertragsstarken Nähmaschinen einstellen. Allerdings wurde in dem mittlerweile 49jährigen Unternehmen nur eines bedauert: daß zum Bau der einmillionsten Nähmaschine gerade noch zwölf Exemplare gefehlt hatten. Daher begaben sich die Nähmaschinenbauer in die ausgekühlten Reste ihrer einstigen Werkstätten und suchten all die Teile zusammen, die für den Bau von zwölf Nähmaschinen benötigt wurden. Einen Großteil der gesuchten Teile fanden sie, ergänzten den Rest durch Nachbauten und vollendeten so das fehlende Dutzend. Das Jubiläumsstück selbst wurde in ein Mahagonigehäuse gestellt und blieb im Werk. Für Opel war damit das Nähmaschinen-Zeitalter endgültig beendet.

Ein Brand, der neue Märkte eröffnete: Feuerwehrwagen

Während Teile der Belegschaft die Reste des alten Werks beseitigten, begannen andere damit, das neue Opel-Werk aufzubauen. Und während mit dem Aufbau begonnen wurde, sorgte ein anderer Teil der Belegschaft dafür, daß in notdürftig überdachten Werkstätten die Produktion von Fahrrädern und Fahrzeugen wieder anlaufen konnte – schließlich mußte auch weiterhin das Geld für den Wiederaufbau verdient werden. Die neuen Fabrikgebäude wurden nicht nur großzügiger und lichter als ihre Vorgänger, sie besaßen auch die sanitären Einrichtungen, die früher so dringend vermißt wurden. Daß sie zudem noch, was den Feuerschutz betraf, auf dem neuesten Stand der Technik waren, verwunderte hingegen kaum. Die Opel-Brüder hatten aus dieser Feuersbrunst auch gelernt, daß die Entwicklung eines modernen Feuerwehrwagens noch in den Kinderschuhen steckte. Also begann man rasch auf der Basis des Dreitonner-Lastwagens mit dem Bau eines Löschfahrzeugs, bei dem der Vierzylindermotor nicht nur der Fortbewegung diente, sondern außerdem noch eine Hochdruckpumpe antrieb, die in der Minute 2000 Liter Wasser mit einem Druck von 15 atü fördern konnte. Wir brauchen hier nicht weiter zu erwähnen, daß auch dieser Produktionszweig in den nächsten Jahren und Jahrzehnten kräftig ausgebaut wurde und daß sich die robusten Opel-Feuerwehrwagen bis heute bei den Feuerwehren größter Beliebtheit erfreuen.

Am 21. August 1911 stand die sogenannte »alte« Fabrik in hellen Flammen – auf ihren Ruinen sollte ein völlig neues Werk entstehen.

Ein Blick in die große Personenwagen-Montagehalle im Jahr 1912 – die Geschäfte liefen offensichtlich hervorragend.

Fünf Jahre nach dem großen Brand stand das Werk gesünder denn je da: eine Aufnahme vom 17. September 1916.

Am Ende dieses schweren Jahres hatte wohl niemand erwartet, daß mit 2251 Fahrzeugen doch noch ein neuer Produktionsrekord aufgestellt werden konnte, aber die Jahresschlußbilanz bewies einmal mehr, wie gut die »Stimmung« bei Opel tatsächlich war. Wie alle fortschrittlichen Fabrikanten dieser Zeit hatten auch die Opel-Brüder durchaus ein soziales Gewissen – sie verstanden sich als »Väter« ihrer Angestellten und Arbeiter, die für den Profit, den sie erwirtschafteten, auch bereit waren, soziale Verpflichtungen einzugehen. So wurde bereits 1907 ein Arbeiterausschuß eingerichtet, der – wenn auch im begrenzten Umfang – ein gewisses Mitspracherecht in Anspruch nehmen durfte. 1910 sorgte dann eine neu eingeführte verbindliche »Arbeitsordnung« dafür, daß die Arbeitsbedingungen sowie die Verhaltensmaßregeln und die Sicherheitsvorschriften exakt definiert wurden. Am 11. November 1912 schloß die »Adam Opel OHG« mit dem Deutschen Metallarbeiterverband einen »Arbeits-Tarifvertrag« ab, der die Löhne und Arbeitszeiten exakt beschrieb. Wer sich für die damaligen Löhne und Arbeitszeiten interessiert: Die Wochenarbeitszeit wurde von 57 auf 55,5 Stunden reduziert – dafür erhöhte Opel den Stundenlohn von 33 auf 36 Pfennige. Schmiede, Spengler und Schleifer bekamen nun 50 Pfennig Stundenlohn, und für Werkmeister und Angestellte wurde der Lohn auf 75 Pfennig heraufgesetzt. Diese Löhne waren damals ausgesprochen hoch – kein Wunder, daß sich die Rüsselsheimer vor Arbeitswilligen kaum retten konnten. Dazu kam, daß das Unternehmen, wie gerade bei dem großen Brand bewiesen, seine Angestellten und Arbeiter praktisch nie »auf die Straße« setzte; wer einmal angestellt war, arbeitete nahezu in einem Beamtenstatus.

Natürlich sah man in diesen Jahren die Rennwagen aus Rüsselsheim auch weiterhin bei allen wichtigen Veranstaltungen. Und die Zahl der Siege sorgte für die gewünschte »sportliche« Reputation: Bei der »Prinz Heinrich«-Fahrt des Jahres

1909 gewann Wilhelm Opel, der Rest der Opel-Mannschaft belegte die Plätze 3, 5, 6, 10 und 13. Als bester deutscher Teilnehmer kam Opel mit dem Rennfahrer Herbert Ephraim im Jahr darauf bei der »Prinz Heinrich«-Fahrt hinter drei ausländischen Produkten noch als Vierter ins Ziel. Einer der 2,6-Liter-Rennwagen wurde in die USA verkauft, wo er 1912 bei den berühmten »500 Meilen von Indianapolis« antrat und im Training die achtschnellste Zeit errang – das Rennen selbst beendete der Opel-Rennwagen aber nach einem Pleuelbruch vorzeitig. Auch 1911 gab es wieder viele Siege und Plazierungen zu verzeichnen, wobei der Sieg bei der 3000 Kilometer langen »Russischen Kaiser-Preisfahrt«, die von Petersburg über Moskau nach Sewastopol führte, sicherlich der schönste Erfolg war. Einen völlig anderen Preis gewann der »25/55 PS« bei der vierten »Prinz Heinrich«-Fahrt, die ohne jeglichen sportlichen Ehrgeiz als reiner »Concours d'Elégance« stattfand: Hier verlieh Queen Mary dem Rüsselsheimer Gefährt einen großen Pokal als schönstem deutschen Wagen.

Zum 50jährigen Firmenjubiläum kam der Großherzog persönlich

Das »Jubiläumsjahr« 1912 sollte dem Unternehmen einige weitere Höhepunkte bescheren, denn am 23. August konnte man das 50jährige Firmenjubiläum und den Wiederaufbau des Werks festlich begehen. Die Feier selbst wurde mit großem Aufwand und vielen Ehrengästen zelebriert – allen voran kam Großherzog Ernst Ludwig von Hessen, der von Kommerzienrat Carl Opel mit den Worten: „Euer königlichen Hoheit Teilnahme und Anwesenheit gibt der Fünfzigjahrfeier des Hauses Opel den Weihestempel und zeigt, daß die vergangenen 50 Jahre sich der allerhöchsten Billigung erfreuen“ begrüßt wurde. Dann folgten viele weitere Reden, viele Orden und Ehrendoktor-Titel wurden ebenfalls verliehen und Wilhelm Opel dankte im Namen der Firma und verkündete, daß der Arbeiter- und Beamtenunterstützungsfonds eine Spende in Höhe von 250000 Mark zu erwarten habe. Danach bot Herzog Ernst Ludwig der greisen Sophie Opel

Große Feier in Rüsselsheim: Am 23. August 1912 beging die Familie Opel zusammen mit Großherzog Ernst Ludwig von Hessen das 50jährige Firmenjubiläum.

Ludwig Opel, der Sieger der »Russischen Kaiser-Preisfahrt«, wurde von Zar Nikolaus II. beglückwünscht.

Ein bewegender Moment: Die Ankunft der Sieger der »2. Prinz Heinrich-Fahrt« 1909 im Rüsselsheimer Werk.

den Arm, und man begann einen Besichtigungsgang durch die neuen Fabrikgebäude.

Natürlich gab es zum Jubiläum ein neues Modell: Mit dem »40/100 PS« hatte das Unternehmen nun einen 10,2-Liter-Vierzylinder im Programm, dessen Bohrung 140 Millimeter und dessen Hub 165 Millimeter betrug, die beachtliche Höchstleistung von 100 PS lag bereits bei 1300/min. Zwar gab es den Wagen auch als nacktes Chassis für 16000 Mark zu erwerben, aber die wenigen, die sich dieses riesige Spitzenprodukt mit seinen 3,60 Meter Radstand leisten konnten, verfügten zumeist auch über die 18000 Mark für den »Doppel-Phaeton« oder die 20500 Mark für die Limousine. Daß der Wagen aber mehr als die eigentlich geplanten vier Insassen verkraftete, bewies ein kleiner Aufdruck des Prospekts: „Alle Arten von Klappsitzen anbringbar" hieß es da. Überhaupt war man für alle Anregungen dankbar: Als Max Lochner, ein wohlhabender Mainzer Bürger, auf der Basis eines »13/30 PS« eine stromlinienförmig verkleidete Limousine erwerben wollte, wurde ihm der Wunsch sofort erfüllt. Der 3,3 Liter »13/30 PS« hatte übrigens zusammen mit dem ebenfalls 1912 neu eingeführten 4,7 Liter »18/40 PS« als erste Baureihe die neue modische »Torpedo«-Karosserie serienmäßig bekommen. Die Stromlinien-Karosserie des Herrn Lochner sollte jedoch ein Einzelstück bleiben – wenn auch ein sehr schnelles, denn die 95 km/h, mit denen diese 30 PS starke Limousine ihren Besitzer erfreute, war sonst nur von wesentlich stärkeren Modellen erreichbar.

Neue Siege bei den Zuverlässigkeitsfahrten

Das Jubiläumsjahr sollte aber noch mehr Neuerungen bringen: Beim Neuaufbau des Werks hatte man auch daran gedacht, dem bislang aus Platzmangel vernachlässigten Nutzfahrzeugbau mehr Raum zur Verfügung zu stellen. Das Ergebnis waren fünf verschiedene »leichte« Modelle mit Luftreifen und drei »schwere« Modelle mit Vollgummireifen, die mit überarbeiteten PKW-Vierzylindermotoren zwischen 1,4 und 5 Liter Hubraum eine Leistungsbandbreite zwischen 10 und 40 PS bereitstellten. Die Nutzlast selbst lag zwischen 250 Kilogramm und 4 Tonnen. Dabei sorgte eine Vielzahl verschiedenster Aufbauten dafür, daß praktisch alle Käuferwünsche erfüllt werden konnten. Ein mittlerweile überall in Europa organisiertes Vertriebsnetz ermöglichte seinerseits die Präsenz am Markt, die für gute Verkaufszahlen unerläßlich war. Von Moskau über Odessa bis hin nach Lissabon, von Kopenhagen über Paris nach Budapest warteten tüchtige Opel-Verkäufer darauf, die Produkte aus Rüsselsheim an den Mann zu bringen – noch war die Frau nicht als Kunde für das Automobil entdeckt worden.

Auf den Rennstrecken wurden wieder Pokale über Pokale errungen – wie stets war wieder die gesamte Modellpalette beteiligt: Vom kleinen »5/12 PS«, der die Zuverlässigkeitsfahrt »Rund um Lothringen« gewann, über den »8/20 PS«, der die »Ungarische Zuverlässigkeitsfahrt« über die Distanz von 1300 Kilometer für sich entscheiden konnte, bis hin zum großen »40/100 PS«, der mit Baron von Waclawiczek am Steuer beim »Kilometer-Rennen« von Antwerpen mit einer Durchschnittsgeschwindigkeit von 120 km/h den Siegerpokal holte. Der größte Erfolg dieses Jahres dürfte aber der Mannschaftssieg bei der »Österreichischen Alpenfahrt« gewesen sein, bei dem die Opel-Werksmannschaft mit drei neu aufgebauten »18/40 PS«-Fahrzeugen als einziges von 17 Fabrikteams strafpunktfrei ins Ziel kam. Über diese Alpenfahrt, bei der vom 16. bis 23. Juni 1912 nicht weniger als 2354 Kilometer zurückzulegen waren, sagte Fritz Opel später: „Die Strecke war außerordentlich schwer. Noch vor wenigen Jahren hätte jeder Durchschnittsautomobilist die Möglichkeit, derartig steile Alpenstraßen per Auto zu erklimmen, einfach bestritten." Erschwerend kam hinzu, daß die Veranstalter alle Motoren, Getriebe und Hinterachsdifferentiale verplombt hatten, damit Reparaturarbeiten während der Prüfung nicht möglich waren – kein Wunder, daß der Großteil der 85 teilnehmenden Teams aufgeben mußte.

Es waren nicht zuletzt die Siege bei diesen Zuverlässigkeitsfahrten, die Opel den Beinamen »der Zuverlässige« gaben. Als dieser Slogan später auch offiziell verwendet wurde, hatte sich das sportbegeisterte Publikum schon längst an ihn gewöhnt.

Daß man in Rüsselsheim dem Begriff der »Zuverlässigkeit« einen besonderen Stellenwert einräumte, zeigte auch die Tatsache, daß man der Arbeit der Ingenieure und Techniker eine besondere Aufmerksamkeit widmete. Die Festschrift, die 1912 zum fünfzigjährigen Jubiläum veröffentlicht wurde, vermeldete dazu: „An

Ein stolzer Stand: Opel auf dem Brüsseler Automobilsalon im Jahr 1912.

Schotterstraßen ohne Leitplanken: Der »Grand Prix de l'A.C.F.« fand am 4. Juli 1914 bei Lyon statt.

Carl Jörns am Steuer des 4,5-Liter-Opel-»Grand Prix«-Wagens von 1914, der bereits über Vierventiltechnik verfügte.

Stelle des Herumtastens und der Empirie ist eine korrekte Behandlung in wissenschaftlichem Sinne getreten. In Probier-Stationen und Material-Prüfungsanstalten werden Probleme und Materialfragen untersucht und geklärt." In dieser Festschrift tauchte aber auch ein anderer wichtiger Gedanke auf. Über das »Einstiegsmodell«, den »5/12 PS«, lesen wir: „Hier ist der kleine Wagen, das Volksautomobil, das alles das leistet, was man vernünftigerweise von ihm verlangen kann: genügend schnell, vollkommen betriebssicher und äußerst komfortabel; geringe Anschaffungs- und Erhaltungskosten, geringer Benzin- und Pneumaticverbrauch, geringe Reparatur- und Abnützungsspesen; last not least die Möglichkeit, diesen Wagen ohne Chauffeur zu fahren." Kürzer und präziser konnte (und kann man bis heute) nicht beschreiben, wie ein »Volkswagen« beschaffen zu sein hat – und Opel hat sich in den seitdem vergangenen knapp 70 Jahren perfekt an diese Maxime gehalten.

Am Ende des Jubiläumsjahres hatte man 3083 Personenwagen und 164 Nutzfahrzeuge ausgeliefert. Das darauffolgende Jahr sollte Opel einen Rennwagen bringen, der Technikgeschichte schrieb: Als Carl Jörns am Samstag, dem 12. Juli 1913, beim »Grand Prix de l'Automobile-Club de France« in Amiens antrat, fuhr er nicht nur eines der leichtesten Fahrzeuge (nur der deutsche 1,5-Liter-Dreizylinder »Mathis« wog mit seinen 820 Kilogramm Leergewicht 22 Kilogramm weniger als der Opel), sein 3970 ccm großer Vierzylinder besaß auch einen Vierventilkopf, über den sonst nur noch die Peugeot-Rennwagen verfügten. Bei dem Opel-Rennwagen übernahm jedoch eine obenliegende Nockenwelle die Ventilsteuerung, die durch eine Königswelle angetrieben wurde. Dazu kamen noch neuartige Reibungsstoßdämpfer, die die Starrachsen zumindest einigermaßen vom Hüpfen und Springen abhalten konnten. Das machte Carl Jörns zwar die Fahrt nicht leichter, aber wenigstens etwas komfortabler. Dennoch war aller Einsatz umsonst: Der Motor hielt nur einige wenige Kilometer – Sieger wurde Georges Boillot auf seinem 5,7-Liter-Peugeot. Dennoch gab es auch in dieser Saison weitaus mehr Siege als Mißerfolge. Und Jörns gewann nun sogar auf Eis. Bei den Eisrennen anläßlich der »Nordischen Spiele« in Stockholm bezwang er 35 Konkurrenten und fuhr mit einer Durchschnittsgeschwindigkeit von 123,5 km/h außerdem noch einen neuen Weltrekord.

In der Firma selbst konzentrierte man sich 1913 – neben den Modellpflegemaßnahmen – hauptsächlich auf den Nutzfahrzeugbau, wo ein seit 1911 im Versuch befindlicher Drei-Tonnen-Lastwagen zur Serienreife entwickelt wurde. Hinter diesem Vorhaben stand die Armee: Den Militärs war bewußt, daß dies das Massentransportmittel sein konnte, auf das sie so lange gewartet hatten. Und natürlich suchte nicht nur das deutsche Militär nach einem robusten, geländetauglichen LKW: Die Russen waren ebenfalls darum bemüht, den richtigen Lastwagen zu finden, und nachdem der Opel Drei-Tonnen-Lastwagen die »Kaiserlich russische Subventionsfahrt für kriegsbrauchbare Automobil-Lastwagen« problemlos bewältigt hatte, liefen nun auch Bestellungen aus dem fernen Moskau in Rüsselsheim ein. Allerdings war die Kapazität des Unternehmens bereits voll ausgelastet: Mit 3081 PKW und LKW lag das Ergebnis sogar um 121 Fahrzeuge unter dem des Vorjahres.

Im Herbst des Jahres starb Sophie Opel im Alter von 73 Jahren – sie hatte den Aufstieg von der kleinen Nähmaschinenfabrikation zum größten Automobilhersteller Deutschlands miterleben und mitgestalten können. Was sie nicht vorausahnen konnte, war die Zerstörung, die in den folgenden Jahren das mächtige Opel-Werk an den Rand des Zusammenbruchs führen sollte. Als Georg Opel im Herbst dieses Jahres ebenfalls starb, war auch der Bruder von Adam Opel und damit der letzte aus der Gründergeneration gegangen.

Noch glaubte niemand an den Krieg: Anfang 1914 lief auf den Prüfständen erstmals der größte Opel-Motor aller Zeiten. Mit einer Bohrung von 125 Millimeter und einem Hub von 250 Millimeter besaß der gußeiserne Reihenvierzylinder einen Hubraum von 12 Liter. Natürlich steuerte einmal mehr eine obenliegende Nockenwelle die insgesamt 16 Ventile, und die 260 PS, die bei nunmehr 2900/min bereitstanden, wurden über ein Viergang-getriebe an die Hinterachse übertragen. Die Entwicklung dieses Ungetüms kostete nicht weniger als 90 000 Mark – ein Vermögen, das sich aber im Lauf der Jahre amortisierte, da Carl Jörns mit diesem Monster bis 1926 auf etlichen Rennen antrat und nicht nur über 200 Siege errang, sondern auch manches schöne Preisgeld gewinnen konnte. Für den »Grand Prix« von Frankreich wurden drei neue Fahrzeuge aufgebaut, die den mittlerweile vorgeschriebenen Hubraum von 4,5 Liter besaßen. Aber in diesem Jahr war das Glück den Piloten und ihren mittlerweile 120 PS starken Fahrzeugen nicht hold: Nur Carl Jörns kam als Neunter ins Ziel. Dafür hatte »Mercedes« die deutschen Fahnen hochgehalten – die Untertürkheimer errangen einen spektakulären Dreifachsieg.

Der »5/14 PS« leistete aus 1390 ccm bei 1800/min etwa 15 PS – der Preis: 7300 Mark. Sein Spitzname: »Puppchen«.

Auch bei den Serienmodellen gab es etliche Neuheiten: Im Sommer des Jahres 1914 konnte Opel 19 PKW-Modelle und vier Wettbewerbswagen anbieten; eine Modellfülle, die kein anderer Hersteller besaß. So sehr man sich über die Modellvielfalt freute, so sehr war man sich aber auch bewußt, daß das eigentlich benötigte »Massenmodell« fehlte. Der »Doktorwagen« war technisch nicht mehr auf dem letzten Stand, außerdem wollte die Masse der Kaufinteressenten ein viersitziges Automobil. Das Ergebnis dieser Überlegungen war der »5/14 PS«, der über das verkürzte Chassis des »6/16 PS« verfügte, in das ein 1,4-Liter-Vierzylinder mit 14,5 PS Leistung montiert wurde. Die Karosserie selbst war so schlicht und produktionsfreundlich wie möglich konstruiert worden, beispielsweise mußten alle vier Insassen das »Puppchen« über eine einzige, hinten links montierte Tür besteigen. Den Spitznamen »Puppchen« bekam der »5/14 PS« sofort verpaßt, denn er sah zierlich und fragil aus. Allerdings entpuppte sich das »Puppchen« rasch als ein Fahrzeug, das sehr wohl über die bei Opel selbstverständliche Zuverlässigkeit verfügte. Und so war es auch kein Wunder, daß der Wagen bis zu seiner Produktionseinstellung in beachtlichen Stückzahlen ausgeliefert wurde.

Im Jahr 1914 verkaufte Opel nicht weniger als 3519 Fahrzeuge – nie ging es den Rüsselsheimern besser, nun sollten aber schlechtere Zeiten kommen.

5

In Kriegszeiten braucht das Militär Nutzfahrzeuge – und keine Personenwagen. Dennoch stellt Opel 1916 den ersten Prototypen eines kleinen Sechszylinders vor und beginnt – auf Druck der hessischen Staatsregierung – mit dem Bau einer Einfahrbahn, die natürlich später auch als Rennbahn genutzt werden soll. Die Produktion der eigenen Flugmotoren muß eingestellt werden – dafür werden die »Argus«-Flugmotoren in beachtlichen Stückzahlen gefertigt.

Und der Krieg veränderte alles

Gerade eben war Opel noch zum größten deutschen Fahrzeughersteller geworden und Tausende von Mitarbeitern hatten Automobile, Nutzfahrzeuge und Fahrräder montiert, aber nun mußte am 4. August 1914 das Werk geschlossen und alle Arbeiter entlassen werden. Niemand interessierte sich mehr für Autos; und das Militär hatte alle Fahrzeuge in Privathand requiriert und in Feldgrau umlakkieren lassen und zudem auch noch Interesse an den Automobilen gezeigt, die in Rüsselsheim zur Auslieferung an die Kundschaft bereitstanden. Aber während die Armee einerseits etwa 2500 Männer des Opel-Werks an der Front sehen wollte, hatte man andererseits die LKW-Aufträge zu erfüllen, die von Oktober 1914 an in immer größerer Zahl erteilt wurden. Da die oberste Heeresführung die Bedeutung des Opel-Werks rasch erkannt hatte, wurden Carl und Wilhelm Opel für die Führung des Unternehmens freigestellt. Die anderen Brüder blieben bei der Armee und Ludwig Opel, der jüngste der Familie, fiel bereits im April 1916 an der Ostfront.

Unter diesen Umständen war es kein Wunder, daß die Produktion innerhalb kürzester Zeit von Personenwagen auf Nutzfahrzeuge umgestellt wurde, allerdings gab es große Probleme mit den benötigten Arbeitskräften. Rund 1500 der entlassenen Opel-Arbeiter konnten wieder eingestellt werden, der Rest befand sich schon auf dem Weg an die

Seiner Zeit weit voraus: Ein Grafiker namens Erdt schuf bereits 1911 diese Plakatwerbung.

Front. Deshalb aktivierte man nun auch bereits pensionierte Werksangehörige, im Kriegsverlauf sollten dann noch belgische und französische Kriegsgefangene und deutsche Kriegsversehrte die Belegschaft verstärken. Da aber der Mangel an Arbeitskräften stetig zunahm, wurden zunehmend Frauen an die Fließbänder geholt, um den immer lauter werdenden Ruf des Heeres nach Lastkraftwagen für die Front zu erfüllen.

Bald sollten aber neue Probleme auftauchen: Die verkehrstechnische Prüfungskommission bestand nun auf einem genormten »Regel-Lastwagen«, bei dem alle Bauteile durch die anderer Hersteller ersetzbar waren. Der Sinn des Ganzen war klar: Durch die Normierung aller Teile konnte im Feld noch immer aus zwei beschädigten ein gebrauchsfähiger LKW zusammengeschraubt werden. Opel bekam diese Umstellung zwar verhältnismäßig rasch in den Griff; aus jeder Verbesserung heraus erwuchs jedoch wiederum eine Produktionssteigerung, für die einfach die ausgebildete Arbeiterschaft fehlte. Also wurden noch mehr Frauen in die Fabriken gerufen, die männlichen Hilfskräfte waren schon längst an der Front. Zwar sollte sich der Bau des »Regel-Lastwagens« später als große Hilfe herausstellen, denn das Wissen um die Normierung und Standardisierung war bei der Entwicklung neuer Fahrzeuge, die auf Fließbändern montiert werden sollten, von großer Hilfe. Doch noch mußte man erst einmal lernen, unter Kriegsbedingungen jeden Monat die 100 Lastwagen herzustellen, die vom Heer bestellt und prompt bezahlt wurden.

Während die Automobilproduktion, die mittlerweile hauptsächlich das »Puppchen« als Spähwagen ausgerüstet an das Heer lieferte, auf niedrigem Niveau verharrte, wurden vom »Regel-Lastwagen« bis zum Kriegsende 4453 Exemplare ausgeliefert. Damit war Opel vom größten Automobil- zum größten Nutzfahrzeughersteller Deutschlands geworden. Dennoch gab es bei den Automobilen einige Neuerungen: Nach dem Wegfall der sportlichen Wettbewerbsmodelle überraschte besonders der im Kriegsjahr 1916 vorgestellte Prototyp des »18/50 PS«, der erste Sechszylinder aus Rüsselsheim. Mit einem Preis von 15 500 Mark führte der 4,7-Liter-Wagen zwar hauptsächlich ein Dasein auf der Preisliste, aber dennoch besaß man nun auch eines dieser prestigeträchtigen Triebwerke. Der Verkaufsprospekt bot noch einige weitere bemerkenswerte Neuerungen: einen elektrischen Anlasser und eine elektrische Beleuchtung – beide Extras konnten aber nicht geliefert werden, da der Kupfermangel die Produktion unmöglich machte. Da half auch nicht, daß das Werk im ganzen Umland Türklinken, Beschläge und Kupferkessel aufkaufte und einschmelzen ließ. Dagegen waren die hydraulischen Stoßdämpfer zum Aufpreis von 250 Mark lieferbar. Überhaupt: der Rohstoffmangel. Abgeschnitten von den in Übersee liegenden Kautschukplantagen mußten rasch alle Gummivorräte beschlagnahmt werden, und als diese dann aufgebraucht waren, montierte man auf den Lastwagen Eisenräder und auf die Personenwagen »Arop«-Räder, bei denen der Pneu-Ersatz aus einem Kranz von Stahlfedern bestand, die von einem Stahlband zusammengehalten wurden. Trotz all dieser Probleme montierte das Opel-Werk aber 1916 immerhin 276 Personenwagen, und 1917 sollten es sogar 871 Fahrzeuge werden, die aber zum größten Teil an das Militär geliefert wurden.

Neben dem ersten Sechszylinder entstanden bei Opel aber 1916 auch noch zwei neue Vierzylinder, der »9/25 PS« mit 2,3 Liter Hubraum und der »12/34 PS« mit 3,2 Liter Hubraum. Da im Lauf der Kriegsjahre die Benzinqualität immer mehr litt, nahmen die Techniker bei den kleineren Modellen die Verdichtung zurück, während der Hubraum zugleich größer wurde. Bei dem meistproduzierten Modell, dem »Puppchen«, wuchs so beispielsweise der Hubraum von 1394 auf 1570 ccm. Durch diese Hubraumvergrößerung konnte die Maximalleistung von 14,5 PS bei 1800/min beibehalten werden.

Die hessische Regierung forderte eine Einfahr- und Rennbahn

Da alle Fahrzeuge vor der Auslieferung sorgfältig eingefahren wurden, hatte man seit 1913 mit dem Gedanken gespielt, außerhalb des immer enger werdenden Werksgeländes eine neue Einfahr- und Versuchsbahn zu bauen, die die mittlerweile zu klein gewordene ovale Bahn im Werk entlasten sollte. Durch die ständig steigenden Produktionsziffern waren die Werksfahrer immer öfter gezwungen gewesen, ihrer Arbeit auf öffentlichen Straßen nachzukommen. Kein Wunder, daß die Anlieger protestierten und die hessische Regierung bereits 1915 dem Opel-Werk nahelegte, „zum Ausprobieren der beinahe versandfertigen Automobile eine Rennbahn anzulegen, da die Verkehrswege zu sehr ruiniert und das Publikum zu sehr gefährdet und belästigt

Opel hatte 1911 mit der Entwicklung von Nutzfahrzeugen begonnen – die Auslieferung erfolgte zwei Jahre später.

Mit Vollgummibereifung und nahezu ungeschütztem Fahrerhaus: Auch dieser 3-Tonnen-Lastwagen stammt aus dem Jahr 1913.

würde, als daß man länger die Raserei auf den Straßen gestatten würde." Damit aber die fertiggestellten Fahrzeuge nicht nur eingefahren, sondern auch der Raum für die Erprobung neuer Modellreihen ausreichend vergrößert werden konnte, beschlossen die Opel-Brüder, weit außerhalb der Stadttore eine völlig neue, große Versuchsbahn einzurichten, deren Bau 1917 begonnen und die 1919 fertiggestellt wurde. Und die sportlich ambitionierten Opel-Brüder sorgten natürlich sogleich dafür, daß diese Versuchsbahn auch als Rennbahn genutzt werden durfte.

Trotz aller widrigen Umstände konnte Opel in den Kriegsjahren relativ gut »überleben«, da man die Umstellung auf die Lastwagenproduktion ohne größere Probleme bewältigte und außerdem die Personenwagen, die praktisch nur noch an das Militär ausgeliefert wurden, und die in immer größeren Stückzahlen montierten Motorpflüge ebenfalls Geld einbrachten. Dazu kam noch, daß der 1911 entwickelte Flugmotor ebenfalls auf immer mehr Interesse stieß – entdeckte das Heer doch in diesen Jahren die Vorteile der Luftaufklärung, die relativ gefahrlos über die Truppenbewegungen des Feindes informieren konnte. Auch die Flugmotoren unterlagen inzwischen dem Zwang der Normierung, und so wurde Opel aufgefordert, die Entwicklungsarbeiten zu beenden und Flugmotoren der Firma Argus zu fertigen. Zugleich konzentrierte man sich noch stärker auf die Nutzfahrzeugproduktion. Der Sieger bei den Flugmotoren war ein noch kleines Unternehmen aus München: die »Rapp-Motorenwerke AG«, aus der am 20. Juli 1916 die »Bayerische Motorenwerke AG« wurde, das Stammhaus der heutigen »BMW AG«.

Bei diesem Einsatz für das Vaterland war es kein Wunder, daß Großherzog Ernst Ludwig von Hessen Wilhelm und Heinrich Opel im Jahr 1917 und Carl Opel dann ein Jahr später für ihre »Verdienste um die Rüstung« in den erblichen Adelsstand erhob.

Als das Deutsche Reich im Herbst 1918 zusammenbrach und das Heer aufgelöst wurde, marschierten die Franzosen über den Rhein und besetzten neben vielen anderen Städten auch Rüsselsheim. Hier standen nun alle Maschinen still, und 600 Kriegsgefangene marschierten glücklich nach Hause, während die restlichen 4500 Arbeiter und Arbeiterinnen arbeitslos wurden. Als sich die Franzosen in die Produktionshallen begaben, um dort die Maschinen auszuwählen, die demontiert und nach Frankreich gebracht werden sollten, mußten sie enttäuscht feststellen, daß der Maschinenpark kurz vor dem Ende stand. Nach knapp fünf Jahren Produktion unter Kriegsbedingungen, ohne eine vernünftige Ersatzteilversorgung und mit nur mangelhafter Pflege hatten die Produktionsanlagen derartig gelitten, daß sie praktisch unbrauchbar geworden waren. Dazu stellten sich die Franzosen die durchaus vernünftige Frage, ob in einem verwüsteten Europa wirklich noch ein Markt für Automobile existent war. Der einzige Käufer der vergangenen Jahre war das Militär gewesen, und das Militär kaufte nun keine Fahrzeuge mehr. So blieben die verschlissenen Maschinen mit wenigen Ausnahmen in Rüsselsheim stehen, und in dem Unternehmen spuckte man einmal mehr in die Hände, so wie man es bereits bei der ersten großen Fahrradkrise und nach dem großen Brand getan hatte. Ideen hatte man schließlich genug – und es gab das unbezahlbare Know-how von mittlerweile 56 Jahren industrieller Produktion. Was hatte man in Rüsselsheim schon immer gewußt? Daß der Drang nach Mobilität gerade in Notzeiten größer war denn je. Und was hatte man in Rüsselsheim schon immer gekonnt? Mit vergleichsweise geringem Aufwand diesen Wunsch nach Mobilität zu erfüllen. So machte man sich einmal mehr an die Arbeit.

6

Über Fahrräder zur Fließbandproduktion

Mit Fahrrädern und Motorrädern läuft das Geschäft wieder an – mit der Konstruktion und dem Bau eines Großserienwagens wird es gesichert. Der »Laubfrosch« gerät zum Bestseller, während der »Regent« zu teuer ist – dafür entdeckt Fritz von Opel die Rakete als Werbeträger und wird auf der »Avus«, auf der Schiene und in der Luft zum Volkshelden, der die Schlagzeilen aller Gazetten beherrscht.

Mit welchen Produkten hatte die Firma Opel dereinst den Drang nach Mobilität ausnutzen können? Mit den Fahrrädern – und so war es kein Wunder, daß die vier Opel-Brüder sofort damit begannen, die noch existierende Fahrradproduktion in Schwung zu bringen. Und da man in Rüsselsheim außerdem wußte, daß die Menschen von Natur aus bequem sind, wurde zugleich auch an den Bau von Motorrädern gedacht. Einmal mehr zeigte sich eines der Geheimnisse der Opel-Familie: Sie war stets in der Lage, über das Tagesgeschäft hinaus Situationen zu erkennen und zu erfassen, die vielleicht in der Zukunft wichtig werden konnten. So hatte sich die Familie bereits im Jahr 1914 erste Gedanken darüber gemacht, ob man nicht doch eines Tages wieder ein kleines, leichtes und robustes Motorrad in die Produktion aufnehmen sollte. Nun holten die Verantwortlichen die alten Pläne wieder heraus und entdeckten, daß das »Motor-Fahrrad« genau das Gefährt war, das selbst in diesen schwierigen Zeiten noch seine Käufer finden würde. Zwar bestand diese Konstruktion letztlich nur aus einem völlig normalen Fahrrad, dem ein an das Hinterrad montierter Hilfsmotor zusätzliche Schubkraft verlieh. Der kleine 140 ccm große Einzylinder leistete knapp mehr als eine Pferdestärke, und er beschleunigte das »Motor-Fahrrad« auf ebener Strecke auf immerhin 40 km/h. Rasch kamen verschiedene Versionen ins Angebot – so gab es neben dem »Herren«-Rad auch ein »Damen«-Rad mit Durchstieg, und es wurde auch ein »Herren«-Sportrad gefertigt.

Die Motorradproduktion trug in den folgenden Jahren ihren Teil zur positiven Bilanz bei, wobei besonders die sportlichen Erfolge für das gewünschte Renommee sorgten. Von 1922 an siegten spezielle Einzylinder-Maschinen mit Vierventiltechnik bei praktisch allen deutschen Wettbewerben, und einer der erfolgreichsten Rennfahrer ließ selbst den Namen Opel wieder in aller Munde sein: Fritz von Opel, der Sohn von Wilhelm von Opel.

Mit eleganter Karosserie: Der »8/25 PS« entwickelte sich rasch zum Erfolgsmodell.

Mit dem »Motorfahrrad« und dessen 1,1 PS aus 140 ccm Hubraum trug Opel von 1920 an weiter zur Motorisierung bei.

Rascher als erwartet konnte dann doch wieder die Automobilproduktion aufgenommen werden: Mit dem »Puppchen« und dem technisch identischen »6/16 PS« kehrten zwei bewährte Bestseller in das Programm zurück. Dazu kamen die 1916 präsentierten »12/34 PS«- und »14/38 PS«-Vierzylinder sowie der »18/50 PS« mit sechs Zylindern. Und da es selbst in den ersten düsteren Nachkriegsjahren noch wirklich reiche Autokäufer gab, wurde bereits im Sommer 1919 die Sechszylinder-Palette mit zwei neuen und noch stärkeren Angeboten ergänzt: dem »21/55 PS« mit 5,7 Liter Hubraum und dem »30/75 PS« mit 7,8 Liter Hubraum. Die Preise für diese Top-Fahrzeuge lagen nun zwischen 29 000 und 46 200 Mark; allerdings sollte man zu diesen stolzen Summen anmerken, daß die Inflation ihre ersten Auswirkungen zeigte, denn mittlerweile mußten auch bereits für ein »Puppchen« 12 300 Mark bezahlt werden. Zum eigentlichen Erfolgsmodell entwickelte sich jedoch der »8/25 PS«, der auf der Basis des bewährten »9/25 PS« von 1916 gebaut wurde, aber durch eine neue, elegante Karosserie den Nerv der Zeit traf. Die Automobilfirmen waren auch damals nicht sonderlich darum verlegen, kräftig auf die Werbetrommel zu schlagen – und so konnte man über dieses Modell folgendes lesen: „Heute tritt der ›8/25 PS‹ wie ein guter alter Freund in eine Welt, die er sich nicht mehr zu erobern braucht. In hervorragender Weise ist es gelungen, die Kraft und Zuverlässigkeit in eine Formvollendung zu kleiden, die dem glänzend durchgebildeten maschinellen Teil eine ebenbürtige Hülle verleiht."

Als 1921 in Berlin die erste Automobilausstellung der Nachkriegszeit eröffnet wurde, war Opel auch prompt mit einem großen und würdigen Stand vertreten. Zwar hatten noch praktisch alle Modelle ihre Wurzeln in den Konstruktionen der Vorkriegs- und Kriegszeit, aber dies lag weniger am fehlenden Können der Ingenieure und Techniker. Vielmehr war das Werk einerseits von häufigen Streiks und Arbeitsniederlegungen betroffen, andererseits lag Rüsselsheim nur zehn Kilometer von der Rheingrenze entfernt und damit innerhalb der 50 Kilometer breiten entmilitarisierten Zone, in der Rohstofflieferungen und Besucherkontakte nur schwer zu organisieren waren. Und so freute man sich in diesen Zeiten, wenn eine Tagesproduktion von sieben Fahrzeugen geschafft wurde. Dann verbesserten sich die Verkaufszahlen aber doch schneller als erwartet: Niemand hatte damit gerechnet, daß 1921 bereits 1314 Personenwagen und 316 Nutzfahrzeuge ausgeliefert werden konnten und daß im Jahr darauf sogar 1496 PKW und 405 LKW fertiggestellt wurden. Aber

Die Opel-Brüder beim »Avus-Rennen« in Berlin: Fritz von Opel, ein Funktionär, Wilhelm von Opel und Heinz von Opel am Steuer (oben).

Carl Jörns am Steuer des mächtigen 12-Liter-Rennwagens (unten).

Staub und Steine: So sah die Strecke des »Klausenpaß-Rennens« 1923 aus

dieser Anstieg war letztlich gesehen nur der Tatsache zu verdanken, daß man 1920 die Produktion des populären »Puppchens« eingestellt hatte, denn die schleichende Geldentwertung sorgte dafür, daß jeder dieser Kleinwagen mit Verlust verkauft werden mußte, also beschränkte man sich auf die Produktion von größeren und teureren Modellen, bei denen wenigstens etwas Geld in die Kassen floß. Doch dann kam die große Inflation, die das Land endgültig in ein kaum für möglich gehaltenes Chaos stürzte. Im Herbst 1923 wurde der allgemeine Notstand erklärt, und für einen »8/25 PS« mußten nun 1 121 000 Mark bezahlt werden, während für den großen »30/80 PS«-Sechszylinder mehr als 30 Millionen Mark auf den Tisch des Händlers zu stapeln waren. In diesen Zeiten beschloß Opel, seine Mitarbeiter mit eigenem Notgeld zu bezahlen, da das offizielle Währungssystem zusammengebrochen war. Ganze 724 Personenwagen wurden in diesem Katastrophenjahr montiert, und man muß schon bis in das Jahr 1908 zurückgehen, um eine niedrigere Produktionsziffer zu entdecken.

Wenn schon keine großen Verkaufszahlen vorzuweisen waren, so hielt man doch wenigstens den Namen Opel mit Siegen auf allen Rennstrecken im Gedächtnis der Käufer. Und hier erwies sich die »Opel-Bahn« als wahrer Segen, jener 1,5 Kilometer lange Rundkurs einige Kilometer außerhalb von Rüsselsheim, mit dessen Bau im Kriegsjahr 1917 begonnen wurde. Am 24. Oktober 1919 konnte die nach zweijähriger Bauzeit fertiggestellte Versuchs- und Rennstrecke erstmals auch als Rennstrecke genutzt werden, wobei der Hessische Automobilclub und der Wiesbadener Automobilclub als Veranstalter auftraten. Von nun an sollte die ovale Opel-Bahn, deren überhöhte Kurven Durchschnittsgeschwindigkeiten bis zu 140 km/h zuließen, bis in die frühen 30er Jahre bei Motorrad- und Automobilrennen bis zu 50 000 Zuschauer anlocken. Wo das Haus Opel seine Wurzeln hatte, zeigten aber auch die vielen Radrennen, die die Zuschauer aus einem weiten Umkreis nach Rüsselsheim lockten. Während der Woche diente die Bahn der Firma als Einfahr- und Versuchsbahn, auf der alle Neuentwicklungen zuerst das Laufen lernten und die mittlerweile sprichwörtliche Zuverlässigkeit getestet wurde.

Die Begeisterung für den Motorsport war in jenen Jahren groß: In Berlin wurde 1921 die »Avus« eingeweiht, wobei Fritz von Opel das erste Rennen gewann und mit 131,39 km/h auch gleich den ersten Rundenrekord aufstellte. In der kargen Eifel sollte in den nächsten Jahren der »Nürburgring« entstehen – wo Rennen stattfanden, war Opel dabei. Auch Carl Jörns war mit dem 12-Liter-Grand-Prix-Wagen von 1914 noch immer nahezu unschlagbar. Besonders bei den beliebten Geschwindigkeitswettbewerben sorgte der über 200 km/h schnelle »Oldie« für manche Überraschung. Bis

Auf der »Opel-Bahn« zeigten die Hausherren 1924 eine komplette Tagesproduktion: 25 Automobile.

1926 war der riesige Vierzylinder mit seinen 16 Ventilen mit Carl Jörns am Steuer zu sehen und zu hören, erst dann wurde der rund 260 PS starke Wagen ins Museum gestellt. Aber den Großteil der Rennen bestritten die Serienmodelle des Hauses, die natürlich speziell für die Rennen präpariert wurden. Egal ob bei Rundstrecken- oder Bergrennen, ob bei Zuverlässigkeitsfahrten oder bei Geschicklichkeitswettbewerben: Fritz von Opel und Carl Jörns lagen stets auf den vorderen Rängen und brachten einen Pokal nach dem anderen nach Hause zurück.

Ihre »Hausstrecke« blieb jedoch die Opel-Bahn, auf der die beiden praktisch unschlagbar waren. Opel nutzte die Bahn auch für wohlinszenierte Spektakel: So demonstrierte man 1924 das neu gefundene Selbstvertrauen mit einem Korso, bei dem eine komplette Tagesproduktion des neugeschaffenen »4/12 PS« um das Oval fuhr. Exakt 25 Fahrzeuge zeugten davon, daß in Rüsselsheim ein neues Kapitel aufgeschlagen worden war.

Opels einzige Chance: die Massenproduktion

Gehen wir noch einmal kurz zurück in die Vergangenheit: Wilhelm von Opel war ja bereits vor dem Krieg in den USA gewesen, und er besuchte dort natürlich auch die Werke von Henry Ford. Er kehrte von diesen Reisen mit der Erkenntnis zurück, daß die Zukunft nur in der Fließbandproduktion liegen konnte. Zwar hatte der Krieg seine Bemühungen, das Rüsselsheimer Werk von einer Manufaktur mit handgearbeiteten Einzelstücken in einen Fließbandbetrieb umzuwandeln, zunichte gemacht, doch Wilhelm von Opel sorgte wenigstens dafür, daß durch eine reduzierte Anzahl verschiedener Chassis- und Motorvarianten eine Art Baukastensystem eingeführt werden konnte. Und nun war er zusammen mit Fritz Opel 1922 wieder in den USA gewesen und hatte dort unter anderem auch das Wunderwerk von Henry Ford besucht, in dem die Fließbandproduktion in einer Art und Weise perfektioniert worden war, wie es die Welt bis dahin noch nicht gekannt hatte.

Nun sorgte die Inflation dafür, daß die Produktion zum Erliegen kam, und so saßen im August 1923 die Opel-Brüder zusammen mit ihren Technikern und Kaufleuten an einem großen Tisch und diskutierten über die Zukunft des Unternehmens. Fritz Opel vertrat die radikalste Position: Die Produktion der mittlerweile nicht mehr taufrischen Modellpalette mußte ersatzlos eingestellt werden. Dafür sollte man sofort mit der Konstruktion eines neuen Kleinwagens beginnen, der auch in Rüsselsheim das Fließbandzeitalter einläuten könnte. Der Widerstand war jedoch größer als erwartet. War denn nicht die »deutsche Wertarbeit« einer der entscheidenden Kaufgründe für einen Opel gewesen? Und wollte die Kundschaft überhaupt diese am Band gefertigten Kutschen? Fritz Opel ließ nicht locker: Hatte nicht André

Citroën gerade mit seinem »5 CV« bewiesen, daß mittlerweile auch in Europa das Fließbandzeitalter längst begonnen hatte? In einer Zeit, in der das Automobil in Amerika zum Massenverkehrsmittel wurde, hatte Opel nun die Chance, der erste deutsche Großserienhersteller zu werden. Das Ende der alten Fabrikationsmethoden stand offensichtlich bevor, und wahrscheinlich würde es lange dauern, bis sich die Menschen wieder die teuren Automobile, die noch in minimalen Stückzahlen gefertigt wurden, leisten

Ein stolzer Moment: Der 40 000ste Opel war ein »4/14 PS«.

Werbung für den »Laubfrosch« 1925.

Schönheitskonkurrenz in Baden-Baden: Der »4/16 PS« war stets vorne mit dabei.

konnten. Der Widerstand war groß – doch am Ende dieses Augusttages wurde ein historischer Entschluß gefaßt: sofortige Einstellung der Produktion der bislang gebauten Fahrzeuge, totaler Umbau der Produktionswerkstätten und Konstruktion eines neuen Kleinwagens, der voll am Fließband gebaut werden konnte. Statt der Typenvielfalt sollte es nur noch ein Modell geben. Man muß nicht über viel Phantasie verfügen, um zu erahnen, unter welchem Druck das ganze Werk stand. »Alles oder nichts« – so lautete nun die Devise.

Während die Ingenieure begannen, den neuen »4/12 PS« zu entwerfen, wurden Werkshallen abgerissen und neu erstellt. Zwischen den Konstruktionsbüros und den neuen Produktionsstätten herrschte ein reger Informationsaustausch: Schließlich mußten alle Teile nicht nur rationell und preiswert herstellbar sein, sondern auch so in das Fließbandsystem integriert werden können, daß sich alles zur richtigen Sekunde am richtigen Ort befand. Für uns sind heute diese Systeme selbstverständlich, damals mußten sie erst einmal mit viel Lehrgeld entwickelt werden. Opel verfügte aber über einen entscheidenden Vorteil: Durch eine vorausschauende

Die »Hochzeit«: Die Karosserie wurde millimetergenau auf das Stahlprofil-Chassis gesetzt.

Als selbst die Fließbandarbeit noch Handarbeit war: Montage des »7/34 PS« im Jahr 1927 (unten).

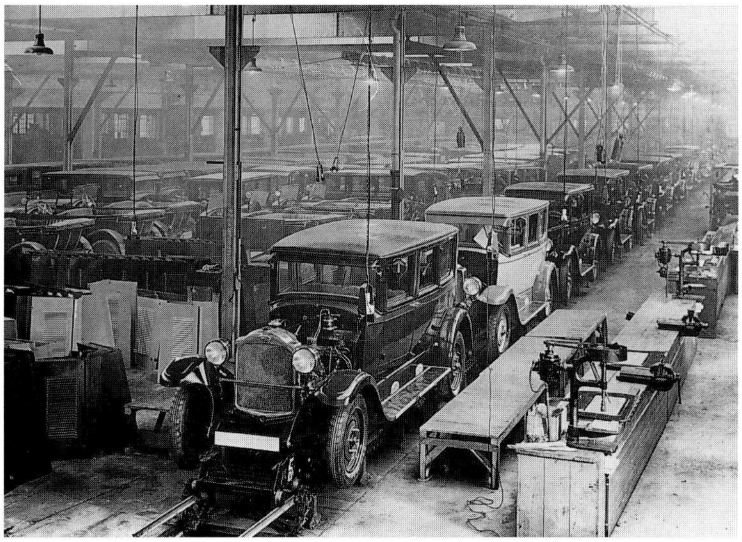

Bis 1928 rollten die Fließbänder bei Opel auf vollen Touren.

Finanzpolitik hatte das Unternehmen die guten Gewinne, die es durch den Export in die ganze Welt verdienen konnte, zu einem beachtlichen Teil in Dollar bei holländischen und amerikanischen Banken deponiert. Daher begann man auch bereits von 1922 an damit, in den USA modernste Werkzeugmaschinen zu kaufen, die problemlos mit den Geldern der ausländischen Guthaben bezahlt wurden. Die Idee der Opel-Brüder hinter diesem Vorgehen war schlicht und überzeugend: In diesen Zeiten wurde jedes Guthaben auf der Bank nur geringer, aber eine moderne Werkzeugmaschine konnte ihren Wert auch in schlechten Zeiten nicht verlieren. Das Ergebnis dieser vernünftigen Politik war nun, daß Opel nach dem Ende der Inflation über den modernsten Maschinenpark der gesamten deutschen Automobilindustrie verfügte. Zusammen mit dem ersten »Fließband«-Auto waren die Rüsselsheimer praktisch unschlagbar.

Allerdings stand man in diesen Tagen unter einem nahezu unmenschlichen Druck: Das Fahrzeug, das dereinst das modernste Automobilwerk Deutschlands verlassen sollte, mußte robust und dennoch elegant sein, mit einer schlichten, aber zukunftsweisenden Technik ausgerüstet, für eine rationelle Massenfertigung geeignet und dennoch modern und ansprechend sein – das »ideale« Auto gewissermaßen. Das Ergebnis war schließlich ein 951 ccm großer Reihenvierzylinder mit seitlich stehenden Ventilen und einem aufgeschraubten Zylinderkopf. Die 12 PS, die bei 2200/min bereitstanden, wurden über eine Einscheiben-Trockenkupplung an ein Dreiganggetriebe weitergereicht, das die Pferdestärken dann über eine Kardanwelle an die Hinterräder brachte. Bei einem Leergewicht von etwa 560 Kilogramm legte der kleine, offene Zweisitzer mit Segeltuchverdeck eine völlig ausreichende Höchstgeschwindigkeit von 60 km/h an den Tag, denn in diesen Zeiten waren der Preis und die Verbrauchswerte wichtiger. Und hier bot der »Laubfrosch«, wie der nur in Grün lieferbare »4/12 PS« rasch genannt wurde, mit einem Verkaufspreis von 4500 Mark und Verbrauchswerten von rund 5 Liter auf 100 Kilometer exakt die Werte, die seine Besitzer von ihm erwarteten. Man sollte allerdings nicht verschweigen, daß sich die Techniker aus Rüsselsheim ziemlich eng an das erfolgreiche Vorbild des »Citroën 5 CV« hielten. Aber was war schon gegen einen Wagen einzuwenden, der täglich in bereits 250 Exemplaren von den Fließbändern lief? Citroën sah die Lage allerdings etwas anders

Maßarbeit: Der 1,7-Liter-Reihensechszylinder des »7/34 PS« wird in das Chassis gesenkt.

und verklagte das Haus Opel, obwohl die Franzosen zuerst einmal 100 000 Mark Kaution zu hinterlegen hatten. Man muß sich in Frankreich sehr sicher gefühlt haben, sonst hätte André Citroën nicht diese gewaltige Summe aufgebracht – der Vorwurf lautete: „Der »Laubfrosch« ist eine sklavische und damit unerlaubte Nachahmung des »5 CV«, und deswegen ist ein Produktions- und Vertriebsverbot zu verhängen." Außerdem forderte man Schadensersatz für die Produktionszeit und die noch folgenden zwei Jahre.

Der Vorwurf wurde in zwei Instanzen abgewiesen, da Opel nachweisen konnte, daß „die Torpedokarosserie schon vor dem »5 CV« von anderen Firmen und nicht zuletzt von Opel entwikkelt worden war", und „daß man bei Opel nur eine Auswahl aus den allgemein bekannten Erzeugnissen der modernen Automobilindustrie getroffen hatte". Als Citroën dann noch argumentierte, daß des Lesens unkundige Käufer durch die ähnliche Form getäuscht werden könnten, erwiderte das Berliner Kammergericht, daß „jedermann sehr wohl wisse, daß ein Citroën immer gelb und ein Opel immer grün lackiert sei – damit sei ja wohl jede Verwechslungsgefahr ausgeschlossen".

Obwohl diese Prozesse sich bis in den Sommer des Jahres 1927 hinzogen, hatte Opel bereits wenige Monate nach der Vorstellung des auf Anhieb erfolgreichen »4/12 PS« – der nur als Zweisitzer lieferbar war – damit begonnen, die Produktpalette auszuweiten. Schon im Dezember 1924 war der »Laubfrosch« mit etwas mehr Temperament lieferbar. Mit einem auf 1016 ccm vergrößerten Hubraum leistete der kleine Vierzylinder nun bei 2600/min immerhin 14 PS, die für knapp 70 km/h sorgten. Diese stärkere Variante stand für einen offenen Dreisitzer, eine geschlossene Limousine und einen kleinen Lieferwagen zur Verfügung. Die unerwartet gut angelaufene Produktion erlaubte es Opel, den bei Henry Ford beobachteten Preiseffekt der Fließbandproduktion auszunützen: Der Preis des »Laubfroschs« konnte von 4500 auf 4000 Mark gesenkt werden. Damit war Opel nicht nur zum unumschränkten Herrscher auf dem Kleinwagensektor geworden, sondern man hatte sich auch so fest auf dem Markt etabliert, daß das »große Sterben« der Automobilhersteller, das etwa 1925 einsetzte, keine Gefahr mehr darstellen konnte. Während etwa ein Drittel aller Produzenten Konkurs anmelden mußte, rollten in Rüsselsheim immer mehr Automobile auf die Straße.

Erstmals in Serie: Bremsen an allen vier Rädern

Ein Jahr später bekam das neue Erfolgsmodell mit dem »10/45 PS« einen 2,6-Liter-Vierzylinder zur Seite gestellt, der – je nach Ausführung – zwischen 7950 und 9600 Mark kosten sollte und als erster deutscher Wagen serienmäßig mit einer Vierradbremse, mit Scheibenwischern, einem Stopplicht und einem Rückspiegel ausgestattet wurde. 1927 war dann auch wieder ein erster Sechszylinder im Angebot: Mit dem »7/34 PS« bot Opel für nur 4600 Mark einen offenen viertürigen Wagen, dessen 1,7-Liter-Motor ein um zwei Zylinder verlängertes »4/16 PS«-Triebwerk war, wobei der von Zeitgenossen als »drehfreudig« eingeschätzte Motor seine Höchstleistung von 34 PS bei immerhin 2660/min abgab. Ein Jahr später wurde der Hubraum auf 1930 ccm vergrößert, und mit einer Leistung von nunmehr 40 PS erreichte der »8/40 PS« zu Preisen zwischen 3900 und 5300 Mark Geschwindigkeiten zwischen 80 und 90 km/h. Kein Wunder, daß von Deutschlands kleinstem Sechszylinder insgesamt 20 580 Exemplare ausgeliefert werden konnten. Ende 1927 waren dem »kleinen« Sechszylinder der »große« Sechszylinder »12/50 PS« mit 3,1 Liter Hubraum und der »15/60 PS« mit 3,9 Liter Hubraum gefolgt, von denen bis Ende 1928 immerhin 3445 Exemplare verkauft wurden. Wenn man die Verkaufsbroschüren der damaligen Jahre betrachtet, kann man den fallenden Preisen klar entnehmen, daß die Fließbandproduktion einen ganz entscheidenden

DEUTSCHLANDS GRÖSSTE AUTOMOBILFABRIK
Opel
OPEL
SECHSZYLINDER
DER GROSSE WURF
MODELL
EUROPA

Beitrag dazu leistete, das Automobil tatsächlich zu einem Massenverkehrsmittel zu machen. So kostete der »10/45 PS« in seiner Basisvariante 1925 noch 7950 Mark – als die Produktion vier Jahre später eingestellt wurde, waren nur noch 4500 Mark auf den Tisch des Händlers zu legen. Ähnliches konnte man auch bei den Sechszylindern feststellen: Hier fiel der Preis des »15/60 PS« beispielsweise von 8100 auf 6500 Mark. Am auffälligsten zeigte sich aber die Preisreduktion durch die Großserie beim »Laubfrosch«: Hier fiel der Preis von ursprünglich 4500 schließlich auf 1990 Mark – soviel kostete die weiterentwickelte und mittlerweile 20 PS starke Variante dann von 1930 bis 1931. Kein Wunder, daß von diesem Erfolgsmodell im Laufe von acht Jahren nicht weniger als 119 484 Exemplare gebaut und verkauft wurden.

Bereits Ende des Jahres 1924 konnten täglich 100 Fahrzeuge das erste Fließband Deutschlands verlassen; so ist es nicht verwunderlich, daß das stolze Werk auf der Opel-Bahn den bereits erwähnten Korso veranstaltete, bei dem 25 Fahrzeuge den 1,6 Kilometer langen Kurs umrundeten. 1927 wurden dann von 4000 Angestellten und Arbeitern täglich 125 Fahrzeuge fertiggestellt, allerdings arbeitete Henry Ford noch rationeller. In Detroit fertigten neun Arbeiter pro Tag einen Wagen – in Rüsselsheim waren zur gleichen Zeit noch 90 Arbeiter für ein Automobil zuständig.

Für einen »Laubfrosch« waren 32 Monatslöhne fällig

Zu diesem Mißverhältnis trugen nicht nur die völlig unterschiedlichen Märkte bei (noch war Deutschland nicht das reiche Land, in dem Automobile millionenfach verkauft werden konnten), hier spielten auch die wesentlich höheren Materialkosten eine Rolle. Dazu kam, daß die Lohnkosten ebenfalls stark von denen der USA differierten. Dort hatte ein Arbeiter das Geld für ein »T-Modell« in knapp zwei Monaten verdient, in Deutschland mußten seine Kollegen bei einem Stundenlohn von 70 Pfennig noch 32 Monate für einen »Laubfrosch« arbeiten. Dennoch trug der »Laubfrosch« einen bedeutenden Teil zur Mobilisierung bei, wobei die Opel-Brüder parallel zu der Einführung des Fließbands auch klugerweise an die Installierung eines gut funktionierenden Händler- und Servicenetzes gedacht hatten. Mit geschulten Mechanikern, festen Stundensätzen und einheitlichen Ersatzteilpreisen festigte es den Ruf der Zuverlässigkeit von Opel noch zusätzlich.

Opel erhöhte so die Mobilität der Menschen, war aber auch ein Wegbereiter für die Mobilität von Waren. Bereits der kleine Lieferwagen auf »Laubfrosch«-Basis hatte dazu beigetragen, daß die Warenverteilung rascher und effizienter erfolgen konnte. So sorgte der »Schnelllastwagen«, der 1926 mit dem 2,6-Liter-Vierzylinder des »10/45 PS«-Personenwagens das Programm ergänzte, dafür, daß schon zwei Jahre später 7150 Nutzfahrzeuge an die Wirtschaft ausgeliefert wurden. Da diese Fahrzeuge ihr Geld täglich verdienen mußten, war das mittlerweile bestens etablierte Servicenetz ein weiterer Grund für die Kunden, einen Opel zu wählen.

Besaß man bei den Kleinwagen mit dem »Laubfrosch« den Renner schlechthin, so gab es bei den größeren Modellen schon mehr Konkurrenz, vor allem die Amerikaner wollten mit ihren ausgereiften Modellen immer stärker in den Markt eingreifen. So wurde am 5. Januar und am 18. August 1925 (Handelsregister) die »Ford Motor Comp. AG« mit Sitz in Berlin mit 5 Millionen Reichsmark Grundkapital als deutsche Tochtergesellschaft der »Ford Motor Comp. Detroit« gegründet. Auch »General Motors« zog es als den größten Autohersteller der Welt nach

Von Damen bewundert: Die »7/34 PS Luxus-Limousine« gegen Ende des Jahres 1927.

Mit 2,6 Liter Hubraum und vier Zylindern: Der »10/45 PS« kostete 1925 zwischen 7950 und 9600 Mark.

Ganze 25 Exemplare des »Regent« wurden zu Preisen von 21 000 Mark montiert.

Deutschland. Nach einem kurzen Intermezzo mit einem Verkaufsbüro in Berlin wurde im Herbst 1925 in Hamburg eine offizielle Niederlassung gegründet. Von hier aus lieferte GM auch bald Nutzfahrzeuge in kleineren Stückzahlen, die zuerst in Hamburg und später von einem eigenen Werk in Berlin-Wittenau aus in den USA vorproduzierten Teilen montiert wurden. Mit diesem Trick sparten sich die Amerikaner nicht nur hohe Transportkosten, sondern umgingen auch die horrenden Schutzzölle, mit denen die deutsche Regierung die eigene Industrie vor der ausländischen Konkurrenz bewahren wollte. Natürlich hatte nicht nur GM diesen Trick erkannt – auch Ford, Citroën, FIAT, Chrysler, Studebaker und viele andere Hersteller begannen, in Deutschland aus vorgefertigten Teilen Automobile zu montieren.

Mit acht Zylindern in die Luxusklasse

Doch noch spürte man bei Opel nichts von der drückenden Konkurrenz aus Übersee. Unter ihr litten eher die deutschen und europäischen Luxuswagenproduzenten, die immer öfter zusehen mußten, wie die seidenweich laufenden Achtzylinder aus den USA verkauft wurden. In Rüsselsheim ahnte man instinktiv, daß es nun allmählich an der Zeit war, dem Publikum mit einem »großen« Modell zu beweisen, daß Opel nicht nur der unumschränkte Marktführer bei den Kleinwagen war. Mit einem Marktanteil von gut 24 Prozent sah man sich 1928 auch in der Lage, in der absoluten Spitzenklasse mithalten zu können. Das Ergebnis war der »24/110 PS«, der allerdings unter dem Namen »Regent« in die Opel-Geschichte einging. Der Reihenachtzylinder verfügte über 5972 ccm Hubraum und leistete bei 3200/min 110 PS, die der über zwei Tonnen schwere Luxuswagen aber auch benötigte. Ganze 25 Exemplare dieses fürstlichen Wagens wurden in Handarbeit zu Preisen von 21 000 Mark an aufwärts gebaut – aber nicht ein »Regent« hat bis heute überdauert.

Vielleicht sollte in diesem Zusammenhang auch erwähnt werden, daß die über Jahrzehnte hinweg gepflegten Sporteinsätze, die das Renommee so positiv beeinflußt hatten, nach einem Affront mit der Obersten Nationalen Sportbehörde (ONS) im Herbst 1926 zu einem abrupten Ende kamen. 1925 war alles noch perfekt gewesen: Die Klassen- und Gesamtsiege häuften sich wie eh und je, sogar die kleinsten Modelle rissen Rekorde an sich: So durchfuhr etwa der »4/12 PS« bei einem Rennen in Freiburg den fliegenden Kilometer mit nicht weniger als 132 km/h. Und 1926 gingen weitere 30 Siegerkränze und Pokale nach Rüsselsheim. Doch dann kam die »Süddeutsche Tourenfahrt« vom 19. bis zum 28. Juni. Diese »Tourenfahrt« war eine der großen Zuverlässigkeitsfahrten, die im Lauf der Jahre immer wichtiger und beliebter geworden waren und die eine der Stärken der Rüsselsheimer darstellten. Und auch in diesem Jahr kamen alle fünf Fahrer ohne Strafpunkte ins Ziel. Doch wider Erwarten wurde das Opel-Team disqualifiziert, da man angeblich die vom Veranstalter verplombten Scharniere der Motorhauben derart manipuliert hatte, daß in den Fahrpausen Reparaturen vornehmbar waren, ohne daß die Plombierungen dabei beschädigt wurden.

Dazu muß gesagt werden, daß die Zuverlässigkeitsfahrten ihren Ruf nicht zuletzt aus der Tatsache bezogen, daß jede Reparatur (die 20 Strafpunkte einbrachte) pingelig überwacht wurde und nahezu zwangsläufig auch ans Tageslicht kam. Natürlich wehrte sich Wilhelm von Opel in einem Schreiben an die Sportkommission: „Es muß in höchstem Maße als befremdlich angesehen werden, daß die Sportkommission, ohne meine Fahrer zu hören, ohne Schatten eines Beweises, lediglich auf leeres Geschwätz der Konkurrenz hin, zu einem Spruch gekommen ist, der meine Firma schwer verdächtigt". Daraufhin verwarnte die Sportbehörde am 2. August die Rüsselsheimer, und als sich Opel weiter gegen die Unterstellungen wehrte, antwortete die ONS am 21. August mit einem Brief, in dem sie das Unternehmen nachträglich von der »Süddeutschen Tourenfahrt« ausschloß und Opel aufforderte, die Preise und Plaketten unverzüglich an den Veranstalter zurückzugeben.

Opel reagierte nun völlig anders, als es die ONS erwartet hatte: Man gab zwar die Trophäen zurück, schaltete aber nur zwei Tage später in allen großen Tageszeitungen eine Anzeige mit der überraschenden Forderung „Fort mit den Automobilrennen!". Darunter stand in einem längeren Text: „Das Haus Opel wird kaum in Verdacht geraten können, sportfeindlich zu sein. Seitdem es einen Automobilsport gibt, ist das Haus Opel dabei und war noch stets unter den Siegern oder Erstplazierten zu finden. Jeder Sport muß aber seinen Sinn und Zweck haben, und da ist zu sagen: Der Automobil-Rennsport hat heute seinen Sinn und Zweck verloren!“ Und am Ende dieses Textes war zu lesen: »Die Firma Opel hat beschlossen, sich an Rennveranstaltungen nicht mehr zu beteiligen. Die auf diese Weise erzielten Ersparnisse kommen der Qualität sowie den Preisen ihrer Wagen zugute.«

Fritz von Opel entdeckte die Rakete als Werbeträger

Natürlich war die ONS über diese veröffentlichte Aussage nicht sonderlich erfreut, und sie versuchte sich mit ihren Mitteln zu wehren: Man schloß Opel nun einfach bis zum 31. Dezember 1927 von allen Motorsportveranstaltungen aus – Opel konterte mit einer weiteren Anzeige, in der die Buchstaben ONS als »Ohne nationalen Sinn« interpretiert wurden, und so gab ein Wort das andere. Zwar setzte man sich am 22. November 1926 in Berlin gemeinsam an einen Tisch und nahm die gegenseitigen Unterstellungen zurück, dafür hob die ONS die Disqualifikation für das darauffolgende Jahr auf – aber Opel hatte die Lust am Motorsport wirklich verloren. In den nächsten Jahren waren nur noch Privatfahrer am Start zu sehen, und es sollten etliche Jahre ins Land gehen, bis Opel wieder eigene Fahrzeuge an den Start brachte.

Vielleicht konnte man bei Opel in diesen Jahren auf die Rennerfolge auch deswegen leichten Herzens verzichten, weil Fritz von Opel, der Sohn von Wilhelm von Opel, mit seinem »RAK«-Abenteuer für eine der Reklamestories schlechthin sorgte. Der auslösende Faktor war ein Brief des österreichischen Schriftstellers Max Valier, in dem der Physiker und Astronom den Fabrikanten Fritz von Opel aufforderte, seine Raketen-Forschungspläne zu finanzieren. Der Ex-Pilot Valier hatte lange mit dem Raketen-Pionier Hermann Oberth zusammengearbeitet und dabei seine Begeisterung für die Raketenforschung und die Raumfahrt entdeckt. Fritz von Opel war nun weniger daran interessiert, mit dem Geld seiner Firma die Konstruktion von Raketen zu finanzieren, ihm war in weiser Voraussicht klar, daß diese Investition für die Autoproduktion selbst ohne jeglichen Nutzen sein würde. Fritz von Opel war aber Realist genug, um zu wissen, daß der Reklameeffekt eines von Raketen angetriebenen Automobils gigantisch sein konnte. So bestellte er den Österreicher nach Rüsselsheim, und man einigte sich darauf, daß das Haus Opel eine Serie von Versuchen finanzieren würde, aus der ein von Raketen angetriebenes Opel-Fahrzeug hervorgehen sollte. Allerdings war Opel nicht bereit, den Bau der Raketen selbst zu übernehmen. Valier nahm daraufhin Kontakt zu Friedrich Sander in Wesermünde auf, in dessen renommiertem Unternehmen Feststoffraketen für Signalzwecke gebaut wurden.

Die erste Fahrt mit »RAK 1« mit Kurt Volkhart am Steuer dauerte ganze 35 Sekunden.

Die Basis von »RAK 1« war ein schlichtes Personenwagenchassis, dem man das Triebwerk geraubt hatte.

Sander war von der Idee angetan, und er durchforstete zusammen mit Valier das Programm. Die beiden entschieden sich dann für zwei verschiedene Typen: Eine der beiden Feststoffraketen entwickelte während der Brenndauer von 30 Sekunden einen Schub von 20 Kilogramm, die andere verfügte über 180 Kilogramm Schub, brannte dafür aber nur drei Sekunden. Diese beiden Typen sollten gemeinsam in einem Auto oder einem Flugzeug zum Einsatz kommen. Fritz von Opel hörte mit Interesse von den beiden Varianten und bat die beiden Herren am 11. März 1928 nach Rüsselsheim, wo sie auch gleich einen ersten Versuchslauf mit

Vor dem Start: Helfer präparierten die 24 Raketen, die gleich Fritz von Opel und »RAK 2« über die Avus treiben werden.

Eine Fahrt, knapp an der Katastrophe vorbei: Fritz von Opel erreichte nahezu 230 km/h.

den Raketen vorführen sollten. Nachdem sich die Reichsbahn geweigert hatte, die Raketen zu befördern, kam die brisante Last auf einem Lastwagen nach Rüsselsheim, wo sie von Valier und Sander in einem Holzgestell im Heck eines Personenwagen-Chassis montiert wurde.
Für die erste Versuchsfahrt auf der Opel-Bahn »opferte« sich der Opel-Konstrukteur Kurt Volkhart, dem als Ex-Rennfahrer und Besitzer von drei Bugatti die »Bändigung« des mit einer 18-Kilogramm- und einer 80-Kilogramm-Schub-Rakete ausgestatteten Wagens am ehesten zugetraut wurde. Doch die Lärm- und Rauchentwicklung übertraf die Fahrleistungen bei weitem: Nach 35 Sekunden rollte der Wagen wieder aus – er hatte ganze 150 Meter zurückgelegt. Nach einer Stunde waren zwei neue Raketen mit 80 und 180 Kilogramm Schub montiert. Nachdem der Wagen mit eigener Kraft auf Tempo 30 beschleunigt hatte, zündete Volkhart die beiden Raketen und berichtete anschließend, daß die Beschleunigung „mindestens so kräftig wie bei einem Rennwagen gewesen sei."

„Der Wagen geht ab wie von der Sehne geschnellt"

In den darauffolgenden Wochen wurde der »RAK« fertiggestellt – ein einsitziger Rennwagen, bei dem im Heck bis zu zwölf der großen Sander-Raketen untergebracht werden konnten. Und mit diesem Prototyp erreichte Volkhart dann am 11. April 1928 vor einer interessierten Journalisten- und Fotografenschar mit Fauchen, Zischen und viel Rauch in knapp acht Sekunden über 100 km/h, obwohl nur sieben der zwölf Raketen zündeten. So war es nicht weiter erstaunlich, daß die Zeitungen am nächsten Tag mit riesigen Schlagzeilen von dem faszinierenden Spektakel berichteten: „Ein letzter Händedruck – dann weicht alles zurück. Die Filmleute kurbeln. Volkhart hebt den Arm hoch: Bahn frei für das erste Raketenauto der Welt! Eine Sekunde atemloser Stille. Valier brüllt: Ab! und Volkhart drückt den Zündhebel. Ein ohrenbetäubendes Brausen und Heulen setzt ein – hinter dem Fahrzeug sticht ein Glutgasschweif in die sonnenhelle Betonbahn – der Wagen geht ab wie von der Sehne geschnellt, flitzt als dunkles Etwas vorüber – dann ist nichts mehr zu sehen: Riesige Rauchschwaden hüllen alles ein. Für einen Augenblick setzt das Getöse aus. Das erste Schubraketenpaar ist abgebrannt – doch sofort entflammen sich die nächsten, und

Auf dem Weg zum Geschwindigkeitsrekord auf Schienen: »RAK 3« erreichte beim ersten Versuch bereits 254 km/h.

375 Kilogramm Dynamit waren selbst für »RAK 3« zuviel – der Schienenwagen explodierte nach dem Start.

wiederum drei Sekunden später zischen die 40 Sekunden lang arbeitenden Dauerbrandraketen auf. Dann ist es plötzlich still – die Rauchwolken ziehen, lange noch rollt der Wagen weiter", so schrieb die »Münchner Illustrierte Presse« über diesen 11. April 1928.

Etwa 30 000 Mark waren von Opel in das Projekt gesteckt worden – und die Resonanz war größer, als man sich dies in Rüsselsheim je hatte vorstellen können. So ist es verständlich, daß nun fieberhaft an einem neuen, besseren und stärkeren Wagen gearbeitet wurde. Der »RAK 2« feierte am 23. Mai 1928 auf der »Avus« in Berlin Weltpremiere, und das geladene Publikum kam aus dem Staunen nicht heraus: Ein derart futuristisch aussehendes, zigarrenförmiges Geschöpf mit Stummelflügeln hatte man bis dahin noch nicht gesehen. Und als Fritz von Opel, der dieses nunmehr mit 24 Raketen bestückte schwarze Ungetüm fahren wollte, freundlich darauf aufmerksam machte, daß hier immerhin 120 Kilogramm Sprengstoff montiert seien und man deswegen doch etwas Abstand halten solle, ging ein Raunen durch die Menge. Dann folgten einige Worte zu seinen persönlichen Motiven: „Gleichwohl wollen wir studieren, welchen Beschleunigungen der menschliche Körper gewachsen ist ..." und zu wissenschaftlichen Motiven: „In der letzten Etappe werden wir zu bemannten Raketen übergehen. Hoffen Sie mit uns auf den Tag, an dem das erste Raumschiff mit dem Namen »Deutschland« am Rumpf schneller als die Sonne unsere Erde umfliegen wird".

Die Fahrt selbst war ein kaum vorstellbarer Triumph: Fritz von Opel erreichte über 230 km/h und wurde innerhalb weniger Sekunden zu einem der großen Medienstars der Nation. Die Marke »Opel« aber galt nach diesem 23. Mai als Deutschlands progressivste und innovativste Autofirma. Daß Fritz von Opel bei seiner Fahrt nur knapp an einer Katastrophe vorbeigefahren war, wurde nur einigen wenigen Beobachtern bewußt, die am Ende der »Avus« mit Schrecken sahen, daß der Vorderwagen trotz der Seitenflügel mehr in der Luft als am Boden war. Fritz von Opel berichtete später: „Ich kann den Wagen kaum halten. Vor mir wird die Bahn enger und enger, ich sehe das Zielrichterhaus, rechts am Rand stehen Autos. Ich werde nach rechts an ein Auto herangetragen, ich steure gegen und schieße nach links, komme entsetzlich ins Schleudern. Bin ich verloren? Es gelingt mir, den Wagen abzufangen." Und ein Reporter schrieb später: „Eine Rakete mehr, und Opel hätte seinen Sieg nicht erlebt. Die letzte Strecke durchschoß er mehr in der Luft als auf der Fahrbahn ..."

Max Valier konnte dem Presserummel um Fritz von Opel keine so große Begeisterung abgewinnen. Schließlich sah er sich als Ideenträger – und nun jubelte die ganze Welt Fritz von Opel und seiner Firma zu. Es gab harte Diskussionen, nach denen sich Max Valier und Kurt Volkhart von Opel trennten. Der Raketenfabrikant Sander blieb jedoch im Team von Fritz von Opel, da er rasch erkannt hatte, daß nur ein Unternehmen von der Größe Opels seine Interessen vertreten konnte.

Auf dem Weg in die dritte Dimension: das »Opel Raketenflugzeug« vor dem Start.

Nach der Bruchlandung: Fritz von Opel mit zwei seiner Bewunderinnen.

Nach dem »RAK 2«-Abenteuer rief die ganze Welt nach noch mehr Raketenfahrten. Fritz von Opel beschloß daher, den absoluten Geschwindigkeitsweltrekord, der bei 326,67 km/h lag, anzugreifen. Von der Reichsbahn bekam er dazu die sieben Kilometer lange und noch nicht offiziell eingeweihte Versuchsstrecke zwischen Celle und Burgwedel zur Verfügung gestellt. Doch dieser Versuch sollte nicht ganz so glücklich verlaufen: Zwar erreichte das natürlich »RAK 3« getaufte Gefährt im ersten Versuch 254 km/h – damit war der Geschwindigkeitsrekord auf der Schiene eingestellt –, doch als der Schienenwagen dann erstmals mit der ganzen Kraft aller 30 möglichen Raketen gezündet wurde, explodierten die 375 Kilogramm Dynamit bereits nach wenigen Metern. Da die Polizei die etwa 30 000 Schaulustigen vor dem Start weiträumig zurückgedrängt hatte – und da dieser Start erst einmal ohne einen Fahrer an Bord erfolgt war, wurde niemand verletzt. Natürlich machten sich Opel und Sander sofort daran, zwei weitere Schienenfahrzeuge »RAK 4« und »RAK 5« zu bauen – aber als sich auch »RAK 4« kurz nach dem Start in einem riesigen Feuerball auflöste, verbot die Reichsbahndirektion Hannover kurzerhand alle weiteren Rekordversuche. Selbstverständlich beugte sich Fritz von Opel dieser Anordnung – um sich sofort einem neuen Projekt zuzuwenden.

Dieses Mal wollte er mit Raketen die dritte Dimension erobern. Dafür beauftragte er Alexander Lippisch, den Konstruktionschef der akademischen Fliegergruppe auf der Wasserkuppe in der Rhön, mit dem Bau eines Nurflüglerflugzeugs, das mit zwei langsam abbrennenden Raketen mit etwa 14 Kilogramm Schub ausgestattet wurde. Den Jungfernflug am 11. Juli 1928 übernahm Fritz Stamer, der damalige Direktor der »Rhön-Rossitten-Gesellschaft«, eines Vereins zur Förderung des Segelflugs. Nachdem das Flugzeug mit einem Gummiseil angeschleppt worden war, zündete Stamer erst die eine Rakete, und als diese ausgebrannt war, folgte die zweite: „Weich setzte der Schub wieder ein, und es ging weiter. Ich flog fast einen vollständigen Kreis von 1300 bis 1500 Meter Umfang und landete, nachdem die zweite Rakete ausgebrannt war. Der erste Raketenflug eines Menschen war ausgeführt. Und es war eigentlich nichts Besonderes dabei gewesen ..."

Nun wollte natürlich auch Fritz von Opel selbst mit einem derartigen Raketenflugzeug fliegen. Da er aber plante, »sein« Flugzeug mit sechs oder acht Raketen von einem Katapult starten zu lassen, wählte er ein anderes Flugzeug: einen von Julius Hatry konstruierten und bei der Firma Müller in Griesheim gebauten Hochdecker mit einem nur 3,50 Meter kurzen Rumpf und zwölf Meter breiten Flügeln. Das Doppelleitwerk wurde extra hoch gelegt, damit es nicht von dem Raketenschweif zerstört werden konnte, und für die Landung wurde eine Gleitkufe installiert. Damit das Flugzeug sicher in die Luft abheben konnte, wurde es auf einen Startwagen gelegt, der auf einer 50 Meter langen Bahn anrollen sollte – nach dieser Strecke mußte das Flugzeug allerdings in der Luft zu sein. Natürlich hatte sich Fritz von Opel vor diesem Abenteuer auch Flugstunden geben lassen: Hauptmann Felmy war es aber, der den Start letztlich ermöglichte, denn er überreichte Opel das Telegramm, in dem das Oberpräsidium in Kassel ein Flugverbot aussprach, erst nach der Landung.

Beim ersten Startversuch rutschte das Flugzeug aus dem Schlitten und anschließend einige Meter über den Boden. Also wurden noch vier Raketen dazu geladen – das Ergebnis: kein Start, dafür aber eine etwa 100 Meter lange Rutschpartie. Erst der dritte Versuch brachte das gewünschte Ergebnis: Bei einem zehnminütigen und vier Kilometer langen Flug erreichte der tapfere Pilot über 150 km/h. Als der Raketenschub plötzlich vorbei war, wurde Opel klar, „ich muß zur Erde zurück. Ich suche mir einen Platz zur Landung. Eine Baumreihe vor mir überspringe ich mit einer kleinen Reserverakete, komme im Side-slip mit 150 an den Boden, setze auf, rutsche mit fürchterlichen Stößen über den Boden – und stehe still." Das Flugzeug selbst war bei der harten Landung zu Bruch gegangen, aber Opel hatte rechtzeitig die Beine angezogen und entstieg dem Wrack unverletzt. Einmal mehr berichteten alle Medien über den Helden des Tages – doch in den nächsten Monaten geschahen bei Opel derartig viele Veränderungen, daß alle weiteren Raketenpläne von Fritz von Opel Makulatur waren.

7

Neue Herren in Rüsselsheim

Eine schonungslose Analyse macht den Opel-Brüdern klar, daß die Erfolge der vergangenen Jahre nur mit einem hohen Kapitaleinsatz fortgeführt werden können – unabhängig davon begibt sich General Motors auf die Suche nach einem neuen Produktionswerk in Deutschland. Nach vielen Verhandlungen ist die Übernahme klar – und GM-Chef Alfred P. Sloan überrascht die deutschen Opel-Händler mit einer mutigen Prognose.

Die späten 20er Jahre waren für die Opel-Brüder schwerer, als es nach außen hin den Anschein hatte: Die Umstellung der bislang üblichen Handfertigung unterschiedlichster Modellreihen auf die Fließbandproduktion des »Laubfroschs« war mit einem teuren Umbau des Werks und der Anschaffung neuer Maschinen verbunden. Obwohl Opel 1928 nicht weniger als 42771 Fahrzeuge montierte und täglich etwa 4000 Fahrräder das Werk verließen, hatten wachsame Beobachter längst erkannt, daß die immer neuen Rekordmeldungen der Industrie unrealistisch waren. Denn während der Export der deutschen Automobile in alle Welt drastisch sank, nahm die Zahl der Fahrzeuge, die importiert oder in Deutschland aus eingeführten Teilen montiert wurden, in beängstigendem Maße zu. 1929 fiel die Quote »deutscher« Automobile unter die 60-Prozent-Grenze. Noch ging es Opel im Vergleich zur Konkurrenz relativ gut, und neben der Automobil- und Fahrradproduktion fertigte man auch noch Motorräder. Mit dieser Sparte hatten die Opel-Brüder natürlich besonders jene Käufer im Visier, für die ein eigenes Auto noch unerschwinglich war.

Von Mitte der 20er Jahre an kam eine Einzylindermaschine mit 498 ccm Hubraum auf den Markt, die mit ihren 16 PS Leistung ein beachtliches Temperament besaß. In die Motorradgeschichte ging Opel aber mit der »Motoclub« ein, die mit der Hilfe des Grafikers, Malers und Konstrukteurs Ernst Neumann-Neander entwickelt wurde. Als wichtigste Neuerung hatte sie statt des bislang üblichen Stahlrohrrahmens nun einen Rahmen aus zusammengenieteten Preßstahlprofilen, der für ein niedrigeres Gewicht und kostengünstigere Produktionsmöglichkeiten der »Motoclub« sorgte. Dazu kam, daß diese Konstruktion wegen ihrer höheren Stabilität deutlich stärker belastbar war. Für den Antrieb standen zwei Einzylindermotoren zur Verfügung: eine 16-PS-Variante mit stehenden Ventilen (1190 Mark) und eine 22-PS-Variante mit im Zylinderkopf hängenden Ventilen, die als »Motoclub SS« für 1290 Mark angeboten wurde. Doch trotz bester Kritiken, die das avantgardistische Design und die außergewöhnlich guten Fahreigenschaften der bis zu 120 km/h schnellen »SS« einbrachten, kam die »Motoclub«, die bei den »Elite-Diamant-Werken« in Sachsen gefertigt wurde, im Jahr 1928 beinahe schon zu spät auf den Markt. Denn einerseits zeigten sich am Horizont die ersten Anzeichen einer großen Wirtschaftskrise und andererseits verdichteten sich in Rüsselsheim die Gerüchte, daß das Haus Opel in andere Hände gehen würde. Und damit war natürlich auch die Zukunft des »Elite«-Werks gefährdet, an dem die Opel-Brüder 75 Prozent der Anteile besaßen.

Eine schonungslose Analyse führte zu Verkaufsgedanken

Tatsächlich hatte Dr. Ing. h. c. Wilhelm von Opel aber bereits 1926 die ersten Kontakte zu James D. Mooney, dem Präsidenten der GM-Exportorganisation in New York geknüpft und ihn – streng vertraulich – gebeten, doch einmal zu eruieren, ob General Motors eventuell über eine Beteiligung an der »Adam Opel KG« nachdenken wolle. Noch war GM allerdings an derartigen Überlegungen nicht interessiert, schließlich war man gerade dabei, das Montagewerk in Berlin-Borsigwalde fertigzustellen. Aber man blieb im Gespräch – und als Wilhelm von Opel ein Jahr später mit einer kleinen Gruppe nach New York reiste, um Gespräche über einen größeren Dollarkredit zu

Opel wurde nicht müde, darauf hinzuweisen, wer der größte Fahrradhersteller der Welt war.

Ein Bild aus der Fahrrad-Auslieferung im Jahr 1927.

führen, ließ GM ihn wissen, daß man eher an einem Kauf als an einer Beteiligung interessiert sei.

Wilhelm und Heinrich von Opel sowie Fritz Opel (ihr Bruder Carl von Opel war am 17. Februar 1927 gestorben) kamen nach einer schonungslosen Analyse über die Lage ihres Unternehmens zu dem Schluß, daß die Fließbandproduktion kleiner Fahrzeuge Opel zwar zum größten Automobilhersteller Deutschlands gemacht hatte, daß diese Modelle aber nur geringe Gewinnspannen erwirtschaften konnten. Und dazu kam, daß die immer stärker auf den deutschen Markt drängenden amerikanischen Automobile der deutschen Konkurrenz in den meisten Belangen überlegen waren. Innerhalb einer relativ kurzen Zeitspanne würden die in Millionenstückzahlen montierten Wagen marktbeherrschend werden und Opel mit den begrenzten finanziellen Möglichkeiten eines Familienunternehmens in existenzielle Probleme geraten. Noch sorgte der Schutzzoll, den die Regierung gegen die Importe errichtet hatte, zwar dafür, daß die Bilanzen einigermaßen stimmten, doch es mehrten sich die Stimmen, die diese Schutzzoll-Politik für unsinnig hielten. So schrieb die Zeitschrift »Der Reichs-Mechaniker« am 12. November 1929: „Kein Schutzzoll kann schließlich verhindern, daß amerikanische Autos ins Land kommen. Der Kraftfahrer merkt, was ein modernes Auto ist, daß ein guter Wagen mit einem Finger zu steuern geht, sich ohne zu schalten im Stadtverkehr fahren läßt. Er lernt die Vorzüge von Vierradbremsen, von Ballonreifen kennen, die Geräuschlosigkeit und die Zuverlässigkeit des genügend kräftigen Motors. Er verlangt für sein Geld den Gegenwert."

Am 28. Mai 1928 war mit Heinrich von Opel der dritte Bruder gestorben – auch dies vielleicht ein Grund dafür, daß die beiden Überlebenden, Wilhelm von Opel und Fritz Opel, nun ernsthaft begannen, einen Käufer für das Unternehmen zu suchen. Denn einerseits hatte die innerhalb von zwei Jahren fällige, doppelte Erbschaftssteuer die Reserven des Unternehmens stark angegriffen und andererseits hatte man nun auch wieder eine grundlegende Renovierung des Werks in Erwägung zu ziehen, das in den vergangenen Jahren stets an der Grenze der Belastbarkeit produziert hatte. In dieser Situation fügten sich nun verschiedene Szenarien ineinander: Wilhelm von Opel erkannte, daß die wirtschaftliche Blüte der vergangenen Jahre eher eine Scheinblüte gewesen war. Deutschland hatte zu seinem Wirtschaftswunder nur mit viel geliehenem Geld gefunden, so daß dieses Wunder auf keinem festen Fundament stehen konnte. General Motors war bei seinen Marktanalysen zu einem ähnlichen Schluß gekommen: Die Zukunft konnte (zumindest in Deutschland) nicht den großen Limousinen gehören, die in Berlin montiert wurden. Dazu kam, daß seit Anfang 1928 geltende verschärfte Zollbestimmungen, die nun auch die nach Deutschland importierten Einzelteile für die Montage in Berlin hoch besteuerten, den Verkauf stärker einschränkten, als man vorausgesehen hatte. Also plante man die Entwicklung eines auf europäische Verhältnisse abgestimmten Kleinwagens, der in einem dafür noch zu erstellenden Werk zur Montage gelangen sollte. Zwar hatte General Motors im Herbst 1925 bereits für nur 2,5 Millionen Dollar die »Vauxhall Motors Ltd.« in England erworben, aber GM fehlte nun – wegen der hohen Schutzzölle – auch ein Werk in Deutschland.

Warum General Motors kein neues Werk baute

In Detroit trafen zwei Fronten aufeinander: Exportchef James D. Mooney war der festen Überzeugung, daß GM das Berliner Werk für die Serienproduktion eines neuen Kleinwagens umrüsten sollte. Alfred P. Sloan, der Präsident von General Motors, vertrat hingegen die Meinung, daß mit einem Neubau oder zeitaufwendigen Umbau eines bestehenden Werks zuviel Zeit verloren ging – er plädierte dafür, ein etabliertes Werk mit einem seriösen Namen zu kaufen. Wilhelm von Opel ahnte von diesen GM-internen Diskussionen noch nichts: Er wußte nur, daß die Zeit für sein Unternehmen langsam knapp werden würde – und als sich Alfred P. Sloan und sein Stab im Oktober 1928 auf eine Europareise mit der Besichtigung der verschiedensten Firmen machten, sah auch Wilhelm von Opel nun seine Chance, das Opel-Werk den amerikanischen Gästen zu präsentieren.

Von all den Firmen, die der GM-Präsident in diesen Wochen besuchte, muß Opel bei ihm auch tatsächlich den größten Eindruck hinterlassen haben – Sloan schrieb später: „Mein frühes Interesse am Erwerb der Opel-Werke wurde durch diesen Besuch so sehr gesteigert, daß ich ein Optionsabkommen über den Kauf des Opel-Unternehmens durch General Motors aushandelte." Was Sloan am meisten beeindruckte, beschrieb er später anläßlich einer in Paris stattfindenden Sitzung einer GM-Studiengruppe, die im Januar 1929 nochmals nach Rüsselsheim gereist war, um den Zustand des Werks zu analysieren und über die Einzelheiten des Verkaufs zu verhandeln. Zitat Sloan: „Die Baulichkeiten sind von guter Konstruktion, siebzig Prozent des Maschinenparks sind während der letzten vier Jahre neu angeschafft, die Auswahl ist hierbei gut getroffen worden. Die

Die Weltwirtschaftskrise trug ihren Teil dazu bei, daß die Produktion der avantgardistischen »Motoclub« Ende 1929 eingestellt werden mußte.

Rahmen, Federung und Styling setzten bei der »Motoclub« neue Maßstäbe – die offensichtlich auch die Damenwelt begeisterten.

Werksstruktur ist flexibel und der Fertigung neuer Modelle leicht anzupassen. Bei der Einstellung gut ausgebildeter Facharbeiter bestehen keine Schwierigkeiten." Also hatten sich die immensen Investitionen der vergangenen Jahre doch gelohnt – die »Adam Opel KG« hatte zwar nicht amerikanisches Niveau, aber sie war selbst in den Augen dieser kritischen Kommission das Beste, was man in Europa finden konnte.

Es gab jedoch noch ein paar Probleme, die dem Verkauf der Firma an General Motors im Weg standen: Erstens hatte Sloan bei seinem Besuch im Oktober 1928 nur eine Kaufoption unterzeichnet, die bis zum 1. April 1929 befristet war – und zweitens mußte die »Adam Opel KG« erst in eine Aktiengesellschaft umgewandelt werden, damit die Amerikaner mit der Übernahme der Aktien auch die Herren im Haus werden konnten. Den zweiten Part erledigten die Rüsselsheimer mit beachtlicher Geschwindigkeit: Mitte November 1928 beantragte Geheimrat Wilhelm von Opel die Änderung der Gesellschaftsform seines Unternehmens, und bereits am 3. Dezember 1928 konnte die »Adam Opel AG« ins Handelsregister des Amtsgerichts Groß-Gerau eingetragen werden. Das Grundkapital von 60 Millionen Reichsmark wurde in 6000 Aktien zu je 10 000 Reichsmark angegeben, wobei die »Adam Opel KG« das gesamte Vermögen in die Aktiengesellschaft einbrachte. Da als alleinig haftender Gesellschafter dieser »KG« die »Adam Opel GmbH« diente, die 1919 von den damals noch lebenden vier Brüdern gegründet worden war, wurden ihr auch Aktien im Gegenwert von 59,78 Millionen Mark überlassen. Die bleibenden Aktien gingen an die »Opel-Automobil-Zentrale« und die »Engelhard GmbH«. Nachdem Wilhelm von Opel die Vollzugsmeldung nach Amerika geschickt hatte, mußte nun General Motors wieder tätig werden.

Ganz Rüsselsheim trauerte 1927 und 1928 mit der Familie um den Tod von Carl und Heinrich von Opel.

Es sollten aber noch einige Wochen ins Land gehen, bis sich Alfred P. Sloan dann einschiffte, um am 12. März zuerst mit Dr. Fritz Opel und später auch mit Wilhelm von Opel über die letzten Modalitäten zu verhandeln. Besonderen Wert legten die beiden darauf, daß der Name »Opel« erhalten blieb und daß der Einfluß der Amerikaner nicht derart dominant würde, daß »Opel« nicht mehr klar als deutsches Unternehmen zu erkennen wäre. Als endlich alle Punkte geklärt waren, fuhr man nach Berlin, wo Alfred P. Sloan, sein Vorstandskollege Fred F. Fisher, Exportchef James D. Mooney und der Chef der Berliner GM-Zentrale, Keith Wood, zusammen mit Wilhelm von Opel, Dr. Fritz Opel und dem »Raketen-Pionier« Fritz von Opel die endgültigen Verträge unterschrieben. Die Vereinbarungen, die an diesem denkwürdigen 17. März in Kraft traten, wurden offiziell durch eine Erklärung von Alfred P. Sloan bekanntgegeben: „General Motors hat durch Erwerb eines ansehnlichen Aktienpakets der Adam Opel-Werke in Rüsselsheim eine Interessensgemeinschaft geschaffen, die die Investierung von etwa 120 Millionen Reichsmark mit sich bringt. Eine Vereinigung der General Motors GmbH in Berlin-Borsigwalde mit den Opelwerken ist nicht beabsichtigt. Beide Unternehmungen werden unabhängig voneinander ihre Geschäfte fortführen."
Die finanziellen Details kamen allerdings erst später ans Licht der Öffentlichkeit: Zuerst übernahm General Motors 80 Prozent der Nominalaktien von 48 Millionen Reichsmark und bezahlte dafür 25,967 Millionen Dollar – für die restlichen 20 Prozent besaß GM eine Option, die bis zum 31. März 1934 für 7,395 Millionen Dollar einlösbar war. Der Verkauf der verbleibenden Anteile sollte dann aber schon im Oktober 1931 vorgenommen werden. Wenn man bedenkt, daß der Dollar zu diesem Zeitpunkt mit 4,61 Reichsmark gehandelt wurde, war der Zeitpunkt der Verkaufs hervorragend gewählt – die Opel-Familie hatte über 120 Millionen Mark für ihre Firma erlöst. Die schweren Zeiten sollten allerdings rascher als erwartet kommen.

Aber zunächst hatte die »Adam Opel AG« an diesem 17. März 1929 noch eine eigene Presseerklärung abzugeben: „Die in den letzten Wochen in der Öffentlichkeit vielbesprochenen Verhandlungen der General Motors Corporation mit der Adam Opel A.-G. sind zum Abschluß gekommen. Die General Motors Corporation hat ein größeres Paket Aktien der Adam Opel A.-G. erworben. Die Familie Opel bleibt als Großaktionär an der Adam Opel A.-G. beteiligt und behält in der Leitung maßgebenden Einfluß. In den Opel-Werken sollen auch in der Zukunft ausschließlich Opel-Wagen gebaut werden. Eine Änderung des Bauprogramms der Adam Opel A.-G. ist nicht vorgesehen, um so mehr als dieses den Erfordernissen des deutschen Markts angepaßt in allen Einzelheiten vorliegt und die Materialabschlüsse für das nächste Jahr bereits getätigt sind. Die durch Generationen bewährten und durch den Erfolg bestätigten Opeltraditionen, mit dem Rückhalt der Kapitalmacht und den technischen Erfahrungen und Möglichkeiten des größten amerikanischen Automobilkonzerns, werden die Adam Opel A.-G. befähigen, dem deutschen Automobilkäufer wie der deutschen Volkswirtschaft gleich wertvolle Dienste zu leisten."

Der Kaufvertrag ist unterschrieben: Alfred P. Sloan (6. v. l.) hat Opel für »General Motors« erworben.

Man hat sich lange gefragt, weshalb die Opel-Familie damals »ihr« Unternehmen verkaufte – und warum General Motors gerade diese Firma erwarb. Wie so oft in der Geschichte griffen auch hier zu einem bestimmten Zeitpunkt verschiedene Interessen perfekt ineinander: Die beiden überlebenden Opel-Brüder hatten, von Erbschaftssteuern und neuen Investitionskosten gebeutelt und mit der klaren Erkenntnis versehen, daß den »goldenen« Jahren nun die »mageren« folgen würden, nach einem Partner gesucht, der stark genug war, die Familientradition am Leben zu erhalten. General Motors dagegen hatte nach einem eingesessenen Unternehmen Umschau gehalten, das nicht nur technologisch und produktionstechnisch an der Spitze lag, sondern auch über ein etabliertes Service- und Händlernetz mit ausreichend (damals 736) Verkaufsstellen verfügte, das sonst erst mit viel Geld hätte aufgebaut werden müssen. Zudem besaß Opel reichlich Platz für neue Fließbänder und weitere Gebäude – und außerdem war Opel durch die Fahrrad- und Motorradproduktion nicht ganz so vom Automobil abhängig. Ein weiterer Vorteil: In der Zukunft sollten die Opel-Techniker voll von den Erkenntnissen ihrer amerikanischen Kollegen profitieren, außerdem plante man alle Forschungsergebnisse, die in den USA entwickelt wurden, auch direkt nach Rüsselsheim weiterzureichen.

Neue Kunden durch die Opel-Bank

Ganz klar waren die Amerikaner in diesen Jahren der deutschen und europäischen Konkurrenz tatsächlich um Jahre voraus, Alfred P. Sloan gestand aber 1929 der deutschen Automobilindustrie in einigen Reden immerhin zu, daß diese ungefähr auf dem Stand der US-Industrie des Jahres 1916 war. An diesen Überlegungen war zweifellos einiges korrekt, dies bewies auch die Tatsache, daß die amerikanische Automobilindustrie bereits 1929 etwa 5,62 Millionen Automobile produzierte. In Deutschland wurde diese Zahl bis heute noch nicht erreicht. Ein letzter Vorteil dieses Besitzerwechsels: Opel verfügte nun wieder über das Kapital und die Beziehungen, in den USA die neuesten Maschinen und das »Know-how« zu erwerben, mit denen man der deutschen Konkurrenz das Leben schwer machen konnte. Und da sich General Motors zudem verpflichtet hatte, auf die Montage oder den Bau all der Modelle in Berlin zu verzichten, die in Konkurrenz zu Rüsselsheim standen, war das Ende dieser GM-Tochter praktisch sichergestellt. Mit der großen Weltwirtschaftskrise ließ auch das Interesse an den hubraumstarken US-Modellen nach, und am 31. Oktober 1931 wurde das Montagewerk Berlin-Borsigwalde geschlossen.

Nachdem sich die Aufregung über den Besitzerwechsel etwas gelegt hatte, übernahmen die Amerikaner die Führung. Wilhelm von Opel wurde immerhin zum Aufsichtsrats-Vorsitzenden und sein Bruder Fritz zu seinem Stellvertreter gewählt, während der »Raketen-Pionier« Fritz von Opel zum Generaldirektor bestellt wurde. Aber schon die große Neuerung, die Gründung der »Allgemeinen Automobil-Versicherungs AG Rüsselsheim« in Zusammenarbeit mit der »Leipziger Feuerversicherung« (Aktienkapital: drei Millionen Reichsmark), verriet die Handschrift und das Kapital der

Alfred P. Sloan: „Die Baulichkeiten sind von guter Konstruktion" – das Werk 1928.

neuen Eigner. Am 1. Juli folgte die Gründung der »Opelbank«, die es sich zur Aufgabe gemacht hatte, „für Beamte und Angestellte Sparkonten zu halten und Automobilkäufe zu finanzieren." Außerdem war diese Bank natürlich dazu da, die Händler mit größeren Kreditrahmen auszustatten, welche das Geschäft weiter ankurbeln sollten. Nachdem man nun im Versicherungs- und Bankgeschäft Fuß gefaßt hatte, galt es nun »nur« noch, das Modellprogramm perfekt dem Markt anzupassen.

Im Sommer des Jahres 1929 arbeiteten die Techniker und Ingenieure hart daran, die Angebotspalette attraktiver und moderner zu gestalten – und am 18. Oktober 1929 lud Wilhelm von Opel die Händlerschaft nach Frankfurt ein, um das Modellprogramm 1930 zu präsentieren. Es sollte eine merkwürdige Vorstellung werden, denn während die neu überarbeiteten Fahrzeuge mit Interesse und Wohlgefallen zur Kenntnis genommen wurden, hatte es der Hauptredner der Veranstaltung, der extra aus den USA angereiste Alfred P. Sloan, schon etwas schwerer. Nachdem Wilhelm von Opel den GM-Präsidenten vorgestellt hatte, hielt Sloan eine bemerkenswerte Rede, in der er den staunenden Händlern zuerst die tatsächliche Größe von General Motors verdeutlichte: Sie umfaßte 86 Produktionsbetriebe in den USA, 25 Betriebe im Ausland und weltweit 225 000 Arbeiter und Angestellte. Dazu erzählte Sloan von den 25 000 Händlern weltweit und von der Produktion, die 1929 etwa zwei Millionen Fahrzeuge betragen werde; dazu kamen noch die Beteiligungen an Firmen, die von Bügeleisen über Klimaanlagen bis hin zu Flugzeugen und Panzern alles produzierten, was Staat und Bürger benötigten. Dann fuhr er unter dem Beifall der Händler fort: „Lassen Sie mich bitte in erster Linie sagen, daß unser absolutes Bestreben dahin geht, bei der Entwicklung des Opelgeschäfts es zu allen Zeiten als eine deutsche Institution zu erhalten. Wir werden in größtmöglichem Ausmaß von deutschen Arbeitern hergestelltes deutsches Material verwenden." Den denkwürdigsten Teil seiner Rede hielt Sloan später in seinen Memoiren so fest: „In meiner Ansprache legte ich die Politik von General Motors dar. Deutschland sei ein hochindustrialisiertes Land, dennoch sei, nach amerikanischen Maßstäben, seine Automobilproduktion nur sehr gering. Ich meinte dann, eines nicht allzu fernen Tages werde die Adam Opel AG, die in diesem Jahr rund 30 000 Fahrzeuge herstellte, durchaus in der Lage sein, jährlich 150 000 Fahrzeuge herzustellen. Als meine Äußerungen übersetzt wurden, gab es lautes Gelächter. Man sah in mir anscheinend einen wirklichkeitsfremden amerikanischen Großsprecher."

Wenige Tage später schien es dann aber so, als ob sich alle Prognosen innerhalb von Minuten in Schall und Rauch aufgelöst hätten, denn am 29. Oktober 1929 sorgte der »Schwarze Freitag« an der New Yorker Börse für eine Weltwirtschaftskrise, die unzählige Firmen in den Bankrott trieb. So gesehen hatten die Opel-Brüder gerade noch den Absprung geschafft – dennoch hatten sie ein Unternehmen an GM verkauft, das auch für schlechte Zeiten gut gerüstet war. Opel sollte auch aus dieser Krise gestärkt hervorgehen.

8

Die Weltwirtschaftskrise überrollt auch das Haus Opel – die Rüsselsheimer reagieren mit Preissenkungen und einer weiter verbesserten Qualitätskontrolle. Mit dem »1,2 Liter« baut Opel den ersten Wagen für die breite Masse in Serie, dann schreibt der »Olympia« Technikgeschichte, während sich der »Kadett« als der erste »Volkswagen« entpuppt. Parallel dazu entsteht in Brandenburg ein Montagewerk für den »Blitz«.

Die schwere Krise, der große Erfolg und das bittere Ende

Nur wenige Tage nachdem Alfred P. Sloan die Opel-Händler mit seinen Visionen vertraut gemacht hatte, brach an der New Yorker Börse der Aktienmarkt zusammen – der »Schwarze Freitag« brachte unzähligen Firmen den Konkurs und stürzte Millionen von Menschen in Armut und Verzweiflung. An diesem 29. Oktober 1929 rächten sich die Überkapazitäten, die in den vergangenen Jahren aufgebaut worden waren und die von den Banken gestützt wurden, weil sie ohne Maß und ohne Sicherheiten zu viele und zu große Kredite verteilt hatten. In den USA waren nicht weniger als 90 Prozent aller Geschäfte mit Krediten finanziert worden – und mit dem »Schwarzen Freitag« brach das Bankgeschäft schlagartig zusammen.

Die große Wirtschaftskrise überrollte natürlich auch rasch Deutschland, schließlich hatten die amerikanischen Banken in den vergangenen Jahren mit großzügigen Kreditlinien für die Ankurbelung der Geschäfte gesorgt. Und mancher Kritiker, der den Opel-Brüdern noch wenige Monate zuvor den Ausverkauf der deutschen Industrie an das Ausland vorgeworfen hatte, lobte nun plötzlich den unternehmerischen Weitblick, den beide besessen hatten, als sie ihr Werk in die Hände von General Motors weiterreichten. Natürlich mußten nun in

Rüsselsheim Arbeiter entlassen werden, aber während immer mehr Automobilhersteller Konkurs anmeldeten, liefen in Rüsselsheim – wenn auch in geringerem Umfang – die Fließbänder wenigstens weiter. Während im Deutschen Reich die Zahl der Arbeitslosen von 3,05 Millionen im Februar 1929 auf den Stand von 6,128 Millionen im Februar 1932 anwuchs und parallel dazu die Fahrzeugproduktion von 101 701 Exemplaren im Rekordjahr 1928 drei Jahre später auf 41 727 Stück absank, montierte Opel immerhin noch 20 982 Personen- und Nutzfahrzeuge.

„Der Opel 4 PS – der beste Kleinwagen der Welt"

Ein bitterer Rückgang – aber dennoch stellte diese Zahl in einer harten Rezession einen Marktanteil von 50 Prozent dar. Um dem Unternehmen Überlebenschancen zu bieten, hatten die neuen Herren das »Einstiegsmodell«, den »4/20 PS«, bereits im Frühjahr 1929 überarbeitet und zu deutlich reduzierten Preisen von 2300 Reichsmark an aufwärts auf den Markt gebracht. Als dann der »Schwarze Freitag« den Existenzkampf weiter verschärfte, sollte eine zweite Preissenkung noch weitere Kunden zu den Händlern locken: Der Zweisitzer kostete nur noch 1900 und die Limousine 2700 Reichsmark. Mit diesen Kampfpreisen versuchten die Rüsselsheimer, die wenigen verbliebenen Interessenten davon zu überzeugen, daß der »4/20 PS« die Anschaffung schlechthin war.

In der Werbung hörte sich das so an: „Opel senkt die Preise. In Deutschland hat sich kein Gebrauchsfahrzeug geeigneter gezeigt als der Opel 4/20 PS. Er ist der Wagen, der am billigsten in der Anschaffung, am sparsamsten in der Haltung ist. 100 000 Besitzer aller Volksschichten sind bereits seine begeisterten Anhänger. Viele Millionen Kilometer werden täglich auf ihm zurückgelegt. Er ist Deutschlands volkstümlichster Wagen, der beste Kleinwagen der Welt." Und damit der Verkauf auch tatsächlich florierte, konnte der »4/20 PS« mit geringer Anzahlung und langfristigen Ratenzahlungen erworben werden.

1930 mußte Opel die Produktion der großen Sechszylinder einstellen – es gab für diese teuren Modelle einfach keine Kundschaft mehr. Man besann sich nun wieder auf die Kleinwagen, mit denen bereits im Herbst 1923 das große Nachkriegstief überwunden werden konnte. Nach der Modellüberarbeitung gab es nur noch zwei Fahrzeugreihen im Angebot: den »4/20 PS« mit 1,1 Liter Hubraum und vier Zylindern und den »8/40-PS«-Sechszylinder mit zwei Liter Hubraum. Damit hatten die Rüsselsheimer zwar in diesen trüben Zeiten kurzfristig alle Trümpfe in ihrer Hand, langfristig gesehen war dies jedoch ein Abschied aus der Oberklasse, der Opel über viele Jahre hinweg in den Ruf brachte, ein typischer »Kleinwagen«-Hersteller zu sein. Erst gegen Ende der 30er Jahre kamen mit dem »Admiral« und dem »Kapitän« wieder größere Sechszylindermodelle ins Angebot, die sich mit anderen deutschen Edelmarken messen konnten.

Der Produktionsrückgang hatte aber auch einige Vorteile: So wurde beispielsweise die Qualitätskontrolle drastisch verbessert und mit mehr Personal denn je ausgestattet. Dazu wurde die Arbeitszeit nach vorne verlegt, damit die Betriebsangehörigen mehr Zeit hatten, sich um ihre Gärten und Äcker zu kümmern, die entscheidend an der Lebensmittelversorgung der Familien beteiligt waren. Und die organisierten Fabrikführungen, die vom Sommer 1930 an für interessierte Besucher veranstaltet wurden, trugen ihren Teil dazu bei, daß das Unternehmen – wenn auch auf Sparflamme – einigermaßen überleben konnte. Im Lauf des Jahres 1930 rief die Adam Opel AG mit einem großen Preisausschreiben die deutsche Bevölkerung auf, einen kurzen und prägnanten Namen für den neuen leichten Lastwagen zu suchen, der 1931 auf den Markt kommen sollte. Der Lohn für den Gewinner war eine »4/20 PS«-Limousine, für die Plätze zwei bis fünf gab es je ein »Motoclub«-Motorrad. Das Echo war enorm: 1,5 Millionen Menschen beteiligten sich an dem Preisausschreiben, und eine Jury wählte den Namen »Blitz« zum Sieger – ein Name, der in die Opel-Geschichte eingehen sollte.

Natürlich hatte General Motors weltweit mit der Wirtschaftskrise zu kämpfen: Die Umsätze fielen drastisch, die Verkäufe stagnierten. Aber noch verfügte der größte Automobilhersteller der Welt über die finanziellen Mittel, die Fahrzeuge zu entwickeln, die in diesen Zeiten gebraucht wurden. Und dementsprechend begeistert äußerten sich die Opel-Händler auch im November 1930, als sie die überarbeitete Modellpalette für das Jahr 1931 erstmals zu sehen bekamen: Als Einstiegsmodell diente immer noch der »4/20 PS«. Die große Überraschung bot jedoch ein völlig neuer 1,8-Liter-Reihensechszylinder, der in den USA entwickelt worden war und bei 3200/min 32 PS leistete. Der kleinste Sechszylinder

Der »4/20 PS« wurde zu Kampfpreisen von 1900 Reichsmark an aufwärts angeboten.

Der »1,8 Liter« (r.) hatte seine stilistischen Vorbilder in den USA, wie der »Buick« beweist.

Aus dem Hause Autenrieth: Der »1,8 Liter Roadster« erreichte 95 km/h.

Die Luxus-Variante des »1,8 Liter« bekam den Namen »Regent«.

seiner Zeit, der von 1931 an ausgeliefert werden sollte, besaß aber nicht nur eine elegante Karosserie, die sich eng an die Form der Cadillacs anlehnte, sondern konnte auch zu einem Preis angeboten werden, der Händler, Käufer und Kritiker gleichermaßen begeisterte: Wo sonst gab es für 2700 Reichsmark 90 km/h Höchstgeschwindigkeit und einen derart laufruhigen Sechszylinder? So baute Opel von dem »1,8 Liter«, wie der Wagen wenig einfallsreich getauft wurde, von 1931 bis 1933 nicht weniger als 32 285 Exemplare, die in Deutschland und dem europäischen Umfeld verkauft werden konnten – keine schlechten Zahlen für diese schlechten Zeiten. Dazu kamen noch die »Opel Blitz«-Lastwagen mit dem 2,6-Liter-Vierzylinder aus dem Personenwagenprogramm und einem 3,5-Liter-Sechszylinder, die sich in den nächsten Jahren zu wahren Erfolgsmodellen entwickelten.

Die Geschäfte liefen also vergleichsweise gut, und Opel bemühte sich, die Modellpalette jedes Jahr durch neue Varianten so attraktiv wie möglich zu gestalten. Während dem »kleinen« Vierzylinder 1932 zwei zusätzliche Pferdestärken spendiert wurden, sorgte der »Regent« mit seiner rundlichen Form und dem leicht stromlinienförmigen Heck als Luxusversion des »1,8 Liter« mit höheren Preisen für viel Interesse bei den Käufern. Zusätzlich zu der überarbeiteten Karosserie hatte der Wagen auch den Namen des unglücklichen Luxusmodells der späten 20er Jahre bekommen, der damals in nur 25 Exemplaren montiert worden war: Der »Regent« sollte an diesen Höhepunkt der Opel-Technikgeschichte erinnern und etwas von dem Flair dieses Achtzylinders vermitteln. Außerdem war dies der erste Versuch, in Rüsselsheim eine neue Namensgebung durchzusetzen: Von nun an rückten die PS-Bezeichnungen allmählich in den

Hintergrund und wurden durch sorgfältig ausgewählte Namen ersetzt. Den »Regent«, der vom Herbst 1932 an bei den Händlern stand, gab es natürlich mit den unterschiedlichsten Karosserievarianten: Von der viertürigen Limousine über das zwei- und viersitzige Cabriolet bis hin zu einem zweisitzigen »Moonlight«-Roadster (der für 3895 Reichsmark in nur 51 Exemplaren bei der Karosseriefirma »Deutsch« entstehen sollte) war für nahezu jeden Geschmack und Geldbeutel etwas im Angebot.

Bei den Vierzylindern, die noch immer von dem Motor des »Laubfrosches« abstammten, kostete der »1,1 Liter« mit seinen 20 PS in der Basisversion als offener Zweisitzer unverändert 1990 Mark. Ein Jahr später kam dann die Ablösung, wie auch bei den Sechszylindern, wieder aus den USA. Der neue Vierzylinder besaß nun 1,2 Liter Hubraum und leistete bei 3400/min 22 PS, damit konnte eine Dauergeschwindigkeit von 80 km/h erreicht werden. Die Karosserieformen lehnten sich eng an die des Sechszylinders an, wobei es die aerodynamische Karosserie des »Regent« zusätzlich nun auch in dieser Klasse gab.

Damals und heute eine Rarität: Vom »Moonlight«-Roadster wurden nur 51 Exemplare gebaut.

1931 schien die große Wirtschaftskrise überwunden: Der »kleine« Sechszylinder verkaufte sich erstaunlich gut, und im Juni konnte Fritz Opel stolz vermelden, daß Opel mit nicht weniger als 77,6 Prozent am deutschen Autoexport beteiligt war. Ende Juli bereits sorgte dann der Zusammenbruch der »Darmstädter- und Nationalbank« für die nächste große Krise. Nach einer kurzen Werksstillegung führte nun auch Opel Kurzarbeit ein, aber trotzdem ging es den Rüsselsheimern noch immer besser als vielen anderen Herstellern, die Konkurs anmeldeten. General Motors ließ nun weltweit alle Beziehungen spielen, und von 1932 an hatten alle GM-Händler auf der Erde, die für ihre Kundschaft Klein- und Mittelklassewagen suchten, Produkte aus Rüsselsheim im Angebot. Es war daher nicht weiter erstaunlich, daß Fritz Opel von Japan über Shanghai bis nach Kalifornien und New York eine Opel-Niederlassung nach der anderen eröffnete. Und darüber hinaus wurden in Neuseeland, Australien, Indonesien und Indien sowie in ganz Südamerika neue Stützpunkte eingeweiht. Mit derartigen Aktivitäten bestritt Opel in diesem Jahr etwa zwei Drittel des deutschen Kfz-Exports, und es gelang daher, die Produktion wenigstens einigermaßen aufrecht zu erhalten. Um den alten sportlichen Glanz aufzupolieren, nahm man erneut an Zuverlässigkeitsfahrten teil – wie früher mit den besten Plazierungen.

Mit dem »1,2 Liter« baute Opel den populärsten Kleinwagen der 30er Jahre.

Für 2290 Reichsmark gab es auch ein »1,2 Liter Cabrio« mit 22 PS Leistung.

1933 ging es mit der deutschen Wirtschaft dann langsam bergauf: Nachdem 1932 mit 17 896 Personenwagen und 3086 Nutzfahrzeugen das absolute Tief erreicht war, konnten 1933 bereits 35 704 PKW und 3489 LKW ausgeliefert werden. 1933 war aber auch das Jahr, in dem die Nationalsozialisten im Januar an die Macht gekommen waren. Eines der erklärten Ziele des Reichskanzlers Adolf Hitler war die Konstruktion und der Bau eines »Volkswagens«, der dem deutschen Volk zu einem Preis von unter 1000 Mark die Massenmotorisierung bringen sollte. Für Opel schien die Lage klar: Wer sonst könnte diesen Wagen bauen, wenn nicht die Firma, die seit 1923 zum führenden Kleinwagenhersteller Deutschlands geworden war? Mit dem 1,2-Liter-Vierzylinder, dem noch 1932 eine 1,0-Liter-Variante folgte, reihten sich auch die Rüsselsheimer in die Liste der Bewerber ein. Mit nur noch drei Modellvarianten und weiter reduzierten Preisen, die sich nun zwischen 1880 und 2200 Reichsmark bewegten, machte sich Opel berechtigte Hoffnungen, den Zuschlag zu bekommen, zumal man auch bereits über existierende Produktionsanlagen verfügte.

Doch den »Volkswagen« durfte Opel nicht bauen

Dann ging der Auftrag, den »Volkswagen« zu entwickeln, jedoch an den in Stuttgart lebenden Österreicher Ferdinand Porsche, der sich nach Tätigkeiten bei verschiedenen Firmen – unter anderem auch von 1926 bis 1928 als Technik-Vorstand bei der »Daimler-Benz AG« – im Herbst 1930 mit einem eigenen Konstruktionsbüro selbständig gemacht hatte. Der Vater des Gründers der »Dr. Ing. h. c. F. Porsche AG« in Zuffenhausen überreichte am 17. Januar 1934 dem Reichsverkehrsministerium ein Exposé, das „den Bau eines deutschen Volkswagens" betraf. Porsche bekam für diesen Vorschlag den Zuschlag und entwickelte in den nächsten Jahren die VW-»Käfer«-Prototypen mit einem luftgekühlten Vierzylinder-Boxermotor, deren Nachfolger bis heute über die Straßen der Welt rollen. Die Ironie des Schicksals wollte es, daß der von den Nationalsozialisten so heißbegehrte »Volkswagen« in der von Ferdinand Porsche konstruierten Form in den folgenden Jahren nie als Massenmotorisierungsmittel zum Einsatz kam. Dagegen entwickelte sich der von Opel überarbeitete und immer weiter verbesserte »1,2 Liter« in den 30er Jahren zu dem »Volkswagen«, den die Herren in Berlin eigentlich von Ferdinand Porsche verlangt hatten. Bis zur

In Brandenburg an der Havel ließ Opel ein hochmodernes Nutzfahrzeugwerk aus dem Boden stampfen – hier ein Photo von 1938.

Ein großer Moment: Der erste »Blitz« verläßt das neue Werk Brandenburg.

Mit dem »2-Tonner« Blitz begann 1931 bei Opel ein neues Nutzfahrzeug-Zeitalter.

Der »Blitz« kam an allen Fronten zum Einsatz – hier in Bulgarien.

»Blitz«-Montage im Werk Brandenburg.

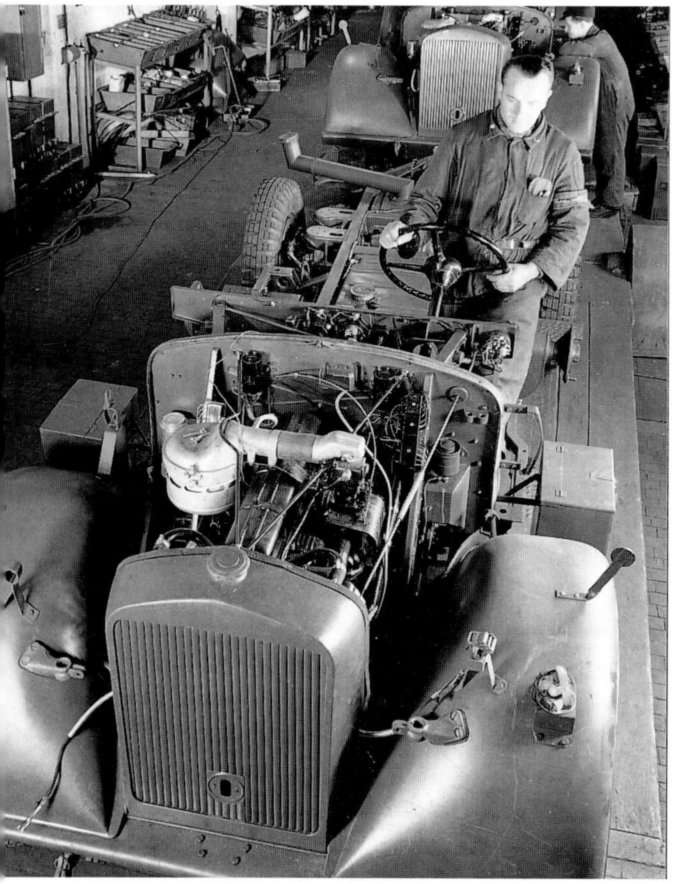

Produktionseinstellung im Herbst 1935 wurden nicht weniger als 101 563 Exemplare an glückliche und zufriedene Kunden ausgeliefert.

Was war der Grund, daß Opel mit seinem Exposé keinen Erfolg hatte? Hinter dieser Entscheidung verbargen sich wahrscheinlich verschiedene Ursachen: Ausschlaggebend dürfte gewesen sein, daß Adolf Hitler »seinen« Volkswagen zu einem Preis von unter 1000 Reichsmark haben wollte – also zu einem Preis, der völlig unrealistisch war. Latent hatte wohl auch die Tatsache mitgespielt, daß die Nationalsozialisten keine Fahrzeuge von einer Firma haben wollten, die in ausländischem Besitz war.

Ein neues Lastwagenwerk entlastete Rüsselsheim

Parallel zu dem erfolgreichen Geschäftsverlauf mit den Kleinwagen erwarb sich auch der »Opel Blitz« als leichtes Nutzfahrzeug einen nahezu legendären Ruf, der bis in die 70er Jahre halten sollte, und trug ebenfalls seinen Teil zur relativ erfreulichen Geschäftsentwicklung bei. Die Nachfrage nach diesen Modellen, die mit verschiedenen Radständen und einer Vielzahl von Aufbauten lieferbar waren, entwickelte sich derart rasant, daß Opel binnen acht Monaten in Brandenburg an der Havel ein neues modernes Nutzfahrzeugwerk aus dem Boden stampfen mußte, in dem die 2- und 2,5-Tonner

Als der Treibstoff rar wurde, rüstete man den »Blitz« mit Imbert-Holzgasanlagen aus.

Auf Wunsch des Militärs gab es für den »3-t-Blitz« ein Kettenlaufwerk.

montiert wurden. 1936 folgte dann noch der 3-Tonner mit dem 3,6-Liter-»Admiral«-Motor, der – nach den Vorschriften des Reichsverkehrsministeriums – als »geländefähiger« Opel Blitz »S« auf den Markt kam, wobei das »S« für »Standard« stand. Dieses Modell wurde bis zur Zerstörung des Werks in Brandenburg in mehr als 130 000 Exemplaren hergestellt, die von Opel auch mit Allradantrieb und als Halbkettenfahrzeug (unter der Bezeichnung »Maultier«) angefertigt wurden. Bereits 1946 nahm man in Rüsselsheim die »Blitz«-Produktion wieder auf und montierte den Wagen in den verschiedensten Entwicklungsstufen bis 1975. Und bis 1987 kamen die Opel-Nutzfahrzeuge aus dem britischen »Bedford«-Werk.

Auf dem Berliner Automobilsalon erklärte der neue Reichskanzler Adolf Hitler am 11. Februar 1933, daß er die »Volksmotorisierung« zu einem seiner wichtigsten Ziele erkoren habe. Und dazu beschloß die Regierung einige wichtige Gesetze: Die Autofahrer bekamen eine steuerliche Entlastung, ergänzend trat eine großzügige Subventionierung für den Straßenbau in Kraft, inklusive der Förderung der neu geplanten Autobahnen. Dazu erfolgte eine breite Unterstützung für den Motorsport. Opel reagierte auf seine Weise und förderte wieder offiziell den Breitensport – und was niemand erwartet hatte, traf schon im März 1933 ein: Dank der Beseitigung der Kfz-Steuer zum 1. April häuften sich plötzlich die Bestellungen, und die Werksleitung sah sich sogar gezwungen, die Sechstagewoche wieder einzuführen und Lieferfristen festzusetzen. Mitte Juli mußten bereits drei Schichten rund um die Uhr dafür sorgen, daß der Auftragsbestand abgebaut werden konnte. Daß gegen Ende des Jahres diese Sonderschichten wieder zurückgenommen und sogar die Vier-Tage-Woche wieder eingeführt wurde, stellte zwar einen unerwarteten Rückschlag dar – aber die Grundtendenz war klar: Es ging endlich wieder aufwärts.

Von 1934 an nahm die Produktion der Opel-Fahrzeuge in einem Maß zu, das auch die größten Optimisten nicht vorausgeahnt hatten. Zu verdanken war dies zwei überarbeiteten und modernisierten Modellen, die in ihren entscheidenden Details in Detroit entstanden waren. Neben dem »P 4«, der als Nachfolger des »1,2 Liter« mit seinen 1,1 Liter Hubraum und 23 PS zum Preis von 1650 Reichsmark an als Basismodell von 1935 bis 1937 im Angebot war, machten die neuen Modellbezeichnungen »1,3« und »2,0« allen aufmerksamen Beobachtern klar, daß man von nun an in Rüsselsheim auch wieder auf größere Motoren setzen wollte. Zu dieser höheren Leistung brachte Opel erstmals eine unabhängige Vorderradaufhängung sowie eine neue Rahmenbauweise, die dafür sorgte, daß die stärkeren Triebwerke noch weniger Gewicht zu beschleunigen hatten. So stiegen die Höchstgeschwindigkeiten beim 1,3-Liter-Vierzylinder von 80 auf 90 und beim 2,0-Liter-Sechszylinder von 90 auf 100 km/h.

Aber Opel arbeitete bereits an einem Nachfolger für den »kleinen« Vierzylinder, der 1935 als Opel »Olympia« vorgestellt wurde und die Produktion des »1,3 Liter«

bereits nach einem Jahr und 29002 Exemplaren beendete. Der »große« Sechszylinder verkaufte sich hingegen hervorragend: Er blieb bis 1937 im Programm, und wurde nach 52594 verkauften Fahrzeugen durch den »Super 6« ersetzt, der für einen geringen Aufpreis statt 1932 ccm nun einen völlig neu konstruierten Motor mit 2473 ccm Hubraum und 55 PS bot, die bei 3500/min anstanden. Dieser neue »Kurzhubmotor« besaß als erster Opel-Motor eine im Motorblock angeordnete Nockenwelle, die die hängenden Ventile über Stößelstangen steuerte – und er sollte seinen Dienst bis 1964 im »Kapitän« und bis 1965 im »Blitz« verrichten. Der »Super 6« und sein Nachfolger, der »Kapitän«, bescherten Opel in der gehobenen Mittelklasse einen riesigen Verkaufserfolg: Innerhalb kürzester Zeit war Opel damit zum größten Hersteller von Sechszylindern geworden.

Der »P 4« war von 1935 an das Basismodell der Rüsselsheimer.

Für 3600 Reichsmark bot die »2,0 Liter Limousine« ein Vierganggetriebe und 100 km/h.

Wasserfestes Cabrio: Der »2,0 Liter« besaß einen Sechszylindermotor mit 36 PS.

Mit dem »Olympia«, dessen Prototyp im Februar 1935 auf dem Berliner Automobilsalon seine Weltpremiere erlebte, schrieb Opel Technikgeschichte: Als erster deutscher Serienwagen mit einer selbsttragenden Ganzstahl-Karosserie war er zugleich weltweit das erste Auto seiner Kategorie, das alle Vorzüge dieser Bauweise in einem »Volkswagen« vereinigte. Das Werk selbst verkündete zum neuen »Olympia«: „Opel, seit jeher Vorkämpfer für die Versorgung weiter Kreise mit Voll-Automobilen zu volkstümlichem Preis, gibt der Motorisierung Deutschlands einen entscheidenden Aufschwung zu einem Zeitpunkt, in dem es gilt, eine Lücke im deutschen Markt auszufüllen. Die von früher her gewohnte Unterteilung zwischen Fahrgestell und Karosserie wird hinfällig. Das Gerippe der Karosserie ist wie eine Stahlbrücke aufgebaut, eine Ausführungsform, die bei geringstem Gewicht die mühelose Aufnahme großer Kräfte möglich macht. Dieses Gerippe besteht aus Profilträgern, die wie im Metallflugzeugbau miteinander verbunden sind."

Der Opel »Olympia« schrieb Technikgeschichte

Natürlich war den Insidern klar, daß der Passus von „der Lücke im Markt der Voll-Automobile zu volkstümlichen Preisen" eindeutig auf Ferdinand Porsche und dessen vom Staat initiiertes Projekt gemünzt war. Als die Produktion des »Olympia« im April des Olympia-Jahres 1936 in riesigen Stückzahlen anlief, hatte Porsche gerade seine ersten Prototypen auf Deutschlands Straßen entlassen.

Allerdings war es den Rüsselsheimern nicht geglückt, den von Adolf Hitler erwünschten Preis von 990 Mark zu erreichen: Der »Olympia« kostete 2500 Reichsmark. War der nur 835 Kilogramm schwere Wagen bis 1937 mit einem 1,3-Liter-Vierzylinder und 29 PS Leistung ausgerüstet, so wurde von 1938 an ein neuer 1,5-Liter-Vierzylinder montiert, dessen 37 PS den ungemein erfolgreichen und beliebten Wagen auf 110 km/h Höchstgeschwindigkeit beschleunigten. Während der leistungsschwächere Olympia 81661 mal vom Band lief,

Das berühmte gläserne »Opel Olympia«-Modell warb für den ersten deutschen Serienwagen mit einer selbsttragenden Ganzstahl-Karosserie.

brachte es die stärkere Version dann bis zur Produktionseinstellung 1940 noch auf 87 214 Exemplare. Eine stolze Zahl, die ihren Teil dazu beitrug, daß die von Alfred P. Sloan am 18. Oktober 1929 prognostizierten Produktionsziffern, damals von den Händlern noch mit mildem Spott kommentiert, bereits 1938 mit 140 580 Fahrzeugen nahezu erreicht worden waren. Wäre der Krieg nicht ausgebrochen, hätte Opel diese versprochenen 150 000 noch in den 30er Jahren überschreiten können.

„Das Gerippe besteht aus Profilträgern, die wie im Metallflugzeugbau miteinander verbunden sind", so erklärte Opel das Konstruktionsgeheimnis des »Olympia« 1935.

1938 kam die zweite »Olympia«-Generation auf den Markt – und erstmals gab es auch einen Viertürer.

Der 500 000ste Opel flog im Zeppelin nach Rio

Natürlich bot sich die selbsttragende Ganzstahl-Karosserie auch für die anderen Modelle an. 1936 kam prompt der »Kadett« als Opels Kleinster mit dieser Konstruktionstechnik neu auf den Markt. Der »Kadett« war mit seinem Kaufpreis von 2100 Reichsmark gewissermaßen das Einstiegsmodell für den »Olympia«. Der Antrieb wurde hier von dem aus dem »P 4« bekannten 1,1-Liter-Reihenvierzylinder mit 23 PS übernommen, der dem nur 757 Kilogramm schweren »Kadett« zu 98 km/h Höchstgeschwindigkeit verhalf. Wie nicht anders zu erwarten, entwickelte sich auch der »Kadett« zu einem Verkaufsschlager: Bis zur Produktionseinstellung im Jahr 1940 wurden von den begeisterten Händlern 107 608 Exemplare an die Kundschaft verkauft.

Opel hatte sich in den 30er Jahren zu der wichtigsten und größten Automobilfabrik des Deutschen Reichs entwickelt; die Verantwortlichen überraschten die Öffentlichkeit immer wieder mit neuen Werbeideen, die den Namen des Autoherstellers in alle Welt trugen. Und dies konnte man wörtlich nehmen, denn im Sommer 1936 wurde der 500 000ste Opel seit dem Beginn der Produktion im Jahr 1899 – ein neuer »Olympia« – im Rumpf des Luftschiffs »Hindenburg« als erstes »fliegendes Automobil der Welt«

Ein unbezahlbarer Slogan: »Opel – der Zuverlässige«.

nach Rio de Janeiro transportiert. In diesen Jahren schuf Opel mit einer Unternehmens-Werbekampagne ein neues Anzeigengenre, das bis heute seine Gültigkeit behalten hat. Eines der Motive mit der Überschrift »Systematische Unbarmherzigkeit« bekam den Text: „So wie das Röntgenbild den inneren Aufbau des menschlichen Körpers zeigt, so offenbart die Spektralanalyse, wie sie bei der Prüfung des Opel-Materials angewandt wird, jede Einzelheit des verwandten Rohstoffs: seine Zusammensetzung und damit seine Eigenschaften. Und mit dieser Spektralanalyse wird unbarmherzig immer wieder geprüft, denn Opel hat mit seinem Material draußen in einer rohstoffgesättigten Welt zu konkurrieren." Und daneben prangte unübersehbar der Slogan, der das hessische Unternehmen groß gemacht hatte: „Opel – der Zuverlässige."

Auf Anhieb ein Bestseller: Der »Kadett« kam 1936 auf den Markt.

Dank der Fließbandproduktion kostete der »Kadett« nur 2100 Reichsmark.

Mit neuer Kühlerform: Die zweite »Kadett«-Generation wurde offensichtlich hart getestet.

Weitere Beispiele solcher Selbstdarstellung folgten, die auch heute noch überzeugen: »Schöpferische Unzufriedenheit«, »Mit 10 000 Ampère auf der Jagd nach Metallrissen«, »Der künstliche Hosenboden« und »Hier werden die teuersten Autos gebaut«, in denen Opel einen kleinen Einblick in die Arbeit der Entwicklungsabteilung gab und die Leser dabei wissen ließ, daß die ersten, von Hand gefertigten Modelle neuer Automobilgenerationen »bis zu 500 000 Mark« wert seien – ein damals kaum vorstellbarer Betrag für ein Auto. Mit der Schlagzeile »Export, Export« machte Opel aber auch darauf aufmerksam, daß man tagtäglich in alle Welt lieferte. Tatsächlich trugen die Rüsselsheimer mit dem Export ihrer Modelle (bis zu 31 Prozent der Produktion gingen ins Ausland) nicht unerheblich dazu bei, daß ihr Unternehmen ein erfreulicher Devisenbringer war. Die herrschende Regierung sah diese Entwicklung mit einem lachenden und einem weinenden Auge: Einerseits schätzte man die Devisen, die der Export in die Kassen brachte, andererseits war der Betrieb

Geländesportveranstaltungen hatten im Dritten Reich einen hohen Stellenwert: Opel trat mit dem »2 Liter Geländesportwagen« – hier mit Carl von Guilleaume am Steuer – oft und erfolgreich an.

Der kleine Reihensechszylinder des »2 Liter« war wegen seines großen Drehmoments bei den Fahrern sehr beliebt.

Zum 75. Firmenjubiläum stellte Opel 1937 das neue Spitzenmodell, den »Admiral« vor – besonders elegant: das Cabriolet.

Der »Admiral« bot 3,6 Liter Hubraum und 75 PS – und kostete 6500 Reichsmark.

Mit 2,5 Liter Hubraum und 55 PS Leistung war der »Super 6« der perfekte Wagen für den, der einen »großen« Opel für nur 3350 Reichsmark erwerben wollte.

jedoch im Besitz eines ausländischen Unternehmens, dem man nicht auch noch Gewinne zukommen lassen wollte. Aber 1936 konnten der Staat und Opel noch mit diesen Problemen leben: Für den »Olympia« und den »Kadett« hatte man nur wenig Konkurrenz zu fürchten, und die vielen Siege und Plazierungen bei den immer beliebter (und härter) werdenden Zuverlässigkeitsfahrten steigerten das Renommee derart, daß sich der Slogan »Opel – der Zuverlässige« nun endgültig durchsetzte. Am Ende dieses Jahres hatte Opel in allen Werken 120 852 Fahrzeuge gebaut und war zum größten deutschen Automobilhersteller geworden. Der erwirtschaftete Reingewinn lag bei 19,9 Millionen Reichsmark.

Am 17. Februar 1937 präsentierte Opel auf der Berliner Automobil- und Motorradausstellung zwei neue Modelle, die zeigten, daß man nun auch wieder in der Oberklasse mitzuspielen gedachte: Mit dem »Super 6« und dem »Admiral« erfuhr die Modellpalette zum 75jährigen Firmenjubiläum die Ergänzung, auf die Händler und Kunden schon gewartet hatten.

Beide Fahrzeuge verfügten über den bereits erwähnten »Kurzhubmotor« mit hängenden Ventilen, wobei der »Super 6«-Käufer zum Basispreis von 3350 Reichsmark 2473 ccm Hubraum und 55 PS erhielt, während der »Admiral«-Interessent für die Limousine mit 3,6 Liter Hubraum und 75 PS immerhin 6500 Reichsmark bezahlen mußte – das äußerst elegante Cabriolet kostete sogar 7000 Reichsmark. Da die neuen Sechszylinder nicht über die selbsttragende Karosserie der kleineren Vierzylinder verfügten, sondern mit einem Preßstahlrahmen und den darauf montierten Karosserien noch nach den alten Methoden gefertigt wurden, fand sich nun auch wieder eine Vielzahl der renommierten Karosseriefirmen bereit, für wohlbetuchte Kunden Sonderkarosserien aufzubauen, die heute zu den gesuchten und dementsprechend teuren Raritäten gehören.

Der Neue wurde mit einem „Jawoll, Herr Kapitän“ begrüßt

Natürlich kam der »Admiral« als teures Spitzenmodell nicht auf große Stückzahlen – aber das erwarteten seine Schöpfer auch gar nicht von ihm. Er sollte lediglich demonstrieren, daß Opel sehr wohl in der Lage war, auch Spitzentechnik zu konstruieren und anzubieten. Dennoch wurden zwischen 1937 und 1939 immerhin 6404 Exemplare ausgeliefert – ein Beweis dafür, daß es selbst in den immer schwieriger werdenden Zeiten noch Käufer für Luxusfahrzeuge gab. Der »Super 6« dagegen konnte in wesentlich größeren Stückzahlen produziert werden: Von ihm wurden bis zum November 1938, als sein Nachfolger, der »Kapitän«, dann ans Ruder kam, nicht weniger als 46 453 Stück verkauft. Ermutigt durch die großen Auftragseingänge, hatte Opel die Konstruktion des »Kapitän« vorangetrieben, der nun – wie auch »Kadett« und »Olympia« – über eine selbsttragende Ganzstahl-Karosserie verfügte und auf einer für sechs Millionen Reichsmark errichteten Fertigungsstraße gebaut wurde. Dank dieser hochmodernen Bauweise konnte der »Super 6«-Nachfolger bei nahezu identischem Gewicht den Insassen und ihrem Gepäck deutlich mehr Raum und Komfort zur Verfügung stellen. In diesen Tagen tauchte auch erstmals ein Thema auf, dem sich die Autoproduzenten bis dahin noch nicht sehr intensiv gewidmet hatten: die Sicherheit. „Ein Stahlpanzer umgibt die Insassen; seine Festigkeit beträgt ein Vielfaches der heute sonst noch allgemein üblichen Bauweise, bei der Chassis und Karosserie getrennt und nur durch Schrauben miteinander verbunden sind“, so schwärmten die Opel-Verantwortlichen von ihrem neuesten »Kind«. Dazu bekam der »Kapitän« vorn eine Einzelradaufhängung, einen Stabilisator und hydraulische Stoßdämpfer sowie eine Warmwasserheizung mit elektrischem Gebläse und Defrosterdüsen an der Windschutzscheibe – heute eine Selbstverständlichkeit, damals eine Sensation. Innen sorgten großzügig gepolsterte und eine auch während der Fahrt verstellbare vordere Sitzbank zusammen mit den gepolsterten Armlehnen für Komfort, und der große Zentraltachometer bereitete der Vielzahl kleiner, über das Armaturenbrett verstreuter Instrumente ein Ende. Und erstmals tauchte ein neues, bislang unbekanntes Detail an einem Opel auf: „Die »Tonschlitze« sind für den »Schallauslaß« der »Tonquelle« vorgesehen“, so informierte der Prospekt den Kunden darüber, daß von nun an auch das Autoradio und seine Lautsprecher in den »Kapitän« Einzug gehalten hatten.

Die Karosseriefirma »Hebmüller« baute 1938 auf der Basis des »Admiral« dieses wunderschöne Cabriolet.

Die Presse war begeistert: Für die »Kasseler Neuesten Nachrichten« war der »Kapitän« „ein Spitzenwerk der deutschen Autoindustrie schlechthin“, und die »Leipziger Neuesten Nachrichten« begrüßten den Wagen mit einem „Jawoll, Herr Kapitän“ und kamen zu dem Resümee „ein Wagen für jeden Zweck, für jedes Geschlecht, für jedes Land“. Die Kundschaft sah das offenbar genauso, denn innerhalb der verbleibenden wenigen Monate bis zum Ausbruch des Zweiten Weltkriegs wurden noch 25 374 Fahrzeuge zu Preisen zwischen 3575 (zweitürige Limousine) und 4325 Reichsmark (Cabriolet) gebaut und verkauft. Opel hatte sich in diesem Jahrzehnt mit seiner modernen Modellpalette einen derart großen Marktanteil sichern können, daß der Vorstand auf dem Berliner Automobilsalon mit Fug und Recht erklärte: „Mit nicht weniger als 23 Personenwagen und 45 Geschäfts- und Lastwagen beweisen wir unsere Leistungsfähigkeit und demonstrieren: Opel erfüllt vom P 4 bis zum Admiral, vom Geschäftswagen bis zum Niederrahmenfahrgestell für Sonderaufbauten jeden Wunsch für jeden Geldbeutel und für jeden Zweck...“

1938 löste der neue »Kapitän« den »Super 6« ab. Rechts: »Kapitän«-Produktion 1939.

Aber der nahende Krieg begann allmählich seine Schatten auf ein Unternehmen zu werfen, dem die herrschende Partei immer deutlicher machte, daß es im Besitz der falschen Herren war. Da die Bürokratie noch stets in der Lage war, ihrer Mißbilligung mit Schikanen Ausdruck zu verleihen, wurde der Papierkram immer größer, den es zu erledigen galt, wenn ein Fahrzeug verkauft oder gar exportiert werden sollte. So berichtete ein leitender Angestellter des Opel-Werks 1940 davon, daß sich nicht weniger als 240 Regierungsstellen in die Angelegenheiten des Werks einmischten und für die Ausfuhr eines einzigen Wagens 54 individuelle Anträge gestellt und genehmigt werden mußten – dabei benötigten die Nationalsozialisten doch andererseits dringend Devisen, um ihre Rüstungspolitik finanzieren zu können.

Der Weltkrieg bedeutete das Ende der PKW-Produktion

Im Mai 1940 wurde die Produktion des »Kadett« eingestellt, die Produktion des luxuriösen »Admiral« war bereits im Oktober 1939 beendet worden. Im Juni 1940 traten dann die erwarteten großen Probleme ein: Die Reichsregierung forderte die Opel-Werke ultimativ auf, die Produktion vollständig auf Rüstungsgegenstände umzustellen – eine Forderung, die von den amerikanischen Besitzern kategorisch abgelehnt wurde. Und bevor die nationalsozialistische Regierung auf diese schroffe Ablehnung reagieren konnte, gab General Motors jede Verantwortung für die Opel-Werke und ihre Produktionsstätten ab. Die Amerikaner hatten völlig realistisch erkannt, daß sie von nun an in Deutschland nichts mehr zu sagen hatten. Der Konzernchef William S. Knudsen erklärte im Namen der Firma: „Nicht ohne Bedauern müssen wir feststellen, daß Herr Hitler gegenwärtig Chef in unserem deutschen Tochterunternehmen ist…“

Dieser Affront bedeutete natürlich das Ende der Automobilproduktion, auch wenn man sich noch mit aller Macht darum bemühte, für die Statistik den einmillionsten Opel-Personenwagen zu bauen – was dann im Oktober 1940 geschah. Wenige Wochen später wurden die »Olympia«- und »Kapitän«-Fließbänder angehalten. Nach der Herstellung von 1 003 585 Automobilen rollten bei Opel nur noch »Blitz«-Lastwagen aus dem Werk Brandenburg. Erst 1947 sollten wieder die ersten 20 Personenwagen montiert werden.

Weder Opel noch das ebenfalls in amerikanischem Besitz befindliche Ford-Werk in Köln bekamen während des Krieges

Aufträge für die Rüstungsproduktion. Wahrscheinlich galten beide Firmen mit ihren noch immer bestehenden Auslandsbeziehungen als nicht vertrauenswürdig genug, um hochtechnisches Kriegsmaterial zu fertigen. So wurde das Werk in Rüsselsheim unter die Verwaltung des Reichs gestellt, die mit Millionenbeträgen errichteten Fließbänder mußten abgeschrieben werden. Nur das »Opel Blitz«-Werk in Brandenburg lieferte eine Rekordschicht nach der anderen: Weit über 100 000 dieser leichten Nutzfahrzeuge wurden in den verschiedensten Varianten, vom Mannschaftstransporter über eine Sanitätsversion bis hin zum Allrad-»Blitz«, der mit voller Nutzlast Steigungen bis zu 70 Prozent bewältigte, an die Wehrmacht ausgeliefert. Dieser Universaltransporter wurde auch als Funkwagen und Feldküche, als Feuerwehrwagen und als Zugfahrzeug für leichte Geschütze eingesetzt. Da von 1938 an der 3,6-Liter-Sechszylinder des »Admiral« montiert wurde, besorgten sich viele höhere Dienstgrade auch gleich einen »Admiral« als Dienstwagen, der von dieser Teilegleichheit profitierte. So ist es nicht verwunderlich, daß von diesem Opel-Modell nur verschwindend wenige Exemplare den Krieg überdauerten.

„Hier werden nie wieder Automobile produziert“

Von 1942 an gab es den »Blitz« dann auch mit einem Kettenlaufwerk an der Hinterachse, und ein Jahr später sorgte der Treibstoffmangel für den Montagebeginn von Holzgas-Anlagen, die den »Blitz« weiter durch Europa trieben. Da der Bedarf an diesem leichten Nutzfahrzeug offensichtlich unersättlich war, schloß die »Daimler-Benz AG« auf Wunsch der Regierung am 18. Juli 1942 mit »Opel« Lizenzverträge zum Nachbau des Modells im Werk Mannheim. Da die Stuttgarter über diesen Befehl nicht sonderlich erfreut waren, verzögerten sie den Baubeginn bis 1943, dann hatten sie sich aber doch zu beugen und begannen mit dem Bau des »L701«, wie die Opel-Konstruktion bezeichnet wurde. Aber man weigerte sich, an den Fahrzeugen auch nur an einer Stelle den Namen »Opel« auftauchen zu lassen. So schlecht kann der Wagen nicht gewesen sein, denn Daimler-Benz fertigte ihn sogar bis 1949 in Mannheim weiter. Wie bereits erwähnt, entstanden bei Opel außer dem »Blitz« keine Militärfahrzeuge; allerdings sollte noch auf das »Kettenkrad« hingewiesen werden, das von NSU entwickelt und gebaut und von dem 1,5-Liter-Vierzylinder des »Olympia« angetrieben wurde.

Das Werk in Rüsselsheim fertigte nach der PKW-Produktionseinstellung von 1941 an Ladeluftkühler für Flugzeugmotoren der Junkerswerke, beschußsichere Flugzeugtankzellen und eine Vielzahl von Teilen für den Flugzeugbau. So wurden die Kanzeln für die »Ju 88« ebenso bei Opel montiert wie Flugzeugfahrgestelle und Tragflächenbefestigungen. Als Deutschland dann am 11. Dezember 1941 – nachdem die Japaner am 7. Dezember den US-Marine-Stützpunkt Pearl Harbour auf Hawaii angegriffen hatten – zusammen mit Italien als Verbündete des Tennos den USA den Krieg erklärten, beorderten die Nationalsozialisten sofort einen »Reichskommissar für feindliches Vermögen« nach Rüsselsheim, der die Aufgabe hatte, Produktion und Linientreue zu überwachen. Anwesenheitskontrollen und massive Propaganda sollten die Arbeitsmoral sichern, schließlich galt das Opel-Werk schon seit den ersten kleinen Streiks im Jahr 1936 – bei denen die Arbeiter auch massiv gegen Adolf Hitler protestiert hatten – als »gefährdet«. Von 1941 an bildeten sich erste antifaschistische Widerstandsgruppen, die allerdings bald von der Gestapo aufgedeckt und deren Mitglieder verhaftet wurden.

Natürlich war den Alliierten bekannt, daß sowohl in Brandenburg als auch in Rüsselsheim Nutzfahrzeuge und Zulieferteile für die Rüstungsindustrie gefertigt wurden, deshalb zerstörte eine britische Bomberstaffel am 6. August 1944 das Werk Brandenburg nachhaltig. Nachdem in diesem Monat auch eine Serie von Bombenangriffen auf Rüsselsheim begonnen hatte, lag das Stammwerk bei der Kapitulation im Mai 1945 in Trümmern. Amerikanische Zeitungen veröffentlichten Luftaufnahmen mit der Überschrift: „Hier werden nie wieder Automobile produziert.“

Während des Krieges wurden bei Opel unter anderem die Kanzeln für die Bordschützen in Flugzeugen gebaut.

Ein Bild aus dem Jahr 1943: Hier wurden beschußsichere Flugzeugtankzellen gefertigt.

»Opel« darf für sich in Anspruch nehmen, daß man nicht nur bei der Technik, sondern auch in der Werbung zu den kreativsten Firmen überhaupt gehörte – hier eine Auswahl an Plakaten aus den 30er Jahren.

9

Das Ende, das ein Anfang war

Am 15. Juli 1946 verläßt der erste Opel »Blitz« die noch größtenteils zerstörten Werkshallen – und während die Russen das demontierte »Kadett«-Werk nach Moskau verfrachten, beginnt im Dezember 1947 in Rüsselsheim die Produktion des »Olympia«. Am 1. November 1948 übernimmt dann »General Motors« offiziell wieder die Unternehmensführung – und mit dem amerikanischen Know-how erlebt Opel einen rapiden Aufstieg.

Am 8. Mai 1945 unterzeichneten die Deutschen in Berlin-Karlshorst die Kapitulationsurkunden, und in diesen Notzeiten, in denen jeder um das nackte Überleben kämpfte, waren neue Automobile nun wirklich das letzte, woran die Menschen dachten. Dieses Jahr sollte daher auch in die Geschichte des Opel-Automobilbaus als das Jahr eingehen, in dem weder ein PKW noch ein Nutzfahrzeug gebaut wurden. Bei den Personenwagen war die Lage verhältnismäßig klar: Nachdem die Produktion 1941 auf elf Fahrzeuge reduziert wurde, konnten zwar 1942 noch 49 und ein Jahr später weitere elf PKW aus Ersatzteilen aufgebaut werden, aber in diesem Geschäftsbereich sollte der Bau von Neufahrzeugen noch bis 1947 auf sich warten lassen. Die beim Heer so beliebten »3-Tonner-Blitz«-Nutzfahrzeuge konnten aber bis in die letzten Kriegstage – nach den schweren Luftangriffen auf das Werk Brandenburg im Sommer 1944 wurde die Produktion auch in dem Daimler-Benz-Werk Mannheim aufgenommen – noch in erstaunlichen Stückzahlen gefertigt werden.
Die Produktion bei Mercedes-Benz war übrigens auf Betreiben von Jakob Werlin, einem Vorstandsmitglied der Mercedes-Benz AG, erfolgt, der bereits 1942 – offenbar ohne Wissen seiner Stuttgarter Vorstandskollegen – in Berlin vorgeschlagen hatte, im Werk Mannheim statt des Mercedes-Benz-Modells den »Opel« zu bauen. Das Rüstungsministerium stimmte zu, und so mußte der

MB-Vorstandsvorsitzende Wilhelm Kissel zähneknirschend einwilligen; eine eigene Neuentwicklung war zwar in Arbeit, aber noch nicht serienreif. Selbst 1944 erhielt die Armee noch 16 146 Exemplare ausgeliefert. Zwar wurden auf höheren Befehl alle Anstrengungen unternommen, die Fertigung in Brandenburg wieder in Gang zu setzen, als dann aber die Produktion wieder anlaufen konnte, stand die Rote Armee vor den Werkshallen und stoppte die Bänder endgültig. Der »kleinere« Bruder – der »1,5-Tonner-Blitz« – war dagegen in Rüsselsheim gefertigt worden. Nach 3336 Fahrzeugen im Jahr 1941 lief dann im Herbst des Jahres 1942 der letzte von 789 Exemplaren des »kleinen« Blitz von den Bändern. Diese Aufteilung in »große« und »kleine« Nutzfahrzeuge sollte später auch dazu beitragen, daß Opel nach dem Verlust der Brandenburger Produktionsanlagen bereits 1946 wieder in Rüsselsheim mit der Produktion des »kleinen« Blitz beginnen konnte.

In Rüsselsheim fanden die einrückenden Alliierten einen großen Trümmerhaufen vor: Etwa 50 Prozent der Gebäude waren mehr oder minder zerstört, der Maschinenpark zum großen Teil unbrauchbar. Die Geschäftsleitung hatte Hausverbot, und die ehemaligen Fremdarbeiter, die in Rüsselsheim gearbeitet hatten, waren in ihre Heimatländer zurückgekehrt oder sahen – wenn sie das nicht wollten oder konnten – als »Displaced Persons« einer ungewissen Zukunft entgegen. Wie überall in Deutschland waren es vornehmlich ältere Mitarbeiter, »Unabkömmlich«-Gestellte, Leichtverwundete und Frauen, die sich »als Männer der ersten Stunde« daranmachten, die Trümmer zu beseitigen. Mit der Heimkehr der ersten Kriegsgefangenen aus den riesigen Lagern westlich des Rheins besserte sich dann die Lage.

Im Werk Brandenburg, das nun in der sowjetischen Zone des viergeteilten Deutschland lag, war die Sachlage klar: Hier demontierten die Russen die gesamten Anlagen, und dieses Werk verschwand von den Werkzeugen bis zu den Wasserhähnen auf unzähligen Zügen nach Rußland, als ob es nie bei Berlin existiert hätte. Es muß aber bei den Plänen, dieses funktionsfähige Werk wieder neu aufzubauen, geblieben sein. Denn Rußland-Besucher konnten noch jahrelang an der Eisenbahnstrecke nach Moskau die Waggons mit der zerlegten »Blitz«-Fabrik betrachten, die dort langsam, aber sicher verrotteten – die Produktionsanlagen wurden nie montiert.

Mit der Ersatzteilfertigung hielt sich Opel über Wasser

Zwar war auch in Rüsselsheim die Zukunft einige Monate lang unklar, doch fanden sich bereits eine Woche nach der Kapitulation die schon erwähnten »Männer der ersten Stunde« ein, die sich mit Hilfe einiger notdürftig reparierter Opel-»Blitz« daranmachten, erst einmal auf dem Werksgelände für Ordnung zu sorgen. Bald war die erste zerbombte Halle wieder soweit instand gesetzt, daß eine kleine Fertigung von Ersatzteilen anlaufen konnte. Mit diesen Teilen und der Improvisationskunst der Mechaniker wurden dann die ersten Fahrzeuge repariert und zum Laufen gebracht.

Das amerikanische Mutterhaus hatte in dieser Zeit gegenüber dem Opel-Werk eine eher zwiespältige Haltung: Unzweifelhaft waren während der nationalsozialistischen Regierung in Rüsselsheim Teile für die Rüstungsindustrie gefertigt worden – die dann gegen die Alliierten zum Einsatz kamen. Andererseits hatte General Motors – insbesondere nach der Kriegserklärung der USA – ja nie eine Chance gehabt, das Unternehmen selbständig und frei zu führen. Und das war auch einer der Gründe, warum General Motors gegen eine beachtliche finanzielle Entschädigung alle eventuellen Regreßansprüche an den amerikanischen Staat verkauft hatte. Da das Rüsselsheimer Werk nun gewissermaßen im Besitz der Vereinigten Staaten war, konnte die US-Regierung auch den Befehl geben, das Werk bombardieren zu lassen. Zu diesem Zeitpunkt führte General Motors die Firma Opel nur noch mit einem Dollar Buchwert in den Büchern.

Als die amerikanische Besatzungsregierung in Frankfurt dann die Verwaltung des Werks treuhänderisch übernahm und den Angestellten auch offiziell genehmigte, ihre Ersatzteilfertigung und Reparaturen vorzunehmen, waren zunächst einmal alle Beteiligten zufrieden. Die Amerikaner wußten die Qualität der deutschen Handwerker durchaus zu schätzen, denn sie schickten beschädigte und reparaturbedürftige Wagen aus ihrem Bestand nach Rüsselsheim, damit diese hier auf Vordermann gebracht werden konnten. Vom Sommer 1945 bis zum Mai 1948 wurden so nicht weniger als 1516 Fahrzeuge repariert und lackiert.

Im Sommer 1946 kam jedoch der nächste Schlag: Aufgrund einer Abmachung zwischen den Siegermächten durften die Russen nun in Rüsselsheim damit beginnen, die Produktionseinrichtungen für den »Kadett« zu demontieren. Obwohl die Bombenangriffe viel zerstört hatten, fanden die russischen Beauftragten noch so viele Maschinen und Werkzeuge vor, daß der Zug, der die »Kadett«-Fertigungsstraße ins ferne Rußland entführte, immerhin aus 59 vollbeladenen Waggons bestand. Endstation war Moskau: Hier errichteten die Sowjets eine völlig neue Autofabrik, in der vom Sommer 1947 an der »Kadett« als »Moskwitsch 400« vom Band lief. Dem bei Opel konstruierten Wagen sollte im Osten ein langes Leben beschieden sein: Der »Moskwitsch« wurde bis 1959 gebaut – und von 1950 an zum Dumpingpreis in den Westen exportiert. So brachte der »Kadett« den neuen Fabrikbesitzern – die in der Werbung gern darauf hinwiesen, daß die Ersatzteile bei jedem Opel-Händler erworben werden konnten – auch noch die heißbegehrten Devisen.

Natürlich hätten die Russen auch gerne die Produktionsanlagen für den »Olympia« und die LKW-Motoren mitgenommen. Dies stieß aber auf den erbitterten

Ein historischer Moment: Der erste Nachkriegs-Opel läuft vom Band (oben).

Der Opel »Blitz« sorgte wieder für Beschäftigung (oben rechts).

Widerstand der Amerikaner, die – nach längeren Diskussionen – sich nun endlich entschieden hatten, wie sie die Zukunft des deutschen Volkes gestalten wollten. Mittlerweile war der »Morgenthau-Plan« abgelehnt worden, der vorsah, Deutschland in ein reines Agrarland zurückzuverwandeln. Statt dessen sollte nun der »Marshall-Plan« mit seinen immensen Investitionen dafür sorgen, daß aus dem zerstörten Land wieder ein Industriestaat erwachsen konnte, der seinen Part zum Welthandel beitragen könnte. Allerdings war es General Motors offiziell nicht gestattet, die Rüsselsheimer wieder in den Werkverbund einzugliedern, denn noch bestimmte allein die Militärregierung. GM unterstützte nun die Opel-Werksangehörigen mit großen Mengen von »Care-Paketen«, die mit dazu beitrugen, daß der Hunger etwas gelindert werden konnte. Die Militärregierung war es auch, die Anfang 1946 die Genehmigung gab, wieder mit der Produktion von leichten Nutzfahrzeugen zu beginnen. In diesem Zusammenhang sollte gesagt werden, daß sich die Franzosen ebenfalls für die Opel-Produktionsanlagen interessierten – allerdings waren hier die Verbindungen zwischen der amerikanischen Militärregierung und General Motors doch zu gut, als daß es mit den Franzosen zu ernsthaften Verhandlungen gekommen wäre.

Der erste »Blitz«-Käufer kam aus Wiesbaden

Mit der Improvisationskunst und dem Geschick der alten Meister gelang es in den darauffolgenden Monaten, nicht nur die unter Schutt verborgenen Maschinen zu bergen und zu reparieren, sondern auch die teilweise fehlenden Werkzeuge mühsam nachzubauen. Als der erste 1-Tonner-»Blitz« am 15. Juli 1946 die Werkshalle verließ, begann sich in Rüsselsheim neuer Optimismus zu regen. Der erste Kunde stand schon bereit: Ein Wiesbadener Unternehmer hatte für den von einem 55 PS starken 2,5-Liter-Reihensechszylinder angetriebenen »Blitz« 6600 Reichsmark bezahlt. Der Sechszylinder entpuppte sich übrigens als ein alter Bekannter: Es handelte sich um den Motor, der 1938 erstmals im »Kapitän« zum Einsatz gekommen war. Allerdings hatte man ihn jetzt, den Zeiten entsprechend, in zwei Varianten im Programm: als »Benziner« und (gegen Aufpreis) mit einem Holzgasgenerator. Bis zum Ende dieses Jahres konnten noch weitere 839 »Blitz«-Nutzfahrzeuge ausgeliefert werden. Zur Jahreswende sah man in Rüsselsheim der Zukunft bereits mit Zuversicht entgegen. Händler und Kunden stellten denn auch immer häufiger die Frage, wann endlich wieder mit einem »Opel«-Personenwagen gerechnet werden dürfe.

Noch untersagte allerdings das Besatzungsstatut den Bau von Personenwagen mit mehr als 1,5 Liter Hubraum, und der alte »Kapitän«-Sechszylinder besaß sogar 2,5 Liter. Dazu kam, daß man bei

Unter dem Zeichen des »Blitzes«: Werbung für den Opel »Blitz«.

General Motors selbst auch noch nicht so genau wußte, was man mit diesem Werk im zerbombten Deutschland eigentlich anfangen sollte. Der Werksleitung blieb also gar nichts anderes übrig, als sich auf den »Olympia« zu besinnen, der mit seinem 1,5-Liter-Vierzylinder einerseits das Besatzungsstatut nicht verletzte und andererseits die Muttergesellschaft in Detroit von allen Überlegungen befreite, woher man das Geld für eine Neukonstruktion nehmen sollte. Natürlich hatten die Ingenieure den Ehrgeiz, dem ersten Nachkriegs-Opel einige der Schwächen auszutreiben, die man mittlerweile – zwölf Jahre nach der Premiere – erkannt hatte. Also bekam der neue »Olympia« eine überholte Vorderachse, die sich eng an die des »Kapitän« anlehnte, und die Lenkung wurde dieser Konstruktion angepaßt. Und während vom Frühling 1947 an der »Olympia« technisch wieder »auf Vordermann« gebracht wurde, räumten die Werksangehörigen die alte Montagestraße frei und richteten die Werkzeuge und Pressen für eine kleine Serienproduktion her.

20 Fahrzeuge sollten noch im Dezember dieses Jahres ausgeliefert werden, und von Januar 1948 an ging es langsam, aber stetig mit der Produktion bergauf. Als dann im Februar erstmals nach dem Krieg wieder eine Abordnung aus Detroit nach Rüsselsheim kam, um für den General Motors-Vorstand eine Expertise über den Zustand und eventuelle Zukunftschancen des Unternehmens zu erstellen, kehrte sie mit recht positiven Eindrücken in die USA zurück. Trotz fehlender Materialien und eines noch immer stark zerstörten Werks lief die Serien-Produktion von »Blitz« und »Olympia« erstaunlich gut, und die beachtlichen Auftragsbestände ließen darauf schließen, daß Opel durchaus noch eine Zukunft hatte. Das im März erstellte Resümee stellte klar: Mit der entsprechenden Unterstützung könnte Opel wieder zu der Stärke zurückfinden, die es vor dem Krieg besessen hatte. Der Finanzausschuß des amerikanischen Autokonzerns beurteilte die Sachlage aber in einem Beschluß am 5. April offenbar etwas differenzierter: „Im Hinblick auf die vielen Ungewißheiten bezüglich des Betriebs dieses GM-Besitzes sieht es die Gesellschaft im gegenwärtigen Zeitpunkt nicht als gerechtfertigt an, die Verantwortlichkeit für die Betriebsführung des Opel-Werks zu übernehmen."

Alfred P. Sloan las den Bericht aus dem fernen Deutschland wohl mit Freude, mit der Aussage seiner konservativ eingestellten Kollegen aus der Finanzabteilung hatte er aber seine Probleme – für ihn war Deutschland langfristig wieder ein interessanter Markt. Andererseits machten ihn seine Vorstandskollegen darauf aufmerksam, wieviel Geld man mit dem Kauf von Opel bereits verloren hatte – wer sollte GM nun davor schützen, ein weiteres Mal in ein Unternehmen in einem Land zu investieren, dessen Zukunft noch in den Sternen stand?

Die Lösung von Alfred P. Sloan: eine zweijährige Probezeit

Sloan schlug eine zweijährige »Probezeit« vor, in der das Wirtschaftswachstum in Deutschland beobachtet werden sollte. Parallel dazu erklärte der GM-Chef: „Selbstverständlich müssen Kredite zur Verfügung gestellt werden, und in Fragen der Personalpolitik und der Verwaltung muß Opel völlig freie Hand haben. Die Erzeugnisse der Adam Opel AG müssen uneingeschränkt der Verfügungsgewalt der Geschäftsleitung unterstehen." Und am wichtigsten: „Falls die Preise einer staatlichen Kontrolle unterliegen, muß für eine vernünftige Verzinsung des eingesetzten Kapitals gesorgt werden." Als der Finanzausschuß bei seiner nächsten Tagung am 3. Mai 1948 (mit den Worten des Vorsitzenden im Ohr) wieder über das Thema »Opel« sprach, fiel dann die Entscheidung zugunsten eines Wiedereinstiegs der Amerikaner in Rüsselsheim. Allerdings waren noch zahllose Gespräche mit dem State Department und der Militärregierung notwendig, um alle politischen Risiken so weit wie möglich auszuschließen und einen ausgefeilten Finanzierungsplan unter Dach und Fach zu bringen. Am 1. November 1948 konnte der Vorstand endlich folgende Presseerklärung herausgeben: „General Motors gibt bekannt, daß der Konzern mit dem heutigen Datum die Unternehmensführung der Adam Opel AG in Rüsselsheim bei Frankfurt am Main, Deutschland, wieder übernommen hat. Edward W. Zdunek, bisher Regionaldirektor der »General Motors Overseas Operations Division« für Europa, ist zum Generaldirektor der Gesellschaft ernannt worden." Eine Entscheidung, die General Motors bis heute nicht bereut haben dürfte – denn mit der Rückendeckung des größten Automobilkonzerns der Welt verfügten die Rüsselsheimer nun plötzlich nicht nur über ganz andere Geldmittel und Finanzierungsmöglichkeiten, sondern auch über das technische Know-how der Muttergesellschaft in Detroit. Jetzt durften deutsche Ingenieure wieder in die USA reisen und dort all das lernen, was man sich in Deutschland in den Kriegsjahren nicht aneignen konnte – und die US-Ingenieure brachten ihr Wissen nach Hessen.

Als 1948 das Produktionsverbot für Personenwagen über 1,5 Liter Hubraum aufgehoben wurde, konnte endlich wieder der »Kapitän« aus seiner erzwungenen Pension entlassen werden. Mit neuen, runden Scheinwerfern und einer etwas strafferen Fahrwerkabstimmung rollte der erste Nachkriegs-Sechszylinder von Mitte 1948 an wieder für diejenigen auf die Straßen, die es schon zu etwas gebracht hatten – dafür gab es auch verchromte Stoßstangen, Zierleisten und Radkappen. Daß der »Kapitän« nicht nur als Imageträger, sondern auch als Geldbringer diente, hatte seinen Grund: Im Juni 1948 wurden die französische Besatzungszone und die Bizone (britische und amerikanische Zone) als »Trizone« (Westdeutschland) zu einem einheitlichen Wirtschaftsgebiet zusammengeschlossen. Sowohl im neugeschaffenen »West«-Deutschland als auch in »Ost«-Deutschland wurde daraufhin am 21. Juni eine Währungsreform durchgeführt, bei der die »D-Mark« die »Reichsmark« ablöste. An diesem Tag bekam jeder Deutsche ein »Kopfgeld« von 40 DM, dazu konnte er 60 RM in 60 DM umwechseln. Der zu diesem Datum zugleich erfolgte Anschluß West-Berlins an das neue Währungssystem war dann nur drei Tage später der auslösende Faktor für die Berlinblockade. Die Währungsreform trug entscheidend dazu bei, daß Deutschland innerhalb der nächsten Jahre zum »Wirtschaftswunder«-Land werden konnte. Wesentlicher Faktor für die rasch wiedergewonnene Stabilität war aber auch die Konstituierung des Parlamentarischen Rats am 1. September, in dem unter der Präsidentschaft Konrad Adenauers die Ausarbeitung einer Verfassung begann. Als dann am 24. Mai 1949 das vorläufige Grundgesetz der Bundesrepublik Deutschland in Kraft trat, und nach den ersten Wahlen zum Deutschen Bundestag am 15. September Konrad Adenauer zum Bundeskanzler gewählt wurde, hatte sich in West-Deutschland wieder die gesicherte politische Basis etabliert, die von den Amerikanern so sehr forciert worden war.

Was die Modellpalette des Hauses Opel betraf, so lag man nicht schlecht: Der »Blitz« entwickelte sich zu einem sicheren Renner, der für Handwerker und Industrielle gleichermaßen unentbehrlich wurde; der »Olympia« verkaufte sich von seinem Produktionsbeginn im Dezember 1947 an bis 1949 zum Preis von 6785 DM in nicht weniger als 25 952 Exemplaren, und selbst der mit 9950 DM nun wirklich nicht billige »Kapitän« rollte 12 936mal vom Band. Nachdem Opel 1947 nur 20 Personenwagen und 3219 Exemplare des »Blitz« absetzen konnte, meldete Edward W. Zdunek Ende 1949 den Verkauf von 27 990 Personenwagen und 11 574 Nutzfahrzeugen nach Detroit. Das darauffolgende Jahr sollte noch erfolgreicher werden: Der mittlerweile mit einem teilsynchronisierten Dreiganggetriebe und Lenkradschaltung weiterentwickelte »Olympia« entpuppte sich mit 46 636 Exemplaren als ein regelrechter Schlager, und der »Kapitän«, dessen Preis trotz einer Vielzahl von Detailverbesserungen auf 9600 DM gesenkt wurde, konnte 17 470mal verkauft werden. Keine Frage: Es gab wieder Deutsche mit Geld – und sie hatten auch Freude daran, es für Autos auszugeben. Allerdings waren es noch nicht die breiten Bevölkerungsschichten, die sich ein Automobil leisten konnten: Angestellte und Arbeiter waren 1950 nur mit 4,3 Prozent am Absatz beteiligt. 9,6 Prozent der Automobilproduktion gingen an Handwerker, die freien Berufe waren mit 12,8 Prozent vertreten, während die Industrie 23,8 Prozent der Automobile erwarb. Mehr als ein

Im Dezember 1947 rollte wieder der erste Opel-PKW vom Band: Der Opel »Olympia« läutete eine neue Ära ein.

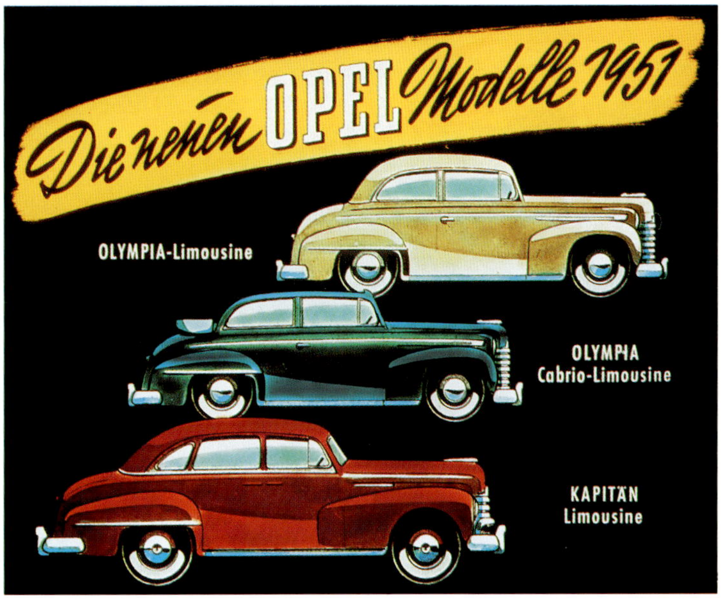

Werbung im Stil der frühen 50er Jahre: So eroberte sich Opel ein Millionenpublikum.

Drittel, nämlich 35,6 Prozent aller Fahrzeuge, wurde vom Handel erworben, weitere 3,9 Prozent gingen an die Behörden – die restlichen zehn Prozent waren nicht exakt erfaßbar.

Daß Opel in dieser verhältnismäßig kurzen Zeit wieder so rasch Fuß fassen konnte, hatte zwei Gründe: Erstens fiel es Opel dank der gut verdienenden Muttergesellschaft in Detroit vergleichsweise leicht, Kapital und Rohstoffe in aller Welt zu besorgen; und zweitens half GM durch die weltweiten Vertriebsmöglichkeiten kräftig mit, den Export rasch anzukurbeln. Wie schon vor dem Zweiten Weltkrieg kletterte nun der Anteil der ins Ausland gelieferten Fahrzeuge wieder steil an – von 16,7 Prozent Exportanteil im Jahr 1949 landeten die Rüsselsheimer innerhalb von nur zwei Jahren bereits auf knapp über 50 Prozent. Mit dem beeindruckenden Anstieg der Produktionszahlen (aus 839 Nutzfahrzeugen im Jahr 1946 waren 1951 bereits 61 900 Personen- und 15 055 Nutzfahrzeuge geworden) nahm auch die Zahl der Beschäftigten wieder drastisch zu: Knapp 20 000 Mitarbeiter standen nun wieder auf den Lohn- und Gehaltslisten.

Der im Januar 1950 neu präsentierte »Olympia« bewies rasch, daß Opel in der Lage war, das Ende des ersten Wiederaufbauabschnitts durch neue Modelle zu dokumentieren. Für 6785 Mark gab es 37 PS, die über ein neues Dreiganggetriebe mit Lenkradschaltung an die Hinterräder geleitet wurden; ein Jahr später stieg die Leistung auf 39 PS an. Und für diejenigen, die in ihrem »Olympia« mehr als nur ein nüchternes Fortbewegungsmittel sahen, stand eine Cabrio-Limousine parat – die allerdings nur in »homöopathischen Dosen« ausgeliefert wurde. Beliebter waren da schon die diversen Kombiaufbauten der einzelnen Karosseriefirmen, die ihren Käufern beim Broterwerb behilflich waren. Auch wenn es noch Millionen von Arbeitslosen gab und der Großteil der Bevölkerung in nur notdürftig reparierten Häusern lebte, waren in diesen Jahren doch auch die ersten Anzeichen des »Wirtschaftswunders« zu spüren – und wer zu etwas Geld gekommen war, zeigte dies auch gern. So war es nahezu selbstverständlich, daß bereits beim »Olympia« nicht an Chrom gespart wurde, das sich von dem massiven Kühlergrill rund um den Wagen bis zu den Radkappen finden ließ.

Der »Kapitän« – das Statussymbol der frühen 50er Jahre

Verständlich, daß auch der »Kapitän«, der im März 1951 für ganze 9250 Mark auf den Markt gebracht wurde, viel von diesem damals prestigeträchtigen Metall an seiner Karosserie mit sich führte. Aber dem neuen »Kapitän« war kein einfacher Start beschert: Das Jahr 1951 entwikkelte sich wirtschaftlich nicht so positiv, wie es sich das Opel-Management vorgestellt hatte – dennoch konnten 3671 »alte« und 18 075 neue »Kapitäne« verkauft werden. Im Winter 1952/53 senkte man den Preis auf 8990 Mark. So brachten die Verkäufer 22 757 Exemplare an die Kundschaft, wobei das weltweite Vertriebsnetz von GM dazu entscheidend beitrug: Nicht weniger als 14 573 »Kapitän«-Modelle traten von Rüsselsheim aus ihre Reise in die Exportländer an. In Rüsselsheim betrachtete man diese Resultate realistisch: Noch besaß der »Kapitän« den altbewährten 2,5-Liter-Reihensechszylinder mit nunmehr 58 PS und eine Karosserie, die sich stark an die der amerikanischen Modelle der 40er Jahre anlehnte. Dazu kam, daß die Konkurrenz nicht schlief. In Stuttgart lief in diesen Tagen mit den ersten Exemplaren des »220« ein neues Mercedes-Benz-Modell vom Band, das mit rund 11 925 Mark Kaufpreis zwar deutlich teurer als der »Kapitän« war, dafür aber bereits über eine modische Pontonkarosserie verfügte und sich mit seinen 80 PS auch temperamentvoller gab. Kein Wunder, daß bei Opel heftig an einem Nachfolger für den »Kapitän« gearbeitet wurde.

Opel befand sich einmal mehr im Umbruch: Den Verantwortlichen wurde immer klarer, daß die Konkurrenz härter denn je war. Der von den Nationalsozialisten so stark geförderte »Volkswagen« kämpfte nun doch noch um seine Marktanteile und entpuppte sich schneller als erwartet als die große Konkurrenz schlechthin – die Zeiten, in denen sich ein »Kadett« oder ein »Olympia« von allein verkauften, gehörten wohl der Vergangenheit an. Nicht weniger als 36 verschiedene Hersteller bemühten sich in jenen Tagen um das Interesse der Kunden, und wenn auch einige dabei waren, die sich kurz in Nischen halten konnten, so gab es doch mit »Volkswagen«, »Ford«, »Borgward«, »Auto-Union«, »BMW« und »Mercedes-Benz« genügend große Rivalen um die Käufergunst, die den Opel-Vertretungen das Leben schwer machten. Daneben fanden noch eine Vielzahl von kleineren Herstellern, von »Messerschmidt« über »Gutbrod« bis hin zu »Kleinschnittger« – um nur ein paar zu nennen –, ebenfalls ihre Interessenten. Auch das machte Opel das Leben nicht eben leichter. Kein Wunder, daß man sich in Rüsselsheim fieberhaft damit beschäftigte, eine neue Autogeneration auf die Räder zu stellen.

10

Der »Olympia Rekord« entpuppt sich als der Star seiner Klasse und mit den »Kapitän«-Varianten gelingt der Sprung nach oben. Natürlich wird Opel auch von den Heckflossen und zweifarbigen Lackierungen heimgesucht – und mit dem »Caravan« glückt ein neuer Typus von Automobil. Und man lernt von den Amerikanern, daß ein Automatikgetriebe und eine Servolenkung das automobile Alltagsleben komfortabler gestalten können.

Mit der Ponton-Karosserie zur Massenproduktion

Wir alle wissen inzwischen, wie lange es heute dauert, einen neuen Wagen serienreif zu entwickeln – zwischen fünf und sieben Jahre müssen in der Regel dafür angesetzt werden. Um so erstaunlicher war es, daß die Rüsselsheimer ihre ersten wirklich neuen Nachkriegsmodelle bereits vier Jahre nach der Übernahme durch General Motors auf den Markt brachten. Und dies in einer Zeit, in der zuerst einmal die Werkshallen wieder aufgebaut und der Verlust der Montagebänder an die Russen verkraftet werden mußte. Aber der von 1949 an selbstverständliche deutsch-amerikanische Austausch an technischem und personellem Know-how hatte ein derartig geballtes Maß an Wissen an den Main gebracht, daß die Umstellung der mittlerweile völlig veralteten Produktionsanlagen und die Entwicklung eines neuen Wagens eben doch bis zum Frühjahr 1953 durchgeführt wurden. Daß dieser Gewaltakt nur mit Investitionen in Höhe von rund 300 Millionen Mark erreicht werden konnte, zeigt, daß die Amerikaner nun wieder verstärkt auf das Rüsselsheimer Unternehmen setzten. Mit den modernsten Meß- und Prüfgeräten wurde bislang ungeahnte Präzision geliefert. So entfiel beispielsweise auch die bislang selbstverständliche Einfahrprozedur. „Die Fahrer der Opel-Wagen 1951 sind in der Lage, ihre Wagen von Anbeginn an bis

Die Sensation der »Internationalen Automobilausstellung« besaß ein verchromtes Haifischmaul und trug den Namen »Olympia Rekord«.

Reminiszenzen an die USA: Opel stellte den »Kapitän« gerne vor die »Golden Gate Bridge« bei San Francisco.

zur gesetzlichen Höchstgeschwindigkeit zu beanspruchen", vermeldete das Werk stolz. Verantwortlich dafür waren neue Bearbeitungsmaschinen mit besseren Fertigungstechniken und geringeren Toleranzen, sowie ein neuartiges Spülverfahren, bei dem jedes Triebwerk vor der Montage 30 Minuten lang auf einem Prüfstand lief, wo rund 3000 Liter Spülöl durch den Motor liefen, die „auch das letzte Stäubchen aus allen Lagerteilen und Kolbenleitbahnen mit sich reißen", wie eine Broschüre wissen ließ.

Und so stand auf der Internationalen Automobilausstellung (IAA) im März 1953 in Frankfurt der neue »Olympia Rekord« mit seinem breiten, selbstverständlich verchromten »Haifischmaul«, der als erster Vertreter dieses Unternehmens nicht nur über eine moderne Ponton-Karosserie verfügte, sondern auch für vergleichsweise lächerliche 6250 Mark den deutschen Wirtschaftswunder-Käufer mit zuerst 115 und später mit 122 km/h Höchstgeschwindigkeit verwöhnen sollte. Der »Olympia Rekord« wurde dann bis zu seiner ersten grundlegenden Überholung im Jahr 1957 in nicht weniger als 558 452 Exemplaren verkauft und trug entscheidend dazu bei, daß der Anteil von Opel bei den Neuzulassungen

Mit dem »goldenen« Kapitän feierten die Rüsselsheimer am 9. November 1956 den zweimillionsten Opel seit 1899.

Mit amerikanischen Styling-Merkmalen: das Armaturenbrett des »Kapitän L« von 1957.

Vor malerischer Kulisse: Die »Olympia Rekord Cabriolet-Limousine« war in den frühen 50er Jahren eine große Rarität.

Mit dem »CarAVan« eroberten sich die Rüsselsheimer ein völlig neues Publikum – nach der ersten Modellpflege ließ sich dann der Name leichter schreiben: »Caravan«.

auf rund 18 Prozent anstieg. Daß die Rüsselsheimer bereits 1953 einen beachtlichen Exportanteil von rund 30 Prozent aller deutschen Automobile auf die Räder stellten, hatte seine Ursache darin, daß Opel die Gelder zur Verfügung standen, neue Transfer-Maschinenstraßen einzurichten, die bis zum Dezember 1954 einen Produktionszuwachs von etwa 60 Prozent auf 167 650 Einheiten pro Jahr ermöglichten. Im Mai 1954 wurde mit dem Bau des Karosseriewerks »K 40« begonnen, das am 13. August 1956 seine Arbeit aufnahm. Mit einem Investitionsvolumen von 360 Millionen Mark war es damals der größte industrielle Neubau Deutschlands.

Der »Star seiner Klasse«: Der »Olympia Rekord« kam 1953

Während das nun wieder florierende Geschäft eine Reduzierung der Arbeitszeit von 48 auf 44 Stunden bei steigenden Löhnen ermöglichte, sorgten die zugleich sinkenden Verkaufspreise dafür, daß Deutschland – nicht zuletzt dank Opel – bereits 1954 mehr Fahrzeuge als Frankreich produzierte und 1956 auch Großbritannien in den Produktionszahlen wieder überholen konnte. Und innerhalb von nur zehn Jahren sollte die deutsche Automobilproduktion um nicht weniger als 440 Prozent von 490 581 auf 2 667 896 Fahrzeuge ansteigen. Zweifelsohne war diese Zeitspanne von 1953 bis 1963 für Opel von besonderer Bedeutung.

Nur wenige Monate nach dem neuen »Olympia Rekord«, der in den hauseigenen Broschüren gerne als der »Star seiner Klasse« tituliert wurde, kam dann mit dem neuen »Kapitän« auch das Top-Modell mit der nun selbstverständlich gewordenen Ponton-Karosserie auf den Markt. Von November 1953 an bot der »Kapitän« zum moderaten Preis von 9500 Mark einen problemlosen 2,5-Liter-Reihen-Sechszylinder, der dem 1,2 Tonnen schweren Fahrzeug mit seinen 68 PS (ein Jahr später sollten es dann 71 PS werden) zu knapp 140 km/h Höchstgeschwindigkeit verhalf. In Heft 7 der »Motor-Revue« war im Herbst 1953 zu lesen: „Als im April dieses Jahres der innerlich und äußerlich radikal modernisierte »Olympia Rekord« erschien, hat sich mancher gefragt, warum man nicht auch dem »Kapitän« die Wohltat einer solchen Verjüngungskur habe angedeihen lassen. Zweifellos hätten die Opel-Werke liebend gerne zugleich mit dem »Olympia Rekord« auch einen neuen »Kapitän« präsentiert – wenn es zu schaffen gewesen wäre. Aber es war eben nicht zu schaffen. Der Außenstehende macht sich keinen Begriff davon, welcher Riesenaufwand an Arbeit, Zeit und nicht zuletzt natürlich auch an Geld mit der Umstellung auf einen neuen Typ verbunden ist. Und nun gleich auf zwei... Ergo hat man bei Opel, sicherlich nicht leichten Herzens, mit dem Herausbringen des neuen »Kapitän« so lange gewartet, bis

Noch überwog bei Opel die Handarbeit.

die Serienfertigung des »Olympia Rekord« einwandfrei in Gang gekommen war und man wieder ein wenig Atem schöpfen konnte. Und jetzt ist es also soweit."

Und weiter heißt es in dem Beitrag von P. P. Nemo: „Die Erwartungen, die auf den neuen »Kapitän« gesetzt wurden, waren von vorne herein sehr hoch gespannt. Die Schlußfolgerung war ja naheliegend: der »Olympia Rekord« ist seinem Vorgänger an Formschönheit, Geräumigkeit, Fahrleistungen und Straßenhaltung haushoch überlegen – warum sollte das beim neuen »Kapitän« nicht genauso sein? Und diese Erwartungen sind, um das gleich vorwegzunehmen, nicht enttäuscht worden. Äußerlich wirkt der neue »Kapitän« wie eine vergrößerte Ausgabe des »Olympia Rekord«: Ponton-Karosserie mit sorgfältig gerundeten Übergängen, breites Haifischmaul für die Kühlluft, verchromte Längsrippen zur Verstärkung und Verzierung der Seitenflächen, dreizehnzöllige Räder mit Superballonbereifung. Die Scheinwerfer sind in die Kotflügel, soweit davon hier überhaupt noch die Rede sein kann, organisch eingelassen. Die Windschutzscheibe ist gewölbt, desgleichen das sehr große dreiteilige Heckfenster, das bis in die Seitenwände herumgreift. Die Stoßstangen sehen aus, als ob sie wirklich einen gehörigen Puff vertragen können. Die vier Türen sind sämtlich vorne angeschlagen, sehr breit und mit Druckknopfverschlüssen versehen. Wie beim »Olympia Rekord« paßt ein und derselbe Schlüssel für Wagentüren, Kofferraum, Zündschloß und Handschuhfach. Zum ersten Mal haben nicht nur die vorderen, sondern auch die hinteren Türfenster schwenkbare dreieckige Entlüftungsflügel. Die flossenartig ausgezogenen Hinterkotflügel enthalten die Rückleuchten mit Positions-, Brems- und Blinklicht."

Der Zukunft beruhigt entgegensehen

Warum der Beitrag der »Motor-Revue« hier relativ ausführlich wiedergegeben wird? Weil schon die Diktion zeigt, daß Fahrberichte in den frühen 50er Jahren eine andere Aufgabe zu erfüllen hatten, als dies heute der Fall ist. Und auch der letzte Absatz des »Motor-Revue«- Beitrags ist ein schöner Beweis für die These, daß der Motorjournalismus in diesen Jahren des Wiederaufbaus mehr als Begleiter der Industrie, denn als kritischer Kommentator verstanden wurde: „Wir haben den neuen »Kapitän« leider noch nicht selbst fahren können, uns aber wenigstens von einem Werksfahrer ein paarmal kreuz und quer durch das Opel-Prüffeld schaukeln lassen, mit einer schnellen Runde um die überhöhte Betonrennbahn als Abschluß. Wir hatten dabei den Eindruck hervorragender Federung, spritziger Lebendigkeit und Kurvenfestigkeit, die sich mit der des bisherigen »Kapitän« gar nicht vergleichen läßt. Nimmt man dazu noch den Preis von 9500 Mark, kann man es den Opel-Leuten nachfühlen, daß sie der Zukunft dieses, ihres jüngsten Kindes mit ruhigem Selbstvertrauen entgegensehen."

Opel war wieder obenauf: Der »Kapitän« konnte in seiner neuen Form bis zum Juli 1955 – als die nächste Variante auf den Markt kommen sollte – in nicht weniger als 61 543 Exemplaren verkauft werden. Damit hatten sich die Rüsselsheimer in der Oberklasse glatt an die Spitze gesetzt: Einige Monate lag der »Kapitän« sogar in der Zulassungsstatistik hinter dem VW »Käfer« und dem »Olympia Rekord« auf Rang drei. Und damit konnte der große Konkurrent aus Stuttgart problemlos auf sicherer Distanz gehalten werden.

Mochten die Verkaufszahlen in diesem lukrativen und prestigeträchtigen Segment auch großartig gewesen sein, zum phänomenalen Wiederaufstieg des Hauses Opel trug der Erfolg des »Olympia Rekord« jedoch mehr bei, als es der »Kapitän« jemals vermochte. Die Rüsselsheimer hatten bei der Einführung des »Olympia Rekord« nicht nur eine robuste Limousine auf die Räder stellen können, sondern auch mit dem »CarAVan« eine Kombivariante geschaffen, die eine bislang unbekannte Synthese aus »Familienkutsche« und »Nutzfahrzeug« darstellte. Der Kunstname »CarAVan« war ein Gebilde aus »Car And Van«, das Ergebnis ließ sich am besten als »Kombinationslimousine« bezeichnen und hob sich so vorteilhaft von dem allzu nüchternen »Kastenwagen« ab. Anfänglich bemühte sich Opel noch um eine Einstufung des »CarAVan« als Nutzfahrzeug – was erhebliche finanzielle Vorteile zur Folge gehabt hätte. Als die umklappbaren Rücksitze dann dieser steuersparenden Beurteilung im Weg standen, entdeckten die Verkäufer zu ihrer großen Freude, daß der »CarAVan« völlig unabhängig von seiner fiskalischen Einstufung zu einem Verkaufsrenner erster Klasse geworden war. Die Kundschaft verlangte nun eben auch nach einem Wagen, der unter der Woche dazu beitrug, das Geld zu verdienen, das man dann am Wochenende und im Urlaub mit der Familie ausgeben konnte.

Mit amerikanischem Design auf Kundensuche

Um die Modellpolitik der Rüsselsheimer in diesen Jahren besser verstehen zu können, sollte man sich noch einmal daran erinnern, daß Opel die Tochter eines amerikanischen Unternehmens ist. Und da der Käufer in den USA alljährlich nach neuen Modellen und Varianten verlangte, begann nun auch am Main eine Zeit, in der die Fahrzeuge öfter als sonst üblich optisch und technisch überarbeitet wurden. Bereits im August 1955 bekam der »Kapitän« wieder eine neue Karosserie, dazu gab es einen überarbeiteten Motor und eine verbreiterte Spur, wobei das Spitzenmodell für 9350 Mark in den Preislisten stand. Im Juni 1958 ging ein neuer »Kapitän« auf Kundenfang, nun mußten für die Basisversion 10250 Mark auf den Tisch des Händlers gelegt werden. Ein technisches Schmankerl war der neu eingeführte »Overdrive«, der als »Schnellgang« tituliert 650 Mark Aufpreis kostete. Die Designer hatten sich in diesem Modelljahr besondere Mühe gegeben, jene weit in die Seitenpartie gezogenen Panoramascheiben zu etablieren, die bei dem kurz zuvor präsentierten »Rekord« so gut angekommen waren. Überhaupt nahmen die Formgestalter in diesen Tagen immer mehr das Heft in die Hand und übertrugen amerikanische Stylingelemente auf die deutschen Modelle – das begann bei den bereits erwähnten Panoramascheiben und zog sich über hochmodische Zweifarbenlackierungen bis hin zu dezenten Heckflossen und beeindruckenden Leuchteinheiten. Daß dazu Chromelemente in großen Massen anzutreffen waren, mochte der stolze Käufer

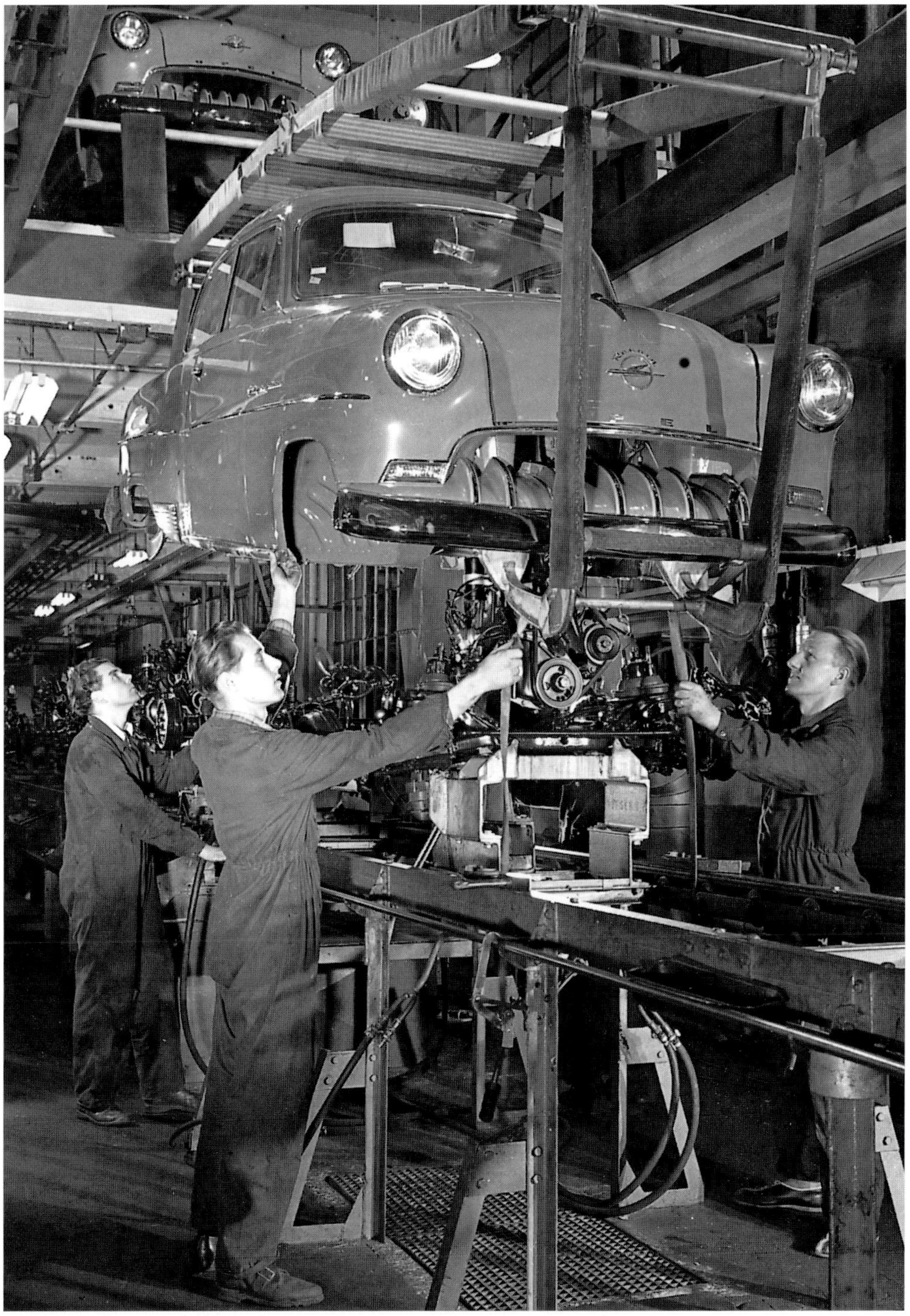

***Die »Hochzeit«:** So bezeichnet der Konstrukteur die Zusammenführung von Karosserie und Chassis – hier entstand ein »Rekord« mit dem berühmten »Haifischmaul«.*

Auch »Kapitäne« wollten sauber in die Lackieranlage gehen.

Er lebte nur einen Sommer lang: der 58er »Kapitän«.

zwar vielleicht noch goutieren – daß die Designer jedoch mit einer zu breiten hinteren Dachstrebe den Blick nach schräg hinten drastisch eingeschränkt hatten und die zu schmalen hinteren Türen den Zutritt zu den Fondsitzen erschwerten, ließ zumindest die zahlungskräftigen Käufer, die von ihrem Chauffeur gefahren werden wollten und im Fond zu arbeiten hatten, vor einem Kauf zurückschrecken. Aber Opel reagierte schnell: Nur ein Jahr später waren die Kritikpunkte beseitigt – ein deutlich überarbeiteter »Kapitän«, für dessen Redesign Detroit immerhin 600 000 Mark bereitgestellt hatte, rollte zu den Händlern, und innerhalb eines Jahres verdoppelten sich auch wieder die Verkaufsziffern.

Beim »Olympia Rekord« gab es natürlich keine so großen Probleme: Erstens war der Chauffeur hier noch ein unbekanntes Wesen, und zweitens zeigte sich diese Käuferklientel modischen Strömungen gegenüber wesentlich aufgeschlossener. Das Rüsselsheimer »Brot- und Butter«-Auto hatte sich auf der IAA im Frühjahr 1953 erstmals in neuer Form präsentiert und war mit seinem deutlich angewachsenen Innenraum (der Radstand profitierte von neun zusätzlichen Zentimetern) und der hochmodischen Ponton-Karosserie mit dem verchromten »Haifischmaul« auf Anhieb ein Verkaufsschlager. Eigentlich durfte man ihn ja nicht mehr »Olympia Rekord« nennen, denn der ehrwürdige Name »Olympia« war nun nur noch dem preisgünstigen Einstiegsmodell vorbehalten – das von Herbst 1954 an mit 5960 Mark ein attraktives Kampfangebot darstellte. Der »Rekord« selber, der mit seinen 6250 Mark nur unwesentlich teurer als sein Vorgänger war, bot mit immerhin 40 PS aber nicht nur eine für damalige Verhältnisse adäquate Leistung, sondern auch mit einem deutlich überarbeiteten Fahrwerk die besten Voraussetzungen für ein angenehmes Fahren. Neben der zweitürigen Limousine kam im September 1953 dann der »CarAVan«, dem im darauffolgenden Jahr eine Cabriolet-Limousine folgen sollte, auf den Markt. Der Erfolg des neuen »Rekord« war nahezu unvermeidlich: Bis zum ersten Modellwechsel nach den Werksferien 1954 konnten nicht weniger als 136 028 Exemplare des neuen Wagens verkauft werden. Dann folgten die alljährlichen Modellpflegemaßnahmen: Die Leistung stieg auf 45 PS, der Chromschmuck wuchs, schlauchlose Reifen und Kugelumlauflenkung wurden Serie, und von 1956 an gab es auch erstmals ein vollsynchronisiertes Dreiganggetriebe. In diesem Modelljahr wurde

Als der Gebrauch von Chrom noch ein Statussymbol war: der Opel »Olympia« auf großer Schweizreise.

noch einmal das Design überarbeitet: Mit einem neuen Kühlergrill, veränderten Radhäusern und schlankeren Dachsäulen wirkte der »Rekord« noch eleganter. Die Verkaufsziffern sprachen für sich: Als dieses Modell zu den Werksferien 1957 eingestellt wurde, hatten seit der Einführung des »Ponton«-Rekord im Jahr 1953 exakt 558 452 Exemplare ihren Weg zu den Käufern gefunden – Opel war es einmal mehr geglückt, seinen Beitrag zur Volksmotorisierung zu leisten.

Rock'n'Roll und Hamburger und die Heckflossen des »Rekord«

Wie bereits beim »Kapitän« erwähnt, gewannen in der Mitte der 50er Jahre die Stylisten einen immer größeren Einfluß auf die Produktstrategie. Und so präsentierte sich der »Rekord«, der im August

Eine Schlagzeile, die für sich sprach: Endlich gab es den »Rekord« auch mit vier Türen.

Über die Jahrzehnte hinweg war Opel eine der Firmen, die in bemerkenswerten Stückzahlen exportierte – hier eine Aufnahme aus dem Jahr 1959.

1957 bei den Händlern zu sehen war, als durchgestyltes und perfekt dem Zeitgeist angepaßtes Objekt. Die Panoramascheibe, die sich weit in die Seitenpartie hineinschob, war nun das optische Maß aller Dinge, und sie gab den Opel-Modellreihen jenen gewissen Chic, den ein nach amerikanischer Lebensart lechzendes Volk bislang vermißt hatte. Aus den USA kamen in diesen Jahren eben nicht nur Heckflossen, Rock'n'Roll und Hamburger, sondern auch ein Stilempfinden, das Opel als Tochter eines amerikanischen Unternehmens zwangsläufig adaptieren mußte. Und mit den zarten Pastelltönen, den gewagten Zweifarbenlackierungen und einer hinreißenden Mischung aus Eleganz und Zweckmäßigkeit hatte Opel wieder einmal den Platz am Herzen seiner Kundschaft gefunden. Dieser »Rekord« des Jahres 1957 sollte aber noch aus anderen Gründen einen Meilenstein in der Rüsselsheimer Modellpalette einnehmen: Er war nicht nur länger, breiter und flacher (und modischer) geworden, sondern auch als neuer Vertreter eines wieder selbstbewußten »Made in Germany« genau das Modell, von dem Detroit für seine großen Exportmärkte geträumt hatte – und der neue »Rekord« schaffte das kaum Vorstellbare: Er wurde auch in die USA exportiert. Von September 1957 an konnte er über die Buick-Händlerorganisation zum Preis von 1812,50 Dollar (Hafen New York) oder 1994,64 Dollar (Hafen San Francisco) erworben werden, und Monat für Monat sollten rund 1000 Limousinen und »Caravan«-Modelle in die Neue Welt schwimmen.

Der Wagen, der gegen den übermächtigen »Käfer« antrat: der »Opel 1200«.

„Rundum große Fensterflächen, weites Blickfeld, ausgezeichnete Sicht zur Kontrolle des Verkehrs, als Panoramaschau auf die schönsten Dinge am Reiseweg", so lyrisch beschrieb der »Rekord«-Prospekt das neue Objekt aus der Stadt am Main, und mit der neuen, nicht mehr ganz so aufdringlichen Chromfront entsprach der »P 1« – so die interne Bezeichnung – nun auch wesentlich besser dem sensibilisierten Autokäufergeschmack. „Wahrhaftig – ich fahre bequem. Mein »Rekord« paßt genau zu mir. Erstens brauche ich keine Gymnastik zu treiben, wenn ich einsteige. Und zweitens sitze ich mir nicht selbst im Wege. Um es kurz zu sagen: Ich fühle mich wohl im »Rekord«. Weil er so viel Platz und eine nützliche Ausstattung bietet. Weil er so leise und so ruhig fährt. Und – weil der Motor so quicklebendig ist" – die letzte Aussage war vielleicht etwas vermessen, denn noch stammte der 1,5-Liter-Vierzylinder mit mittlerweile 45 PS bei 3900/min direkt von dem »Olympia«-Triebwerk des Jahres 1938 ab. Allerdings hat der neue »Rekord« – dank eines längeren Radstandes und einer breiteren Spur – naturgemäß wenig Probleme, diese Leistung besser als seine Vorgänger auf die Straße zu bringen: Mit etwa 125 km/h Höchstgeschwindigkeit gehörte dieses 6385 Mark teure Gefährt zu den Schnellsten auf den Autobahnen. Auch hier trug die Sparversion für 5600 Mark wieder den Namen »Olympia«, und als kurz darauf ein »Caravan« die Wünsche der Gewerbetreibenden erfüllte, war die nächste Erfolgsstory unvermeidlich. Nur ein Jahr später tauchte in der Aufpreisliste eine von »Fichtel & Sachs« entwickelte automatische Kupplung auf, die unter der Bezeichnung »Olymat« die Käufer aktivieren sollte, die das ständige Kuppeln leid waren. 1959 war der generalüberholte »P 1« nun auch (gegen Aufpreis) mit vier Türen und mit 50 PS Leistung lieferbar. Außerdem hatte man durch eine Vergrößerung der Bohrung von 80 auf 85 Millimeter den Hubraum von 1488 ccm auf 1680 ccm angehoben. Damit gab der 1,7-Liter-Vierzylinder nunmehr 55 PS Leistung ab, die – für einen lächerlichen Aufpreis von 75 Mark – dem stolzen Besitzer über 130 km/h Höchstgeschwindigkeit bescherten.

„Ein Vollautomobil, und ein wirtschaftliches dazu"

Allerdings existierten auch in diesen Zeiten bereits Käufer, die an dem Leistungswettbewerb kein Interesse zeigten. Sie suchten ein zuverlässiges Fortbewegungsmittel, das die Familienkasse möglichst gering belastete und das dennoch den Raum und den Komfort einer Mittelklasse-Limousine bieten konnte. Salopp gesagt: Das Auto, das der »Käfer«-Interessent mit großer Familie suchte. Das Ergebnis dieser Überlegungen stand im Herbst 1959 bei den Händlern – der »Opel 1200«. Hier war die Bohrung auf 72 Millimeter reduziert worden, und dem daraus resultierenden Hubraum von 1205 ccm entsprangen 40 PS, die zwar mit dem Leergewicht von 905 Kilogramm zu kämpfen hatten (die Höchstgeschwindigkeit pendelte sich auf etwa 115 km/h ein), die dafür aber mit einem Kaufpreis von 5675 Mark durchaus günstig im Einkauf und im Unterhalt waren. Opel definierte den »1200« so: „Ein Vollautomobil, und ein wirtschaftliches dazu. Man fährt bequem, in aller Ruhe – und man fährt gut dabei, als rechnender Familienvater, als genau kalkulierender Geschäftsmann, im harten Alltags-

Der Opel »Blitz« schrieb seine Erfolgsgeschichte bis 1975.

betrieb, auf der Urlaubsreise…" Der »1200« sollte bis zum Sommer 1962 im Programm bleiben und in 67 952 Exemplaren an den Mann und an die Frau gebracht werden. Keine überragenden Zahlen – andererseits dennoch verkaufte Automobile für Interessenten, die ansonsten vielleicht die Marke gewechselt hätten.

Während der »P 1« in allen Variationen in immer neuen Rekordzahlen produziert wurde – bis zur Produktionseinstellung im Sommer 1960 verließen 855 749

Mit dem neuen 1,9-Tonner bot Opel einmal mehr den Wagen, den die Kundschaft haben wollte.

Für jeden Wunsch gab es einen Aufbau – hier ein 1,75-t-Omnibus.

»Rekord«-Modelle die Fließbänder, von denen 447 000 Fahrzeuge exportiert werden konnten –, trug der überarbeitete »Blitz« den gestiegenen Anforderungen der Käufer in der leichten Nutzfahrzeugklasse Rechnung. Der neue »1,9«-Tonner war mit zwei verschiedenen Radständen lieferbar (3000 und 3300 Millimeter) und

Als das Picknick in Mode kam: Der »Panorama«-Kapitän P II brachte einen sicher, wohin man wollte.

besaß den auf 2,6 Liter oder 2605 ccm aufgebohrten Sechszylinder des »Kapitän«, der hier mit 70 PS für knapp über 100 km/h Höchstgeschwindigkeit sorgte. Im Lauf der Produktionszeit wurde diese Leistung auf 80 PS angehoben; wer jedoch auf einem Dieselmotor bestand, bekam mit einem 60 PS starken 2,1-Liter-Vierzylinder, dessen Wiege bei Peugeot lag, ein besonders ökonomisches Triebwerk ausgeliefert. Der »1,9«-Tonner war – zuletzt noch mit einem 70 PS leistenden »Rekord«-Vierzylinder – bis 1972 im Programm und wurde erst dann durch Modelle aus dem britischen »Bedford«-Werk ersetzt.

In diesen Tagen beschäftigten sich die Marketing-Spezialisten mit zwei grundsätzlichen Fragen: Wie ließ sich das rückläufige Geschäft in der lukrativen Oberklasse wieder auf Vordermann bringen? Und mit welcher Baureihe sollte man dem immer stärker werdenden Druck der »Volkswagen« aus Wolfsburg und der »Ford«-Modelle aus Köln begegnen?

Overdrive und Servolenkung sorgten für mehr Komfort

Die Frage nach dem Top-Angebot wurde relativ rasch mit einem neuen »Kapitän« beantwortet – nach dem zu modischen Flop des Jahres 1958 wurde (wie schon erwähnt) im August 1959 ein weiterer, rundum erneuerter »Kapitän« nachgeschickt, der mit einem stärkeren 2,6-Liter-Sechszylinder mit nunmehr 90 PS Leistung und einer total revidierten Karosserie zum Kampfpreis von 9975 Mark auf den Markt kam. Zusammen mit der wesentlich luxuriöseren »L«-Variante für 10 675 Mark entwickelte sich der »Kapitän P 2,6« zu einem der Renner schlechthin – bis zur Ablösung durch den »Kapitän A« im Februar 1964 wurden nicht weniger als 145 616 Exemplare verkauft, die so beachtlich zu den steigenden Gewinnen beitrugen. Hatten die Auto-Journalisten anfänglich noch dem nur kurz gebauten Vorgänger nachgeweint – einer schrieb: „Selten kam es vor, daß von gewissen Seiten ein Automobil insgesamt in derart unverantwortlicher Weise schlecht gemacht worden ist, wie es beim letzten »Kapitän« geschah." –, so setzten sich doch rasch die Qualitäten des »Neuen« durch. Nüchterner gestylt erfreute er die Käufer, die es finanziell geschafft hatten, aber dies nicht unbedingt ihren Nachbarn mitteilen wollten. Dank eines deutlich verbesserten Fahrwerks und eines weiter vergrößerten Innenraums wurde der »P 2,6« rasch ein Liebling der Besserverdienenden, die mit dem guten Stern aus Stuttgart nichts anfangen konnten und denen ein »Borgward P 100« zu unkonventionell war. Von November 1960 an war der »Kapitän«

dann auch mit einem Overdrive lieferbar, und nur einen Monat später machte eine Dreigang-Automatik mit dem schönen Namen »Hydra-Matic« für 1295 Mark Aufpreis das Kupplungspedal und den Schalthebel endgültig überflüssig. Zwar wurde dieses Automatikgetriebe, das bei den amerikanischen Wagen bereits zu einer Selbstverständlichkeit geworden war, in Deutschland noch lange Zeit etwas scheel betrachtet, doch es eroberte sich langsam, aber sicher seinen festen Käuferstamm, der die Wonnen des Komforts durchaus zu schätzen wußte. Im Juli 1962 bot der »Kapitän« dann schon das nächste technische Schmankerl: Für ganze 395 Mark Aufpreis wurde die erste Servolenkung montiert, die das Ein- und Ausparken zu einem wahren Vergnügen machte. Natürlich ließ es sich nicht vermeiden, daß der »Kapitän P 2,6« im Lauf der Produktion etwas in die Jahre kam – aber das lag in der Natur der Sache und sollte mit der nächsten Modellgeneration bereinigt werden.

Die Kapazitätsgrenze war erreicht – eine neue Fabrik mußte her

Die Frage nach einem neuen Kleinwagen war hingegen nicht so einfach zu beantworten. Schließlich hatte Opel in diesem Marktsegment mit dem »Kadett« sein letztes Modell noch vor dem Krieg auf den Markt gebracht. Mittlerweile war es besonders »Volkswagen« geglückt, mit dem »Käfer« einen derartig sensationellen Erfolg zu lancieren, daß die Entscheidung für oder gegen eine völlige Neukonstruktion in einem bislang intern nicht besetzten Bereich mit zu den schwersten der späten 50er Jahre gehörte. Denn eines war klar: Das Werk in Rüsselsheim arbeitete an der Grenze seiner Produktionskapazität: 1960 sollten nicht weniger als 350 951 Personenwagen und 19 122 Nutzfahrzeuge produziert werden, die zu 50,4 Prozent in den Export gingen. Um wirklich mit einer dritten Modellreihe zu starten, mußte man ein neues Werk auf die erst noch zu findende grüne Wiese bauen – und finanzieren. Und ob die Kundschaft bereit war, einen »kleinen« Opel zu akzeptieren, war

Das Erfolgsmodell unter den »Kapitänen«: Der P II konnte von 1959 bis 1963 nahezu unverändert gebaut werden.

Mit der »Hydra-Matic« wurde das Kupplungspedal endgültig überflüssig.

Nicht nur Frauenhände schätzten die »Hydra-Matic«, die das linke Bein entlastete und die Nerven schonte.

auch noch nicht klar. Zwar war mit dem »Opel 1200« ein erster Versuch gestartet worden, gegen »VW« anzutreten, aber die relativ niedrigen Verkaufszahlen waren kein Beweis dafür, daß der neue »Kadett« ein Renner werden konnte. Andererseits prognostizierten alle Zukunftsforscher einen riesigen Auto-Boom, der das Volk aus dem Wirtschaftswunderland zu einem Volk von Autobesitzern machen würde. Nach langen Diskussionen fiel schließlich die Entscheidung für einen neuen Opel-Kleinwagen, der natürlich wieder den bewährten Namen »Kadett« tragen sollte. 1960 war dann das Jahr, in dem der Vorstand (und GM) »Ja« zum »Kadett« sagte und sich auf die Suche nach einem geeigneten Standort machte. Heute darf man bestätigen, daß die Entscheidung für eine dritte Produktlinie und ein neues Werk goldrichtig war – damals erschrak man ob des eigenen Mutes. Kein Zweifel: 1960 war ein gutes Jahr für Opel. Das nächste Jahrzehnt wurde mit einem völlig neuen »Rekord« eingeläutet, der sich auf Anhieb als Bestseller entpuppte. Mit dem »Kapitän« dominierte Opel seine Klasse, und die Aussicht auf einen neuen Wagen, der es endlich den Wolfsburgern zeigen sollte, begeisterte die Händler zusätzlich. Dieses Jahr zeigte aber auch, daß man in Rüsselsheim von den Design-Orgien nach typisch amerikanischem Geschmack wieder abgekommen war – man begann einen eigenen Stil zu prägen und seine Positionen innerhalb des Weltkonzerns mit mehr Nachdruck zu vertreten. Man hatte wieder Selbstbewußtsein, und man demonstrierte es auch.

11

Die neue Sachlichkeit

Opel sitzt nun in allen Marktsegmenten – mit dem »P 2« entfernen sich die Rüsselsheimer wieder von der »amerikanischen« Linie – und das »Rekord«-Coupé beweist mit 33816 ausgelieferten Exemplaren, daß nun auch sportlichere Varianten gefragt sind. Im August 1962 läuft im Werk Bochum die Produktion des »Kadett« an, und zu dem neuen »Kapitän« und »Admiral« gesellt sich der »Diplomat«, dessen Achtzylinder von »Chevrolet« stammt.

Das Jahr 1960 hatte es in sich: Mit dem völlig neuen »Rekord« entfernten sich die Rüsselsheimer wieder von der »amerikanischen Linie« und fanden schließlich zur »neuen Sachlichkeit«. Keine schwellenden Formen mehr, keine angedeuteten Heckflossen und ein nur dezenter Einsatz von Chrom sorgten dafür, daß das Massenmodell – das übrigens endgültig auf den Namen »Olympia« verzichten mußte – dank der vernünftigen Frontscheibe ohne die auffälligen Ecken der Panoramascheibe sachlich-elegant und zweckmäßig geriet. Der »Rekord«, der der Presse im August 1960 vorgestellt wurde, hatte dann einen Monat später auf der IAA in Frankfurt seinen großen Auftritt: „Der neue Opel »Rekord« soll vornehmlich für die geplante Ausweitung der Produktion sorgen. Bei unverändertem Motor und Fahrwerk erhielt er ein völlig neues Kleid, das sich in der Heckpartie den Linien des Opel »Kapitän« anpaßte. Die neue Karosserie entspricht der gegenwärtig vorherrschenden Stilrichtung, die aber dem Autofahrer mehr bietet als nur einen Augenschmaus, sofern er mit dieser Mode überhaupt einverstanden ist. Die Sichtverhältnisse werden verbessert, und man gewinnt mehr Raum für die Fahrgäste und für deren immer umfangreicher werdendes Gepäck" – so schrieb die »Motor-Revue« im Herbst 1960 über den »P 2« und fuhr dann fort: „Nachdem der Opel »Rekord« eine mehr zum Straffen tendierende Federung besaß, ist sein Nachfolger in dieser Beziehung weicher geworden. Durch breitere Felgen, die den Reifen seitensteifer machen, erhielt man sich den gleichen Standard in der Straßenlage. Der Radstand blieb unverändert, jedoch wurde die Spur vorne etwas breiter, hinten dagegen etwas schmäler. In bezug auf Länge und Breite hat sich der »Rekord« etwas gestreckt."

Die Karosserie und das Interieur beschrieb die »Motor-Revue« folgendermaßen: „Durch vergrößerte Fensterflächen verbesserte sich die Sicht nach

Mit Dreiganggetriebe auf großer Fahrt: Im Herbst 1960 tauchten die ersten »P 2« auf den Straßen auf.

Die Basis-Version des neuen »Rekord« kostete 6385 Mark.

allen Seiten, wobei bemerkenswert ist, daß man die für den »Rekord« bisher so typische, stark herumgezogene Panorama-Frontscheibe aufgegeben hat. Dadurch verbessern sich die Einstiegsverhältnisse, besonders für die viertürige Version, deren vordere Türen zwangsläufig schmäler sein müssen. Ein völlig neues Aussehen – neben vielen anderen Änderungen im Innenraum – erhielt das Armaturenbrett. Das im Prinzip beibehaltene Walzentachometer bekam – je nach Geschwindigkeitsbereich – eine mehrfarbige Anzeige." Die Opel-Werbung selbst beschrieb dieses Detail folgendermaßen: „Das Leitfarben-Tacho erleichtert – vor allem im Ortsverkehr – die Geschwindigkeitskontrolle. Sein Leuchtband zeigt bis 50 km/h Grün, bis 100 km/h Orange und darüber Rot an." Weiter Originaltext »Motor-Revue«: „Die Lenkradnabe sank noch tiefer. Für sehr wichtig halten wir die Möglichkeit, die Beifahrer-Lehne gegen Umklappen nach vorn zu arretieren. Die hinteren Türen beim Viertürer können auch gegen unbeabsichtigtes Öffnen von innen gesichert werden. Das Bauprogramm bleibt unverändert: Opel »Rekord« mit 1,5-Liter- und 1,7-Liter-Motor, ergänzt durch »Caravan« und »Schnell-Lieferwagen«." Wobei gesagt werden sollte, daß der »Schnell-Lieferwagen« eine preiswertere Variante des »Caravan« war, bei der der Käufer auf die hinteren Seitenscheiben verzichtete, und dafür eine hintere Sitzbank und durchgehende Blech-Seitenwände bekam.

Für 6385 Mark bot der »P 2«, wie der Wagen intern genannt wurde, den bewährten 1,5-Liter-Reihenvierzylinder, der bei 4300/min stolze 50 PS bereitstellte und für eine Höchstgeschwindigkeit von 128 km/h sorgte. Für 6600 Mark gab es aber auch eine 55 PS starke 1,7-Liter-Variante, mit der immerhin 132 km/h erreichbar waren. Anfänglich gab es den »P 2« nur als zweitürige Limousine und als »Caravan«, im Dezember 1960 sollte dann der Viertürer folgen, der für 6875 Mark bei den Händlern stand.

„Auch Langstreckenfahrten wurden zum Vergnügen"

Als die Zeitschrift »hobby« im Juli 1961 einen großen Vergleichstest zwischen dem brandneuen »VW 1500« und der etablierten Konkurrenz machte, mokierte sich der Autor Heinz Kranz zwar etwas über die Tatsache, daß nur noch Opel ein Dreiganggetriebe im Angebot hatte, während die gesamte Konkurrenz bereits auf Vierganggetriebe setzte. Dafür überzeugte das Rüsselsheimer Geschöpf durch einen riesigen Kofferraum, einen vergleichsweise günstigen Preis und einen großen Innenraum, der „auch Langstreckenfahrten zu einem Vergnügen werden ließ".

Opel hatte das Fehlen eines neuen Vierganggetriebes sehr wohl bemerkt und machte sich dementsprechend rasch daran, auch in diesem Bereich mit der Konkurrenz mithalten zu können – allerdings konnte zunächst nur das »Luxus«-Modell damit geordert werden. Der »Rekord Luxus« verfügte aber nicht nur über dieses langerwartete Viergangetriebe, sondern auch über eine ungewöhnlich komplette Ausstattung, die von den verchromten Liegesitzbeschlägen über das Doppeltonhorn bis hin zur Auspuffblende und den Radzierringen all das bot, was den Autofahrer damals erfreute.

Bis dahin war dieses Triebwerk dem »Coupé« vorbehalten gewesen, das im August 1961 einem überraschten

Publikum vorgestellt wurde: „Mit dem neuen »Rekord-Coupé« wird erstmals seit vielen Jahren den Opel-Kunden wieder eine Sonderausführung angeboten. Eng angelehnt an die Limousine, erhält das Coupé seine sportliche Linie durch den flacheren und kürzeren Dachaufsatz. Auch steht es etwas tiefer in den Federn und ist dadurch niedriger. Die Innenausstattung ist reichhaltig, Liegesitze, Rückfahrscheinwerfer, Lichthupe, Scheibenwischer, Doppeltonhorn und Beifahrer-Handgriff sind im Preis von 7770 Mark enthalten. Durch Verdichtungserhöhung auf 8:1 wurde die Motorleistung auf 60 PS bei 4100/min erhöht, das maximale Drehmoment beträgt 12,8 mkg bei 1700–2000/min. Mit der auf 3,7:1 geänderten Hinterachsübersetzung (normal 4,22) erreicht das Coupé nach Werksangabe eine Höchstgeschwindigkeit von über 140 km/h", berichtete die »Motor-Revue«.

Mögen uns die Proportionen dieses ersten »Serien«-Coupés heute auch etwas eigenartig vorkommen, so war der Wagen 1961 doch eine der großen Sensationen. Denn wer bis dato einen Opel mit einer besonderen Karosserie erwerben wollte, mußte sich zu einer der Karosseriefirmen bemühen, die – gegen entsprechenden Aufpreis – ein Cabriolet oder Coupé aufbauten. Daß diese sportlichere Variante gut ankam, zeigten auch die gefüllten Auftragsbücher: Nicht weniger als 33816 Exemplare wurden bis zur Produktionseinstellung nur zwei Jahre später ausgeliefert.

Der neue »Kadett« kam nicht aus Rüsselsheim

1960, das Jahr der Olympischen Sommerspiele in Rom, brachte aber nicht nur einen völlig neuen »Rekord«, sondern auch eine der wichtigsten unternehmerischen Entscheidungen in der Geschichte von Opel: In diesem Sommer beschloß der Vorstand, ein neues »kleines« Modell zu bauen und einen neuen Produktionsstandort zu suchen. Den Ausschlag dafür gab nicht zuletzt der rasante Aufstieg von »Volkswagen«, da der »Käfer« einen Produktionsrekord nach dem anderen erreichte. Und auch andere Hersteller hatten mit Fahrzeugen wie dem »BMW 700«, dem Lloyd »Arabella« oder dem DKW »Junior« bewiesen, daß es ein nicht ganz so finanzkräftiges Publikum gab, das aber nicht auf »sein« Automobil verzichten wollte. Die Rüsselsheimer versuchten zwar mit dem »Opel 1200« auf der Basis des »P 1«, in diesem Marktsegment ein kostengünstiges Modell auf die Räder zu stellen, um dem Wolfsburger Geschöpf wenigstens ein paar Käufer abzujagen. Der Generaldirektion aber war klar, daß der »Opel 1200« nur eine Übergangslösung sein konnte, die die Zeit bis zur Einführung des neuen »Kadett« abdeckte. Der Name »Kadett« stand eigentlich von Anfang an fest: Zu gut war er noch aus alten Tagen im Bewußtsein der Bevölkerung etabliert. Problematischer gestaltete sich schon die Suche nach einer neuen Produktionsstätte, denn in Rüsselsheim konnte das neue Werk nicht stehen – hier platzten die Anlagen bereits mit den existierenden Modellreihen, die sich besser denn je verkauften, aus allen Nähten; zudem wurde im Frankfurter Raum ein immer größer werdender Mangel an Facharbeitern spürbar. Opel war also gezwungen, einen neuen Standort zu suchen, der nicht nur Raum, sondern auch qualifizierte Arbeitskräfte bieten konnte.

Nun mit vier Türen und Vierganggetriebe: der Rekord »L«.

In den späten 50er Jahren, in denen die Automobilindustrie ein Rekordergebnis nach dem anderen erzielte, begann an Rhein und Ruhr die Strukturkrise des Steinkohlen-Bergbaus: Bereits 1957 mußten im Ruhrgebiet die ersten Zechen geschlossen werden, und 1959 hatten allein in der Stadt Bochum 13700 Bergleute ihren Arbeitsplatz verloren. Die Stadtväter reagierten schnell und unbürokratisch: Weg von der Kohle, hin zu anderen Industrien, zu zukunftsträchtigen Technologien – so lautete das Motto. Und was lag näher, als sich um die Ansiedelung der interessantesten und lukrativsten Industrie zu bemühen, die Deutschland in diesen Jahren besaß: der Autoindustrie? So war es kein Wunder, daß die Studienkommission, die Opel zur Standortfrage eingesetzt hatte, relativ schnell Kontakt zu den Vertretern der Stadt Bochum und des Landes Nordrhein-Westfalen bekam. Am 18. März 1960 saß man erstmals gemeinsam an einem Tisch und einigte sich rasch darauf, daß der Standort mit seinen Facharbeitern für Opel nahezu ideal war. Es gab aber noch Probleme mit der Fläche, die die Stadt Bochum für das neue Werk zur Verfügung stellen konnte. Opel dachte an ein Areal von etwa 1,5 Millionen

Quadratmetern, Bochum konnte im dichtbesiedelten Ruhrgebiet aber nur zwei Gelände mit 710 000 und 680 000 Quadratmetern ausweisen. Letztlich war Opel dann aber doch mit diesem Kompromiß zufriedenzustellen. So begann man die Vertragsmodalitäten auszuhandeln, wobei erstaunlicherweise die noch ansässigen Bergbau-Unternehmen die Neuansiedelung eines Automobilwerks mit Skepsis betrachteten. Sie befürchteten vor allem, daß eventuelle Schäden, die durch einstürzende Stollen oder andere durch den Bergbau ausgelöste Bodenveränderungen auftreten konnten, zu Schadenersatzforderungen in Millionenhöhe führen würden. Natürlich erkannten sie auch, daß ihre Rolle als »Platzhirsche« durch das Opel-Werk gefährdet war. Aber so schnell gab die Stadt Bochum nicht auf: Mit ausführlichen Sachverständigengutachten und den daraus resultierenden Sicherungsmaßnahmen sowie einer Regelung der Risikoübernahme bei eventuellen Schäden wurden alle Hemmnisse beseitigt.

Am 20. Mai 1960 war es dann soweit: Auf einer Pressekonferenz gab die Stadt Bochum bekannt, daß man sich mit Opel über den Bau eines neuen Zweigwerks geeinigt hatte. Nun schlug die Stunde der Architekten, Projektplaner und Bauarbeiter, und bereits im Oktober 1960 waren die alten Zechenanlagen dem Erdboden gleichgemacht und der Aushub für die Neubauten konnte beginnen. „Plötzlich scheint alle Welt auf neue Modelle in der Ein-Liter-Klasse zu setzen", schrieb »hobby«, „so darf zwischen dem neuen »Kadett« und dem »Ford 12 M« ein heißes Rennen erwartet werden." »Volkswagen« versuchte dagegen, mit dem »1500« in der 1,5-Liter-Klasse Marktanteile zu gewinnen. Die drohende Konkurrenz beflügelte die Bautrupps in Bochum zu nahezu unglaublichen Leistungen: 5600 Arbeiter aus 285 Unternehmen sorgten rund um die Uhr dafür, daß im August 1961 (also nur zehn Monate nach dem ersten Spatenstich) die Kühler für den »Rekord« nach Rüsselsheim geliefert werden konnten. Am 12. April 1962 war in den beiden Werken »Bochum-Laer« und »Bochum-Langendreer« Richtfest, und am 10. Oktober 1962 fand dann die feierliche Werkseröffnung statt. In Laer konnten das Preßwerk, die Sattlerei, die Endmontage und die Verladeeinrichtungen untergebracht werden, während das Werk II in Langendreer für die Herstellung von Motoren, Getrieben und allen Fahrwerksteilen zuständig war. Zwei Jahre nach Baubeginn arbeiteten bei Opel bereits 9300 der insgesamt geplanten 14 000 Arbeiter und Angestellten, und in den nächsten Monaten und Jahren lief die Produktion langsam auf die beabsichtigte Tagesproduktion von 1000 Fahrzeugen hoch – Opel hatte in Bochum Investitionen in Höhe von 1,3 Milliarden Mark getätigt und dafür die Kapazitäten für die dritte Baureihe, den »Kadett«, gewonnen.

Mit Flaggenschmuck: die Zentrale des neuen Werks in Bochum.

Das 100jährige Jubiläum wurde mit dem »Kadett« gefeiert

Die Serienproduktion des neuen »Kleinen« mit dem altbekannten Namen lief im August 1962 an – in diesem Monat feierten die Rüsselsheimer »100 Jahre Opel«. Und da war der Produktionsbeginn in Bochum, der in Gegenwart des neuen Generaldirektors Nelson J. Stork stattfand, natürlich ein besonderer Anlaß zum Feiern. Der »Kadett« wurde auf Anhieb zu einem grandiosen Erfolg: Bereits nach zwei Monaten lief der 10 000ste »Kadett« vom Band, und nur neun Monate später konnten die Bochumer den 100 000sten »Kadett« montieren. Die »Motor-Revue« betrachtete das neue Modell im Herbst 1962: „Es liegt eine gewisse Ironie des Schicksals darin, daß die westlichen Alliierten das »VW«-Werk, den künftigen Hauptkonkurrenten ihrer eigenen Automobilindustrie, stehen ließen, während sie zusahen, wie die Russen im General Motors-Tochterwerk »Opel« die »Kadett«-Produktionsanlagen auf 59 Güterwagen luden und gen Moskau rollen ließen. Bitterkeit in dieser Richtung war nicht spürbar, als die »Opel«-Leute Ende August 1962 in Rüsselsheim ihren »Kadett« präsentierten. Wohl aber ließen sie manches einfließen, was auf den »Volkswagen« selbst zielte. So etwa die Feststellungen, die Opel-Chefingenieur Hans Mersheimer bezüglich des Heckmotors traf: ›Für den Großserienbau des Heckantriebswagens sprechen die zweifellos geringeren Investitionen und Herstellungskosten, jedoch nicht die zu einer Fiktion gewordene Auffassung einer besseren Straßenlage. Und die Kofferraumfrage ist beim Wagen mit Heckmotor trotz aller schon gemachten Anstrengungen auch in der Zukunft nicht befriedigend zu lösen ...‹"

Zweifellos war aber zunächst einmal der Preis das Hauptargument für den immensen Erfolg des »Kadett«. Er kostete ganze 5075 Mark und sorgte damit bei den Herstellern für Sorgenfalten, die nicht wie »Opel«, »Ford« oder »VW« zu den ganz Großen gehörten: Fahrzeuge wie der »DKW Junior«, der »BMW 700«, der »NSU Prinz«, der »Renault 8« oder der »Simca 1000« waren nun schlechter absetzbar – und bis auf Renault sollte dann ja auch keiner dieser Hersteller in diesem Marktsegment »überleben«. Außerdem war Opel mit dem »Kadett« ein ungewöhnlich leichtes Automobil geglückt, dessen Leergewicht von ganzen 670 Kilogramm entscheidend dazu beitrug, daß er trotz seines »nur« 993 ccm großen Vierzylinders praktisch die Fahrleistungen des stärkeren »Rekord« erreichen konnte. „Beim Fahren zeigt der Opel »Kadett«, daß die

Neues Werk, neues Produkt: die »Kadett«-Montage in Bochum.

Das Leichtgewicht: Der »Kadett« wog nur 670 Kilogramm.

Preisgünstig: Der »Kadett« kostete ganze 5075 Mark.

nahezu einmalige Möglichkeit, Konstruktion und Produktion von Grund auf neu zu entwickeln, mit Erfolg genutzt wurde: Das Fahrzeug wirkt für ein neues Modell ungewöhnlich abgerundet und perfekt. Besonders der ruhig laufende Motor, von dem sich in keinem Geschwindigkeitsbereich Vibrationen auf die Karosserie übertragen, erzeugt das Gefühl einer Laufkultur, wie es in dieser Preisklasse bisher nur der »Volkswagen« bieten konnte", schrieb die »Motor-Revue«. Und andere Zeitschriften erwähnten oft und gerne die Tatsache, daß Opel mit diesem neuen Vierzylinder das Kunststück gelungen sei, einerseits bei 5000/min temperamentvolle 40 PS bereitzustellen, während das maximale Drehmoment von 7,2 mkg bereits zwischen 2200 und 3000/min abgegeben wurde. Mit einer

Der Bestseller der Mittelklasse: der »Rekord«.

Mit höherer Zuladung: Der »Caravan 1000« kostete 5445 Mark.

Höchstgeschwindigkeit von 120 km/h und einer Beschleunigungszeit von 26 Sekunden von Null auf 100 km/h, zählte der »Kadett« zu den schnellsten seiner Klasse – aber damals benötigte auch noch ein »Porsche« über zehn Sekunden für den Spurt zur 100 km/h-Grenze. Und eine der führenden Fachzeitschriften, »auto, motor und sport«, schrieb nach einem ersten 15000-Kilometer-Dauertest: „Der Opel »Kadett« ist ohne Einschränkungen zu empfehlen. Er ist kein überdurchschnittliches, kein faszinierendes Auto, aber ganz bestimmt ein erfreuliches. Der Wagen erfordert ein Minimum an Kosten- und Zeitaufwand und ist in jeder Hinsicht unproblematisch. Das ganze Auto ist sozusagen blitzsauber. Kein Wunder, daß es Spaß macht, damit zu fahren."

Kein Zweifel: 1962 war ein gutes Jahr für Opel. Mit 359505 Personenwagen und 19806 Nutzfahrzeugen konnte ein neuer Produktionsrekord aufgestellt werden.

Unentbehrlich für Handwerker und Großfamilien: der »Rekord Caravan«.

Doch noch schlug sich der neue »Kadett« nicht in diesen Zahlen nieder. Welchen immensen Aufschwung das Bochumer Geschöpf für Opel brachte, zeigte sich am Ende des Jahres 1963: Mit 555377 Personenwagen und 14916 Nutzfahrzeugen hatten die Rüsselsheimer ihre Verkaufszahlen um über 50 Prozent anheben können. Und die »Motor-Revue« vermutete (wahrscheinlich zu Recht) auch beachtliche Gewinne:

„Wenn der »Kadett« überhaupt ein Geheimnis mitbringt, ist es das Ergebnis einer perfektionierten Produktionstechnik, in der auch die Konstruktion des Objektes selbst weitgehend in den Prozeß der Gesamtplanung mit eingespannt wurde. Es hat sich hier nicht die

Produktionstechnik nach dem vorhandenen Entwurf der Automobilkonstrukteure gerichtet, sondern die Konstrukteure mußten schon vom ersten Bleistiftstrich an die Produktion mit im Auge behalten. Die immensen Erfahrungen, die man bei »Opel« und »General Motors« auf diesem Gebiet schon hat, machen den »Kadett« vermutlich zu einem der am wirtschaftlichsten produzierten Autos, die es jemals gegeben hat. So mancher Verantwortliche mittlerer Automobilfabriken, der Tag für Tag mit ständig wachsenden Kosten kämpft, würde vielleicht den Mut verlieren, wenn er genau wüßte, was der »Kadett« in der Herstellung wirklich kostet."

Opel war im Aufschwung – dazu trug auch wieder ein neuer »Rekord« bei, der den mittlerweile drei Jahre alten »P 2« ablösen sollte. Noch immer war die »General Motors«-Tochter Opel versucht, den amerikanischen Ansprüchen auf einen relativ häufigen Modellwechsel gerecht zu werden. „Gibt es eine Auto-Mode, die in Mode bleibt?" fragte die Opel-Werbung von Januar 1963 an das Publikum, und man teilte auch gleich die Lösung mit: „Wir würden sagen: Nein. Denn im Sinne des Fortschritts wandeln sich Geschmack und Wünsche. Und das betrifft nicht nur Sicherheit, Leistung, Komfort und Geräumigkeit, sondern entschieden auch die Form der Karosserie. Wir haben darum am »Rekord« nicht nur da etwas verbessert und dort etwas erneuert, sondern ein ganz neues Automobil gebaut." In der Tat war der »Rekord A« ein völlig neues Fahrzeug, wenn man einmal von der Tatsache absah, daß sich die um jeweils 5 PS erstarkten 1,5- (55 PS)- und 1,7-Liter (60 PS)-Vierzylinder noch immer direkt von dem »Olympia«-Motor von 1938 ableiten ließen.

Der Mittelschalthebel kostete 180 Mark Aufpreis

Der neue »Rekord« bekam eine bemerkenswert glatte und saubere Form mit auf den Weg (die etwas an die Mittelklasse-»Chevrolet«-Modelle erinnerte) und konnte von 1963 an als »Rekord A« in nicht weniger als 861 722 Exemplaren auf die Straßen dieser Welt entlassen werden. Natürlich gab es eine zwei- und eine viertürige Variante (400 Mark Aufpreis) und auch einen »Caravan«, während die Coupé-Freunde noch bis zum September 1963 warten mußten, bis sie ihren Traumwagen für 8015 Mark erhielten. Und wer es etwas sportlicher haben wollte, konnte sich nicht nur an der strafferen Fahrwerkabstimmung erfreuen, sondern auch für 150 Mark Aufpreis Scheibenbremsen an den Vorderrädern bestellen, während das Vierganggetriebe mit dem sportlichen Mittelschalthebel 180 Mark mehr kostete – noch war das Dreiganggetriebe mit Lenkradschaltung serienmäßig. Das »Rekord A Coupé« brachte eine weitere Leistungssteigerung: Mit nunmehr 67 PS sorgte der »1700 S«-Motor für knapp 150 km/h Höchstgeschwindigkeit, und nur wenige Wochen später war dieser Motor auch in der »Rekord L«-Limousine im Angebot.

Von September 1963 an lieferbar: das »A Coupé« mit dem 1,7-Liter »S«-Motor und 67 PS Leistung.

Für die Kinder des »Wirtschaftswunders«: Der »Kapitän A« wurde im Februar 1964 vorgestellt.

Elegant, aber teuer: Das »Diplomat Coupé« entstand in 347 Exemplaren bei der Karosseriefirma »Karmann« zum Preis von 25 500 Mark.

Das »Wirtschaftswunder« war nun endgültig über Deutschland hereingebrochen – und es überraschte nicht weiter, daß gerade Ludwig Erhard, der Vater dieses »Wunders«, im Herbst 1963 Konrad Adenauer als Bundeskanzler folgte. In diesen erfreulichen Zeiten war es deshalb selbstverständlich, daß sich Opel nun daranmachte, nach der Einführung des »Kadett« und des »Rekord A« auch einen völlig neuen »Kapitän« vorzustellen. Im Februar 1964 konnte der Wagen, der der Konkurrenz aus Stuttgart wieder Kundschaft abnehmen sollte, erstmals besichtigt werden. Dem Zeitgeist entsprechend war der neue »Kapitän« ein mächtiger Repräsentationswagen, der mit seiner Länge von 495 Zentimetern und einer Breite von 190 Zentimetern gegenüber seinen Vorgängern deutlich zugelegt hatte – dafür war der »Große« um 67 Millimeter flacher geworden, was den Proportionen sehr zugute kam. Dennoch hatte der Innenraum deutlich an Raum zugenommen, da auch der Radstand um 45 Millimeter auf nunmehr 2845 Millimeter verlängert worden war. Das führte dazu, daß er amtlich als Sechssitzer zugelassen wurde.

Wie beim »Kadett« gab es auch zum »Kapitän« die ersten Denkanstöße und Zeichnungen im Jahr 1960 – allerdings stellte die Generaldirektion die Entwicklung des neuen Top-Modells unter das Motto »Die großen Drei«. Als die ersten Journalisten dann im Februar 1964 auf dem Prüfgelände in Rüsselsheim erschienen waren, erkannten sie rasch, was Opel mit diesem Slogan gemeint hatte: Der »Kapitän« erfüllte mit seinem 100 PS starken 2,6-Liter-Sechszylinder die Wünsche nach einem »großen« Opel, während die ihm zur Seite stehende, besonders luxuriös ausgestattete Variante mit einem aus der Vorkriegszeit bekannten Namen etabliert werden sollte – der Name »Admiral« feierte hier Wiederauferstehung.

„Die Repräsentanten weltmännischer Eleganz"

Als absolutes Spitzenmodell wurde dann noch der »Diplomat« vorgestellt, dessen 190 PS starker 4,7-Liter-Achtzylinder in Detroit bei »Chevrolet« eingekauft worden war. Der Pressemappe konnte man folgendes entnehmen: „»Kapitän« und »Admiral« – zwei neue Opel-Wagen der Prominentenklasse. Beide repräsentieren den neuen Stil im Autobau, aber jeder wird den Komfortwünschen verwöhnter Autofahrer auf seine Weise gerecht. Mit der sportlich-flachen Bugpartie, den prismenförmigen Scheinwerfern, der rassig abschwingenden Hecklinie sind die Neuen hervorragende Repräsentanten weltmännischer Eleganz." Für den immerhin 17 500 Mark teuren »Diplomat« (für den »Kapitän« mußten 10 990 Mark und für den »Admiral« 12 200 Mark auf den Tisch des Händlers gelegt werden) hatten die Opel-Texter folgende Zeilen entworfen: „Beifall und Respekt sind Ihnen sicher. Herr Ihrer Zeit – im »Diplomat V8« bleiben Sie es, unbehelligt von Verkehrstrubel und unbelastet von komplizierter Bedienungstechnik. Sekundenschnell befreit Sie der kraftvolle V8-Motor aus dem Wartestand vor Ampeln und hinter langsameren Vordermännern. Auch auf der Autobahn, wo seine Überlegenheit für Sie – und andere – spürbar wird, beschränken das automatische Getriebe, Hilfskraftlenkung und Bremskraftver-

„Mit der Linienführung eines Chevrolet", so sah die Presse »Die großen Drei« aus Rüsselsheim – hier der besonders luxuriös ausgestattete »Admiral«.

Im Stil der Zeit: das Armaturenbrett des »Diplomat A«.

Gruppenbild der »großen Drei«: hinten der »Kapitän«, in der Mitte der »Admiral« und im Vordergrund der »Diplomat V8«, der an dem mit Kunstleder bezogenen Dach zu erkennen war.

stärker Ihre Tätigkeit auf wenige leichte Aktionen. Dafür genießen Sie das Privileg, toleranter Beherrscher beider Fahrspuren zu sein. Der standesgemäße Wagen für Reisende von Rang..."

Bereits auf Anhieb verkauften sich »Die großen Drei« hervorragend – und die Opel-Händler wußten nicht, ob sie weinen oder lachen sollten: Wegen der riesigen Nachfrage nach dem »Rekord A« waren die Kapazitäten in Rüsselsheim derart ausgelastet, daß mit der Produktion des neuen Flaggschiffes erst Mitte 1964 in viel zu kleinen Mengen begonnen wurde. Dennoch konnten erstaunliche Stückzahlen ausgeliefert werden: Bis zum September 1965 wurden 15 030 »Kapitäne« und 31 318 »Admirale« verkauft, dann standen schon die ersten Modellpflegemaßnahmen an, denn etliche der Käufer waren mit dem Temperament der 100 Pferdestärken nicht ganz einverstanden. Die immerhin 1370 Kilogramm (Leergewicht) schweren Sechszylinder erreichten »nur« 155 km/h und benötigten rund 15 Sekunden für den Spurt zur 100 km/h-Grenze. Und so bekamen »Kapitän« und »Admiral« nach den Werksferien 1965 einen völlig neuen 2,8-Liter-Sechszylinder, der mit seinen 125 PS für deutlich bessere Fahrleistungen sorgte – 170 km/h waren nun problemlos möglich, während sich der »Diplomat« mit seinen 200 km/h bereits in Sportwagenkreisen tummelte.

Die frühen 60er Jahre waren für Opel aber nicht wegen der Einweihung des Werks in Bochum und der Plazierung von drei neuen oder neu überarbeiteten Modellreihen von existenzieller Bedeutung: In diesen Jahren wandelte sich auch die Grundeinstellung der Verkaufsdirektion zum Thema »Sport« und »Sportlichkeit«. Man erkannte rechtzeitig, daß nun langsam eine Käuferklientel heranwuchs, für die die Zuverlässigkeit und der Wiederverkaufswert zwar noch immer eine große Bedeutung hatten, die aber andererseits auch auf Leistung und Fahrfreude Wert legte. Und so sollten von 1963 an die ersten Modelle auf dem Markt auftauchen, die üppiger motorisiert wurden, als man dies bislang von den Rüsselsheimern gewohnt war.

12

Die Kundschaft wird immer anspruchsvoller – also entwickelt Opel das »Kadett-Coupé«, einen »Rekord« mit Sechszylindermotor (aus dem dann der »Commodore« entsteht) und ein »Diplomat-Coupé«. Der Liebling des Jahrzehnts wird jedoch das »GT«-Coupé. Und damit alle Modelle auch ausgereift auf den Markt kommen, baut Opel in Dudenhofen für über 20 Millionen Mark ein völlig neues Testgelände.

Und dann war Temperament gefragt

Irgendwie lag plötzlich Leistung in der Luft: »Borgward« hatte Ende der 50er Jahre mit der »Isabella TS« die erste sportliche Familienlimousine gebaut, die mit 75 PS aus nur 1,5 Liter Hubraum der Konkurrenz weit voraus war – und »BMW« spielte dieses Thema mit dem »1800« und »1800 TI« erfolgreich weiter, nachdem »Borgward« am 28. Juli 1961 den Vergleich anmelden mußte. Die Dingolfinger »Hans Glas GmbH« baute mit dem »1204 TS« und dem »1700« ebenfalls enorm schnelle Wagen, und der Erfolg der »Giulia 1600 TI«-Limousine bewies, daß man auch bei »Alfa Romeo« eine neue Klientel gefunden hatte, der Temperament über alles ging.

Daß Opel ebenfalls die Zeichen der Zeit erkannt hatte, zeigte sich deutlich im Oktober 1963, als zum Preis von 5775 Mark ein »Kadett Coupé« vorgestellt wurde, dessen Motor anstelle der serienmäßigen 40 PS immerhin 48 PS an die Hinterachse brachte – das Ergebnis waren stolze 136 km/h Höchstgeschwindigkeit. Als man bei Opel dann in den nächsten Monaten die Ergebnislisten kleinerer Rennen und Rallies betrachtete, entdeckte das Management mit Interesse, daß der »Kadett A« in den Händen von Privatfahrern beachtliche Siege und Plazierungen erreicht hatte: Opel war, ohne es eigentlich beabsichtigt zu haben, wieder erfolgreich in den Motorsport zurückgekehrt. Besonders bei den großen Langstrecken-Rallies lag der kleine Kadett dank der geglückten Mischung aus wenig Gewicht, relativ viel Leistung und der von Opel gewohnten Zuverlässigkeit immer wieder ganz vorne. Als Hans Beck und Lutz Kemper bei der »Tour d'Europe«, einer 15 000 Kilometer langen Zuverlässigkeitsfahrt durch drei Kontinente und 20 Länder, den Klassensieg und einen sechsten Rang im Gesamtklassement errangen, hatte Opel endgültig wieder zu seiner sportlichen Vergangenheit zurückgefunden.

Das »Diplomat-Coupé« war offensichtlich zu teuer

Die Kunden wollten aber nicht nur ein stärker motorisiertes »Kadett Coupé«, sondern mehr Leistung in allen Modellreihen. So war der 48-PS-Motor rasch in der gesamten »Kadett«-Reihe lieferbar, und im Juli 1964 präsentierte Opel auch den 100 PS starken Sechszylinder des »Kapitän« unter der Motorhaube der »Rekord L«-Limousine und des »Rekord«-Coupés. Damit die beachtlichen Fahrleistungen – knapp 170 km/h Höchstgeschwindigkeit und in nahezu 13 Sekunden von Null auf 100 km/h – sicher auf die Straße gebracht werden konnten, montierte das Werk für den Preis von 9370 Mark auch ein länger übersetztes Vierganggetriebe, Scheibenbremsen an der Vorderachse und Gürtelreifen der Größe 165 SR 14. Der Erfolg war beeindruckend: Von dem Sechszylinder-»Rekord« wurden innerhalb eines Jahres immerhin 12 469 Exemplare verkauft. Die guten Verkaufsergebnisse sollten langfristig dafür sorgen, daß im März 1967 mit dem »Commodore« eine neue Baureihe eingeführt wurde, die nur noch mit Sechszylindern lieferbar war.

Der Drang zu mehr Leistung erfaßte aber auch »Die großen Drei«: Von März 1965 an waren der »Kapitän« und der »Admiral« für diejenigen, die Understatement schätzten, mit dem Achtzylinder des »Diplomat« lieferbar, und im September 1965 erschien ein neu entwickelter 2,8-Liter-Motor mit nunmehr 125 PS Leistung, der die von manchen Kunden bemängelte Temperamentlosigkeit der Top-Baureihe beseitigte. Dieser »c.i.h.«-Motor (»c.i.h.« stand für »camshaft in head« – also »mit obenliegender Nockenwelle«) sollte sein Nockenwellen-Know-how dann auch in den neuen Vierzylinder einbringen, der ebenfalls 1965 in Serie ging. Damit der »Diplomat«-Interessent aber bei seinem Händler wenigstens ein Modell vorfand, das nicht als »Kapitän« oder »Admiral« erhältlich war, begann im März 1965 die Auslieferung des »Diplomat Coupés«, das bei der Karosseriefabrik »Karmann« gebaut wurde. Hier verhalf ein größerer 5,4-Liter-Achtzylinder mit 230 PS Leistung dem 25 500 Mark teuren Coupé zu 206 km/h; allerdings verließen bis zur Produktionseinstellung, die bereits 1967 erfolgte, nur 347 Coupés und ein einziges Cabriolet die Fabrikhallen von »Karmann«. Das

Auch beim »Rekord B« fester Bestandteil des Modellprogramms: das elegante Coupé (oben).

Mit neu konstruierten Vierzylindermotoren: der »Rekord B«, der seinen Vorgänger 1965 ablöste (unten).

Mit dem »Commodore« führte Opel 1967 eine neue Baureihe ein, die die Alltagstauglichkeit des »Rekord« mit dem Temperament eines Sechszylinders verband (oben).

Mit keckem Hüftschwung: Das »Rekord C«-Coupé gefiel auf Anhieb.

»Diplomat«-Coupé brachte bestimmt nicht viel Geld in die Kassen von Opel, aber es war zu seiner Zeit ein Imageträger erster Klasse und – neben dem »Mercedes-Benz 600«, der als Staatskarosse immerhin in der Basisversion bereits 56 500 Mark kostete – zusammen mit der Limousine der einzige deutsche Wagen mit einem Achtzylindermotor. Und wer die 230 PS des »großen« Achtzylinders zu schätzen wußte, konnte sie von September 1966 an gegen Aufpreis auch in der »Diplomat«-Limousine erwerben.

Auf »A« folgte »B«

Das große Geld wurde aber mit den kleineren Modellen verdient: 1965 kam der »Rekord B« neu auf den Markt, der sich zwar optisch nur unwesentlich vom »A« unterschied, aber einen völlig neu konstruierten Vierzylindermotor mit »c.i.h«-Zylinderkopf besaß, dessen Entwicklung zusammen mit der des Sechszylinders in den frühen 60er Jahren begonnen hatte. Der »Rekord B« war mit vier verschiedenen Triebwerken lieferbar: 1,5 Liter/60 PS, 1,7 Liter/75 PS und 1,9 Liter/90 PS, dazu kam der »Rekord B6«, der von dem 2,6-Liter-Sechszylinder mit 100 PS angetrieben wurde.

Ebenfalls neu war der »Kadett B«, der im September 1965 seinen erfolgreichen Vorgänger bereits nach drei Jahren und 649 512 gebauten Exemplaren ablöste. Besonders beachtlich: Der »Neue« kostete mit 5175 Mark exakt 100 Mark mehr als sein Vorgänger – und er bot dafür eine ganze Menge. Der »Kadett B« hatte mit dem »A« praktisch nichts mehr außer dem Namen gemein. Er war länger (18 Zentimeter), breiter (10 Zentimeter) und flacher (1 Zentimeter) geworden. Der Radstand hatte, ebenso wie die Spur (vorne: 5 Zentimeter, hinten: 8 Zentimeter), 9 Zentimeter zugelegt – all dies beste Voraussetzungen für einen deutlich größeren Innenraum und ein besseres Fahrverhalten sowie mehr Komfort. Allerdings war das Gewicht (je nach Modell) um 75 bis 100 Kilogramm gestiegen. Deshalb hatten die Ingenieure die Bohrung um drei Millimeter vergrößert, das Resultat waren nun 1078 statt 993 ccm Hubraum und 45 PS bei 5000/min. Wer es gerne etwas sportlicher mochte, konnte zum »1,1-S«-Motor mit 55 PS greifen, die für 135 km/h sorgten. Bei dieser stärkeren Variante gab es die vorderen Scheibenbremsen nun in Serie, und gegen Aufpreis waren auch die immer beliebteren Gürtelreifen lieferbar.

Verkaufsschlager mit 90 PS: der »Rallye«-Kadett

Besondere Mühe hatte man sich mit dem »Caravan« gegeben, der als eleganter und flotter Kombi für den Kleinunternehmer nahezu unentbehrlich wurde. Aber auch das Coupé entpuppte sich als Schönling im positiven Sinne des Wortes: Mit seinem »Fließheck« fand es auf Anhieb seine Käufer und Käuferinnen, und Opel hatte nun dafür gesorgt, daß das »B Coupé« deutlich einfacher als sein Vorgänger für den Sporteinsatz präpariert werden konnte. Die Erfolge blieben nicht aus: Bereits im Januar 1966 belegte ein »B Coupé« bei der legendären »Rallye Monte Carlo« Rang drei in seiner Klasse und Rang 15 im Gesamtklassement. Und als weitere beste Plazierungen folgten, erkannte Opel die Gunst der Stunde und brachte den »Rallye«-Kadett auf den Markt. Er unterschied sich durch die teilweise schwarz lackierte Motorhaube und einer sportlicheren Innenausstattung mit Holzlenkrad von seinen zahmeren Brüdern und sorgte mit seinem »1,1 SR«-Motor mit Doppel-Vergaseranlage und 60 PS Leistung für rund 150 km/h. Dazu gab es für 7175 Mark auch noch Scheibenbremsen vorne, ein Zweikreisbremssystem und Gürtelreifen der Größe 155 SR 13. Kein Wunder, daß der »Rallye«-Kadett sofort ein Verkaufsschlager wurde – und als von September 1967 an der 90 PS starke 1,9-Liter-Vierzylinder des »Rekord« in dieser Baureihe angeboten wurde, hatte eine junge leistungshungrige Käuferschicht »ihr« Auto gefunden: Bis zur Produktionseinstellung im Juli 1973 konnte Opel nicht weniger als 103 622 Exemplare der »Rallye«-Varianten verkaufen.

Der »Kadett« wanderte als »Buick« in die USA

Im Renneinsatz wurde der »Rallye«-Kadett rasch der Herausforderer seiner Klasse. Die Presseabteilung verkündete Ende 1968 stolz: „Allein in diesem Jahr errangen Opel-Fahrer bei 238 Veranstaltungen 222 Klassensiege, 345 Goldmedaillen und 287 Silbermedaillen.“ Der »Kadett« war von den Rennstrecken und Rallye-Pisten Europas nicht mehr wegzu-

Von dem »Diplomat Cabriolet« entstand nur ein Exemplar, das – nachdem es jahrelang verschwunden war – Anfang der 90er Jahre frisch restauriert wieder auftauchte.

denken und schlug – nicht zuletzt dank seiner Zuverlässigkeit – öfter weit stärkere Konkurrenten. Kein Wunder, daß die Zuschauer den »Underdog« liebten und oft genug beschlossen, sich selbst auch so einen Wagen in die Garage zu stellen.

Insgesamt sollte der »Kadett B« bis zum Juli 1973 im Angebot bleiben. Natürlich wurde der Wagen immer weiter verbessert, neue Motorvarianten kamen zu den Händlern; und von September 1967 an erhielt die Luxus-Ausgabe des »Kadett« einen eigenen Namen. Für sie wurde der alte und bewährte Begriff »Olympia« wieder auferweckt. Mit immer neuen Motorvarianten (nach dem 90-PS-Motor, der mittlerweile in allen »Kadett«-Karosserieformen gegen Aufpreis lieferbar war, kam der 1,7-Liter-Vierzylinder mit 75 PS aus dem »Rekord« ins Programm) eroberte sich Opels Kleinster einen permanenten Platz an der Zulassungsspitze. 1968 war dann das Jahr, in dem der »Kadett« erstmals für 800 Mark Aufpreis mit einem automatischen Getriebe angeboten wurde, allerdings war diese Erleichterung nur für die hubraumstarken 1,7- und 1,9-Liter-Motoren zu bekommen. Opel besaß mit dem »Kadett B« ein ungewöhnlich erfolgreiches Modell, das sich sogar von 1966 an über die »Buick«-Händlerorganisation in den USA hervorragend verkaufen ließ. Bis zur Einführung von zwei neuen Mittelklasse-Baureihen im August 1970 produzierte man den »Kadett« in stetig neuen Rekordzahlen, und er setzte sich in einigen Monaten noch vor den »VW Käfer« auf Rang Eins der Zulassungszahlen. Als der »Ascona« und sein sportliches Pendant, der »Manta«, auf den Markt kamen, wurden nach 80 637 Exemplaren nicht nur die Produktion der »Olympia«-Varianten eingestellt, sondern auch das Coupé und der »Caravan«. Außerdem entfiel wieder der 1,7-Liter-Motor, und das 90 PS starke 1,9-Liter-Triebwerk kam nur in dem noch immer beliebten »Rallye«-Kadett zum Einsatz. In den beiden letzten Jahren seiner Produktion erhielt der Wagen noch einmal etwas hubraumgrößere Motoren: Die Bohrung war nun auf

Länger und breiter: Der »Kadett B« erschien im September 1965.

Mit vertrautem Namen: Die Luxusvariante des »Kadett« wurde »Olympia« getauft – hier das Coupé.

79 Millimeter angewachsen, und die daraus resultierenden 1196 ccm Hubraum sorgten für 60 PS, die den »Kadett« auf 140 km/h beschleunigten. So beendete der »Kadett B« seine Laufbahn im Sommer 1972 mit den 1,1- und 1,2-Liter-Motoren, während der »Rallye«-Kadett mit dem 1,2 S- und 1,9-Liter-Triebwerk im Angebot blieb. Der »B« hatte sich zu einem Bestseller entwickelt; in den neun Jahren Produktionszeit war er mit seinen 2 649 501 produzierten Exemplaren sogar zum erfolgreichsten Wagen seiner Klasse geworden. »Opel Kadett, das heißt O.K.«, versprach ein zeitgenössischer Werbeslogan – ein Satz, der sich im tagtäglichen Umgang mit dem Wagen bestätigt hatte. Als die Produktion dann eingestellt wurde, konnte dennoch niemand wirklich enttäuscht sein, denn man wußte bereits, daß der Nachfolger – der nach dem »Kadett A« und »B« natürlich die Bezeichnung »C« trug – noch besser als sein Vorgänger geraten war.

Lange bevor der »Kadett C« auf den Straßen auftauchen sollte, hatte bereits der »Rekord B« seinen Nachfolger bekommen. Eigentlich fiel die Entscheidung sogar erstaunlich schnell: Der »B« hatte es genau ein Jahr ausgehalten, bis der »C« bei den Händlern stand. Das läßt sich weniger mit etwaigem Übermut der Marketingabteilung erklären, sondern vielmehr aus der Tatsache ableiten, daß der »B« eher ein »A« mit einem kleineren Facelift gewesen war, dessen wichtigster Punkt die neu entwickelte Vierzylinder-Motorenreihe darstellte. Vielleicht hatte man zu diesem Zeitpunkt nicht die Ingenieurkapazität, neben den neuen Motoren gleich noch ein völlig neues Auto zu entwickeln – schließlich gab es 1966 etliche andere Neuerungen, wie den »Rallye«-Kadett oder das »Diplomat«-Coupé. Dazu wurde in Kaiserslautern ein neues Zweigwerk für die Produktion von Fahrwerks- und Kunststoffteilen eingeweiht, und in Dudenhofen erhielt Opel auch endlich das neue Prüf- und Testgelände, nach dem die Techniker und Ingenieure schon seit Jahren gerufen hatten.

Ein großer Augenblick: Im April 1966 wurde das Opel-Versuchsgelände in Dudenhofen eingeweiht.

Nahezu jeder Kundenwunsch konnte erfüllt werden – so gab es von 1967 an den »Caravan« auch mit vier Türen.

Die Entstehungsgeschichte dieses 300 Hektar großen Prüfgeländes war derart skurril, daß sie kurz angesprochen werden sollte: Im Juli 1963 hatte die Gemeindeverwaltung im hessischen Dudenhofen einen Brief der »Gütervermittlung Lehmann« in Bonn erhalten. „Da dieser Absender uns nicht bekannt war", so steht es in einer Niederschrift der Gemeindeverwaltung, „haben wir ihn geöffnet, und aus dem Inhalt konnten wir erkennen, daß der Brief eigentlich an Dudenhofen bei Speyer gerichtet war."

Im April 1966 fertig: das Testgelände Dudenhofen

Die Beamten konnten diesem Brief aber auch entnehmen, daß die Firma Lehmann ein Grundstück von etwa 300 Hektar für ein Industrieunternehmen suchte. Bürgermeister Kratz ergriff die unverhoffte Gelegenheit und teilte der Firma Lehmann mit, daß der Brief zwar leider im falschen Dudenhofen gelandet sei, aber: „Auch wir hätten Interesse und ein entsprechendes Grundstück." Nach etlichen Briefwechseln – noch hatte das Haus Lehmann den Auftraggeber nicht preisgegeben, gab es eine erste Kontaktaufnahme, und dann wurde Hans Mersheimer, Chefkonstrukteur und Opel-Vorstandsmitglied, in die Gespräche miteinbezogen. Und schließlich verkaufte Dudenhofen 254 Hektar Wald aus dem Gemeindebesitz zum Quadratmeterpreis von 2,30 Mark an Opel, nachdem sich Rüsselsheim verpflichtet hatte, daß nur sechs bis acht Prozent der Fläche eingeschlagen werden würden und „der wertvolle Hochwald nicht in Gefahr sei", so das Gemeindearchiv. Am 3. November 1964 erfolgte der erste Spatenstich, und schon im April 1966 war das Testgelände Dudenhofen mit seinen verschiedensten Hochgeschwindigkeits- und Marterstrecken fertig – insgesamt hatte Opel hier 20 Millionen Mark investiert.

Der »Rekord C« war nur zum Teil in Dudenhofen auf seine Aufgaben vorbereitet worden, schließlich standen die neuen Vierzylinder schon vom »B« zur Verfügung. Mit dem »C« hatte Opel nach dem »Kadett« und den »großen Drei« die letzte Modellreihe komplett auf Vordermann gebracht. Der neue »Rekord«, dessen Präsentation am 23. August 1966 stattfand, überzeugte sein Publikum auf Anhieb: „Markenruf und Wirtschaftlichkeit in Verbindung mit der ebenso eleganten wie soliden Präsentation machten den »Rekord C« zu einem der beliebtesten Wagen auf dem deutschen Markt und in weiten Exportgebieten", schrieb Werner Oswald in seinem Buch »Deutsche Autos 1945 – 1975«, und er fuhr weiter fort: „Sowohl die Limousinen als auch der nun ebenfalls mit zwei oder vier Türen angebotene »Caravan« konnten gefallen. Vor allem aber fand das Hardtop-Coupé weithin begeisterte Anerkennung, zumal es nur wenig mehr kostete als die Limousine." Opel hatte dem »C« in allen seinen Variationen aber nicht nur eine attraktive Karosserie mit einem kecken Hüftschwung verpaßt, sondern auch unter dem Blech mit der Verabschiedung der Blattfeder und der Einführung einer schraubengefederten Hinterachse für ein völlig neues Fahrverhalten gesorgt. Heinz Kranz schrieb in »hobby«: „Der Erfolg dieser Entscheidung ist sagenhaft, und man kann ihn eigentlich nur dann mit Händen greifen, wenn man den neuen »Rekord« aus einem Kurvengeschlängel heraus mit »full speed« unmittelbar über die Marterstrecke mit mittelalterlicher Pflasterung, Höcker und Löchern jagt: wirklich sportliches Kurvenverhalten dort und ausgesprochener Federkomfort hier! Man hätte sich in Rüsselsheim viel Kummer erspart, wenn man bereits mit dem Vormodell solche Harmonie geschaffen hätte." Kranz, der – wie man unschwer erkennen konnte – den »C« bereits in Dudenhofen fahren durfte, schloß seinen Bericht: „Wir meinen, daß die Modelle mit der fließenden Karosserie, der neuen Hinterachse und Innenraumgestaltung ankommen werden. Die Aera der maßstabverkleinerten »Amis« ist nun auch in Rüsselsheim vorbei, seit Opel weiß, was Kunden wünschen!" In der Tat verkaufte sich der neue »Rekord« bis zu seiner Produktionseinstellung im Dezember 1971

Nichts war unmöglich: Natürlich gab es auf der Basis des »Rekord C« auch ein elegantes Coupé – nahezu zum Dumpingpreis.

Und wer es gerne viertürig hatte, der bestellte seinen »C« eben mit vier Türen beim Opel-Händler.

Ein Name, der Programm war: Der »Rekord Sprint« litt jedoch unter dem »Commodore«-Erfolg.

Auf Anhieb ein Erfolg: Mit dem »Commodore« erschloß sich Opel neue Käuferschichten.

so gut wie keiner seiner Vorgänger: 1 253 161 Exemplare wurden an die zufriedene Kundschaft ausgeliefert.

Opel hatte bereits aus dem Verkauf des »Rallye«-Kadett die Erfahrung gemacht, daß es eine Käuferklientel für gut motorisierte, aber dennoch wirtschaftliche Sondermodelle gab. Das führte dazu, daß im September 1967 der »Rekord Sprint« mit einem 1,9-Liter-Vierzylinder und 109 PS Leistung angekündigt wurde. Diese 175 km/h schnelle Variante verkaufte sich jedoch nicht sehr erfolgreich, weil die Rüsselsheimer einige Monate zuvor mit der Produktion einer neuen Baureihe begonnen hatten, die die Sechszylinder der »Kapitän«- und »Admiral«-Modelle mit der Karosserie des »Rekord« verband. Zwar gab es diese Mischung bereits im »Rekord L6«, allerdings hatte sich der »L6« als ein Modell entpuppt, das nicht ganz so ausgewogen war, wie es von einem Opel erwartet wurde. Aber man hatte aus den Fehlern gelernt und den neuen »Commodore« so lange getestet und abgestimmt, bis dieses neue Rüsselsheimer Kraftpaket auf Anhieb zu gefallen wußte.

Auf der Suche nach Lücken und Nischen

„In der Opel-»Reederei« ist der »Commodore« eigentlich der Chef des »Rekord«-Geschwaders, aber wir können uns nicht des Eindrucks erwehren, daß er über kurz oder lang den in Ehren ergrauten »Kapitän« ablösen soll", vermutet »hobby« im April 1967. Abgesehen von dem Irrtum der Ablösung lag die Zeitschrift jedoch, wie auch alle anderen Publikationen, völlig richtig: „Die Zeit der großen Blechkästen ist vorbei, mit dem Baukastensystem kann man nun auch kleinere Automobile mit den Fahrleistungen größerer Modelle schaffen, die bei dem harten Wettbewerb unserer Tage zusätzliche Marktchancen bieten – Opel hat dies verstanden und mit dem »Commodore« hervorragend die Konsequenzen gezogen." Da der »Commodore«, der einen auf 2,5 Liter reduzierten Hubraum und einen lediglich 115 PS starken Motor besaß, vergleichsweise billig auf den Markt kam – die »2500 S«-Limousine kostete 9775 Mark, das Coupé nur 10 350 Mark – eroberte er sich rasch „Anerkennung als preisgünstiger Klassewagen für gehobene Ansprüche", so Werner Oswald, „er bot mehr Prestige, mehr Leistung und mehr Fahrkomfort als der »Rekord«, und als die Produktion im Herbst 1971 eingestellt wurde, hatte Opel immerhin 156 497 Exemplare verkaufen können."

Opel war unermüdlich auf der Suche nach neuen Lücken und Nischen, in denen das Baukastensystem seine großen Fähigkeiten unter Beweis stellte. Wenn man einen stark motorisierten »Caravan« mit vier Türen und Luxusausstattung wollte, war dies ebenso möglich, wie ein hartes und sportliches Coupé auf »Kadett«-Basis oder einen komfortablen »Kapitän« zu erwerben, der sich mit dem Achtzylinder als »Understatement-Hecht im Karpfenteich« entpuppte. Aber plötzlich stand ein Modell bei den Händlern, das sich aus keiner der bislang bekannten Baureihen ableiten ließ: Der »GT«, der sich nicht nur durch den mittlerweile berühmten Werbeslogan »Nur Fliegen ist schöner« von den anderen Geschöpfen aus Rüsselsheim unterschied.

Bis heute ohne Nachfolger: Der »GT« – hier eine 1100er Variante – brachte Opel ungewöhnlich viel Image.

Das sportliche Cockpit trug mit dazu bei, daß der »GT« auf Anhieb geliebt wurde.

Man darf heute ruhig zugeben, daß die Präsentation des »Ford Mustang-Prototyps«, eines zweisitzigen Mittelmotor-Coupés auf »12M«-Basis – der nichts mit dem späteren US-Serienmodell gleichen Namens gemeinsam hatte –, mit ein Auslöser für die Idee eines sportlichen Zweisitzers war. Clare McKichan war der Mann, den der allgewaltige Bill Mitchell, seines Zeichens Design-Chef von GM und der Ästhetik-Guru schlechthin, von 1962 bis 1967 als Design-Statthalter nach Rüsselsheim schickte. McKichan war der eigentliche Vater des »GT«. Er schuf die »Coke-bottle-shape«-Linie, die über eine lange Schnauze, bauchige Kotflügel und eine enggeschnürte Taille verfügte. Die ungewöhnlich aerodynamische Form wurde, nachdem sie noch etliche Design-Veränderungen über sich ergehen lassen mußte, schließlich auf das Fahrgestell des »Kadett« gesetzt und mit dem 1,9-Liter-Motor mit 90 PS Leistung ausgestattet. Das Ergebnis war im Herbst 1965 unter der Rubrik »Experimental GT« erstmals auf der IAA in Frankfurt zu sehen und hatte nahezu zwangsläufig das Publikum in seinen Bann gezogen. Natürlich erkannten die Händler rasch, daß man mit einem derartigen Zweisitzer nicht nur gutes Geld verdienen konnte, sondern auch einen nahezu unbezahlbaren Imageträger besaß – jedoch: „Der »Experimental GT« ist eine reine Styling-Studie, die ausschließlich demonstrieren soll, was alles auf der Basis des bewährten »Kadett« denkbar wäre. Eine Serienfertigung wird nicht in Erwägung gezogen“, eine klare Aussage der Opel-Geschäftsleitung, die zu heftigen Protesten derjenigen führte, die den »GT« unbedingt erwerben wollten.

Ein Traum wurde wahr: Der Opel-»GT« ging in Serie

Die ungewöhnlich positive Resonanz von Publikum, Händlern und Presse zeigte dann aber langsam Wirkung. Man begann sich in Rüsselsheim ernsthaft Gedanken darüber zu machen, ob der recht seriennahe »Experimental GT« nicht doch in einer kleinen Serie gebaut werden konnte. Zuerst machte man sich deshalb auf die Suche nach der typischen Käuferschicht und entdeckte dann rasch, daß es eine gutverdienende Klientel zwischen 25 und 35 Jahren gab, die bereit war, bis zu 10 000 Mark für einen »GT« auszugeben. Obwohl die Techniker deutlich darauf hinwiesen, daß es noch viel Zeit und Mühe kosten würde, aus dem von Hand gearbeiteten IAA-Prototypen einen produktionsfähigen Sportwagen zu machen, gab der Vorstand aber doch »grünes Licht« für den »GT«. Er wurde von September 1968 an in zwei Motorvarianten für 10 767 Mark (1,1 Liter und 60 PS) und 11 877 Mark (1,9 Liter und 90 PS) an ein begeistertes Publikum ausgeliefert, wobei jedoch gesagt werden sollte, daß nur 3573 Fahrzeuge mit dem »kleinen« 1,1-Liter-Motor entstanden – er war für die sportliche Optik wohl doch zu schwach motorisiert. Die »deutsche Corvette« mußte aber, weil die Produktionsanlagen in Rüsselsheim und Bochum völlig ausgelastet waren, bei der französischen Karosseriebaufirma »Brissonneau & Lotz« montiert werden, wo man bis zur Produktionseinstellung im August 1973 exakt 103 463 Exemplare baute, von denen Opel 70 222 Stück in die USA exportierte.

Mit großen Schiebetüren: Alle Welt hoffte, daß der von Henry C. Haga 1975 entworfene »GT/2« in Serie gehen würde – doch es blieb bei diesem Prototyp.

Warum die Produktion nach nur fünf Jahren wieder eingestellt wurde? Erstens verschärften die US-Gesetzgeber die Sicherheits- und Umweltgesetze immer mehr. Die Umrüstung des »GT« auf neue Stoßfänger, die man zudem noch acht Zentimeter höher hätte legen müssen (damit wäre die gesamte Form zerstört gewesen) und die Erfüllung der für die USA geforderten Crash-Versuche sowie der Einbau von neuen Motorvarianten, die den US-Abgasnormen entsprochen hätten, bedeutete das Ende des »GT«. Dazu kam, daß »Renault« die Firma »Brissonneau & Lotz« kaufte – und die Franzosen die Kapazitäten dringend für ihre eigenen Fahrzeuge benötigten. Dann dachte man bei Opel noch einen weiteren Zweisitzer an, der im September 1975 auf der IAA als »GT/2« Furore machte. Der vom damaligen Chefstylisten Henry C. Haga entworfene »GT/2« war ein 2+2-Sitzer mit großen Schiebetüren, der bei den »GT«-Fans sofort die Hoffnung auf eine »GT«-Renaissance erweckte, aber dieses Modell war wirklich nur eine Styling-Studie, die nie in Serie ging. Der »GT« hatte, neben den gut motorisierten »Kadett«-, »Rekord«- und »Commodore«-Modellen, seinen Teil dazu beigetragen, daß Opel in den 60er Jahren ein beachtliches sportliches Image aufbauen konnte – nun galt es nur noch, dieses Renommee mit neuen Modellen aufrechtzuerhalten und den immensen Aufschwung zu konsolidieren. 1970 baute und verkaufte Opel immerhin 820 852 Personenwagen und Nutzfahrzeuge, von denen 383 274 Stück (oder 46,7 Prozent) exportiert wurden.

13

Mit dem »Manta« durch die 70er Jahre

Das neue Jahrzehnt wird mit zwei Paukenschlägen eingeläutet: Der »Ascona« und sein sportliches Pendant »Manta« schließen die Lücke zwischen »Kadett« und »Rekord«. Dann werden alle vier existierenden Baureihen völlig überarbeitet – und für die Freunde exklusiver Kleinserien kommt 1972 der »Bitter CD« auf den Markt. Die erste Ölkrise sorgt dann für einen Technologieschub bei den Dieselmotoren und bringt nahezu das Ende der »großen« Limousinen.

Die späten 60er Jahre hatten Opel einen Produktionsrekord nach dem anderen beschert. Mit dem »Kadett«, dem »Rekord« und den »großen Drei« schienen die Rüsselsheimer für jede Käuferschicht das richtige Modell und – dank des Baukastenprinzips – auch die richtige Motorisierung im Angebot zu haben. Im letzten Jahr dieses Jahrzehnts unternahm Opel dann noch einmal alle Anstrengungen, bei den »großen Drei« mit einer grundlegenden Revision die doch enttäuschenden Verkaufszahlen anzuheben. Wie bereits bei den anderen Modellreihen geübt, bekamen auch diese neuen Versionen die Bezeichnung »B« verpaßt – und der »Kapitän B«, »Admiral B« und »Diplomat B« waren erstmals im Februar 1969 bei der Pressevorstellung in Nizza zu betrachten und zu fahren. Die neue Baureihe bestand nun aus dem »Kapitän 2800 S« und dem »Admiral 2800 S«, bei denen der 2,8-Liter-Sechszylinder mit einem Zenith-Vergaser und 132 PS Leistung ausgerüstet war. Wahlweise gab es auch einen »2,8 H« mit zwei Zenith-Vergasern und 145 PS Leistung. Hinzu kamen der »Admiral 2800 E«, dessen 2,8-Liter-Motor über eine Bosch L-Jetronic und 165 PS verfügte (dieser Motor war auch im »Diplomat E« erhältlich), sowie der »Diplomat V8« mit dem bewährten 5,4-Liter-Achtzylinder und 230 PS Leistung. Äußerlich waren die neuen Modelle etwas geschrumpft, aber innerlich dennoch gewachsen – so lobten auch alle

Hersteller aus Untertürkheim antreten mußte, dessen Modelle die Reichen dieser Erde eben lieber in der Garage stehen hatten. Niemand bezweifelte je die Qualitäten von »Kapitän«, »Admiral« und »Diplomat« – aber in diesen Preisklassen kaufte man eben nicht nur Qualität, sondern auch Oberklassen-»Image«.

1971 hatte Opel noch den Versuch unternommen, zusammen mit dem italienischen Karosseriewerk »Fissore« auf der

Eine große Limousine: der »Kapitän« des Jahrgangs 1969 (links).

Mit Einspritzmotor und 165 PS: Der »Admiral B« kostete 15 961,80 Mark (unten).

Tester die großzügigen Platzverhältnisse, das zurückhaltende Styling und das völlig neu entwickelte Fahrwerk, bei dem die Starrachse endgültig ausgedient hatte und durch eine hochkarätige »DeDion«-Hinterachse ersetzt worden war. Dementsprechend enthusiastisch äußerte sich die Presseabteilung: „Und wie wirkt sich die Achse beim Fahren aus? So, als hätten wir die denkbar beste Straße eingebaut . . .“

So kam es, daß der »Diplomat E«, der bei einem Oberklassen-Vergleichstest der Zeitschrift »auto, motor und sport« anzutreten hatte, als Sieger nach Punkten abgewunken wurde. Zwar verkauften sich die neuen Modelle auf Anhieb hervorragend (im ersten Baujahr konnten immerhin 17 777 Exemplare ausgeliefert werden), doch dann ließen die Verkaufszahlen immer mehr zu wünschen übrig – und als 1974 die erste Ölkrise kam, konnten nur noch 1754 Fahrzeuge ausgeliefert werden. Von dieser Krise erholte sich der »große« Opel nie mehr: Im Juli 1977 wurde konsequenterweise die Produktion eingestellt. Letztlich gesehen litten diese Modelle immer unter der Tatsache, daß Opel zwar für seine Klein- und Mittelklassewagen berühmt war, aber in der Oberklasse gegen einen anderen

Wenn die erste Ölkrise nicht gekommen wäre, hätte sich der »Diplomat V8« wahrscheinlich besser verkaufen lassen.

Basis der großen Limousine ein Cabriolet zu entwickeln – vier Prototypen wurden gebaut, aber zu einer Serie kam es nie. Als diese Cabriolets im Sommer 1977 verschrottet werden sollten, konnte sich die »Alt-Opel-Interessengemeinschaft« dann doch durchsetzen und wenigstens zwei dieser raren Modelle erwerben.

Mit Michelotti-Design: das »Bitter CD«-Coupé

Der »Bitter Diplomat CD« wurde schon in mehr Exemplaren gefertigt. Hinter dem Projekt stand der Ex-Rallye-Rennfahrer Erich Bitter, der eine Marktnische für ein attraktives Coupé mit bewährter Opel-Technik sah und von 1970 bis 1972 in enger Zusammenarbeit mit der Opel-Designabteilung und dem italienischen Karosseriedesigner Giovanni Michelotti ein langgestrecktes, flaches Coupé entwickelte, das dann von der Stuttgarter Karosseriefabrik »Baur« gebaut wurde. Als der neue Opel-Generaldirektor Alexander A. Cunningham das ansprechende Ergebnis sah, gab er den offiziellen Segen und ermöglichte so, daß die Opel-Ingenieure auch offiziell alle Bauteile unter die Lupe nahmen, an der Abstimmung mitarbeiteten und dem »Bitter CD« so zu einer Opel-Werksgarantie verhalfen. Das hatte zudem den Vorteil, daß der anfänglich 52 000 Mark teure Wagen über das Opel-Händlernetz vertrieben werden konnte. Bis 1979 verkaufte Bitter 396 Exemplare des immerhin 220 km/h schnellen Coupés, später baute er dann von 1981 an nach dem gleichen erfolgreichen Rezept auf der Basis des Opel »Senator« den »Bitter SC«, von dem dann – inklusive der exakt 23 Cabriolets und vier Exemplaren einer viertürigen Limousine mit verlängertem Radstand – rund 450 Fahrzeuge entstanden.

Die 70er Jahre läutete Opel mit einem Paukenschlag ein: Mit dem »Ascona« und dem »Manta« stellten die Rüsselsheimer zwei neue Mittelklassemodelle vor – wobei der »Ascona« den Part der braven Limousine und der »Manta« den des sportlichen Coupés übernahm. Mit dieser neuen vierten Baureihe (wenn wir den »GT« einmal nicht berücksichtigen) schloß Opel die Lücke zwischen dem kleinen »Kadett« und dem doch wesentlich größeren »Rekord«. So wurde der »Ascona« zum legitimen Erben des »Edel«-Kadetts, der einige Jahre lang als »Olympia« angeboten wurde. Mit dem Fahrwerk des »Kadett« und modifizierten »Rekord«-Motoren mit 1,6 Liter-Hubraum eroberte der »Ascona« die Kunden, denen der »Kadett« einerseits zu klein geworden war, denen aber andererseits der »Rekord« zu groß und zu teuer erschien. Mit einem Basispreis von

Immer noch attraktiv: Der »Bitter CD« auf »Diplomat V8«-Basis kostete 52 000 Mark.

Der »Ascona« schloß 1970 die Lücke zwischen dem »Kadett« und dem »Rekord«.

Ursprünglich als »Edel«-Kombi konzipiert: der »Ascona Voyage« (rechts).

7365 Mark für den zweitürigen »Ascona 1600« bot Opel einmal mehr viel Auto für vergleichsweise wenig Geld, und die – nach dem Baukastenprinzip – folgenden 1,2- und 1,9-Liter-Varianten brachten für jeden Interessenten die richtige Leistung. Anfänglich trug der als Edelgefährt konzipierte Kombi nur den Namen »Voyage«, von März 1974 an gab es ihn dann auch mit schlichter Ausstattung und dem gewohnten Namen »Caravan«. Die Stückzahlen waren beachtlich: Von allen »Ascona«-Varianten wurden bis zur Modellablösung im September 1975 immerhin 691 438 Exemplare gebaut und verkauft, und in dieser Zahl waren 75 570 »Voyage«-Kombis enthalten.

Mit dem zweitürigen »Manta«-Coupé gelang Opel dann nicht nur die perfekte Antwort auf den »Ford Capri«, sondern auch ein bemerkenswert elegantes und erfolgreiches Automobil. Nicht weniger als 498 553 »Stachelrochen« wurden ausgeliefert, wobei den ursprünglichen Motorisierungsvarianten von 68 PS, 80 PS und 90 PS im März 1972 noch ein 1,2-Liter-Motor mit 60 PS und im März 1974 ein 1,9-Liter-Einspritzmotor mit 105 PS folgen sollten. Mit seinen fairen Preisen (bei der Einführung kostete ein 68 PS-»Manta« ganze 8269,50 Mark) eroberte sich der Wagen auf Anhieb ein Stammpublikum, das die zuverlässige Technik in der sportlichen Hülle schätzte und liebte. Die Konstruktion des »Manta« – der ursprünglich als »Kadett Coupé« auf den Markt kommen sollte – begann im Sommer 1968, und das Team um den Designchef »Chuck« Jordan formte den viersitzigen Zweitürer mit leichten Anklängen an den »GT« und mit einem moderaten Abrißheck, das bereits im Stand relativ dynamisch aussah. Jordan und die Techniker mußten rasch arbeiten, denn der »Capri« beunruhigte mit seinem sensationellen Verkaufserfolg die Opel-Händler ziemlich – am 25. September 1970 war es dann soweit: Opel gab den Wagen mit dem Namen eines im Roten Meer beheimateten Stachelrochens dann am Timmendorfer Strand auch offiziell für die Pressevorstellung frei. Parallel dazu lief in ganz Europa eine Verkaufskampagne an, auf die jeder Verkäufer mit dem Slogan „Jedermann ist ein »Manta«-Mann" eingeschworen wurde. Der Pressemappe entnehmen wir dazu noch die einleitenden Worte: „Wild und schön. Urbild der Stärke. Schnell ist er. Und wendig. Stolz in jeder Bewegung. Er liebt die Einsamkeit der Starken. Nichts fürchtet er – aber von Ihnen wird er sich meistern lassen." Was kann man solchen Worten schon hinzufügen? Kein Wunder, daß die Presse begeistert war: „Für Leute, die ihren »Capri« gerne von Opel hätten", textete ein Blatt,und dem vom »Kadett« oder »GT« abgeleiteten Fahrwerk bescheinigten alle, daß dieser »Familien-Sportwagen« „ungewöhnlich handlich, sicher und neutral zu fahren sei".

Der Opel »Manta«: ein »GT« für die Familie

Der »Manta« kam genau zur richtigen Zeit: Nun war die Kundschaft für ein pfiffiges Coupé reif, das nicht nur außergewöhnlich aussah, sondern auch über Platz für die Familie und deren Gepäck (der Kofferraum faßte 500 Liter) verfügte. „Ein »GT« für die Familie", schrieb ein anderes Magazin – und genauso betrachteten auch die Besitzer ihren Wagen. Natürlich gab es einige Umbauten: »Karmann« durfte offiziell ein Cabriolet bauen, andere Tuner schufen ihre offenen Varianten ohne den Segen des Werks. Der Tuner Michael May fertigte in kleinsten Stückzahlen einen 140 PS starken »Turbo Manta«, und der Holländer Nic Heyden montierte in seinen »Manta« den 2,8-Liter-Sechszylinder des »Commodore« mit 142 PS. Zum Preis von etwa 20 000 Mark bot der »Manta 2800 TE« 206 km/h Höchstgeschwindigkeit und eine Beschleunigung in 7,8 Sekunden von Null auf 100 km/h – ganze 79 Fahrzeuge wurden gebaut. Der Tatsache, daß dieser Wagen die Bezeichnung »Manta A« trägt, können wir entnehmen, daß auf den »A« ein »B« folgte, der im Herbst 1975 auf der IAA in Frankfurt erstmals zu sehen war.

Die Coupé-Variante des »Ascona« entwickelte sich zum Kult-Automobil: der »Manta«.

Mehr als eine halbe Million Exemplare des »Manta A« rollten von den Bändern (oben) – noch erfolgreicher: der »Manta B« (unten).

In diesem September fand sich auf dem Opel-Stand ja auch die »GT 2«-Studie, die von manchen Besuchern als eventueller Nachfolger des noch immer vermißten »GT« gedeutet wurde. In Wirklichkeit hatte der »GT 2« jedoch mehr Ähnlichkeit mit dem »Manta B«, von dem bis zur Produktionseinstellung im Mai 1988 nicht weniger als 557 940 Exemplare gebaut wurden. Im Lauf der Jahre bekam der »Manta B« praktisch alle Motoren zwischen 1,2 Liter (60 PS) und 2,0 Liter Hubraum mit 110 PS Leistung. Wer es gerne etwas schneller hatte, konnte zum Opel-Haustuner »Irmscher« gehen, wo im Herbst 1977 einige wenige »Stachelrochen« mit dem 2,8-Liter-Einspritzmotor des »Kapitän E« und 150 PS Leistung zum Preis von 27 850 Mark entstanden. Und natürlich ließ es sich auch Nic Heyden nicht nehmen, seinem »B« einen 2,8-Liter-»Commodore«-Motor zu verpassen, aber von dieser Variante wurden nur noch 24 Stück gebaut – die heute zu den größten Raritäten überhaupt gehören, wenn man einmal von dem »i 200«, »i 240« und dem »400« absieht, die als Homologationsmodelle für den Rallye-Sport in kleinsten Stückzahlen gebaut wurden.

Erwachsener: Der »Ascona B« war um 20 Zentimeter in die Länge gegangen (links).

Bei Opel wußte man, daß »Manta« und »Ascona« vom Erfolg gekrönt sein mußten, denn die Käufer konnten hier ein Fahrzeug ohne Tücken erwerben: Diese Automobile liefen praktisch immer, sie waren unproblematisch in der Technik und im Fahrverhalten, sie boten ein faires Preis-/Leistungs-Verhältnis, und sie sahen dazu noch gut aus. Dies alles galt – nach der Umstellung auf die »B«-Modelle nun auch für den »Ascona«,

Preiswertes Vergnügen: Das »Commodore B Coupé« war zu Preisen zwischen 13225 und 16795 Mark zu haben (oben) – hier die »GSE«-Variante.

Von dem »Rekord D« wurden mehr als 1,1 Millionen Exemplare gebaut (Mitte).

Elegant wie eh und je: Das »Coupé« war fester Bestandteil auch des »Rekord D«-Programms.

während der »Manta B« – wie sein Vorgänger – nach wie vor zu den besonders Schönen im Lande zählte. Opel bemühte sich bei der Ablösung dieser Modellreihe natürlich mehr um die Optik als um die bewährte Technik, die jedoch im Lauf der Jahre immer wieder auf den neuesten Stand gebracht wurde. Der »Ascona« erschien mit seiner um 20 Zentimeter gestreckten Linie, die auch den Innenraum »erwachsener« werden ließ, optisch näher an den »Rekord« herangeführt, und er verkaufte sich – nicht zuletzt dank seiner äußerst günstigen Preise – bis zur Produktionseinstellung im Sommer 1981 hervorragend: Von allen Varianten wurden nicht weniger als 1 512 971 Exemplare ausgeliefert. Zu der breiten Palette von Otto-Motoren, die in den ersten Modelljahren von 1,2 Liter (60 PS) bis zu 1,9 Liter (90 PS) reichte, kam 1978 auch ein 2-Liter-Otto-Triebwerk (100 PS) und ein 2,1-Liter-Dieselmotor (60 PS) hinzu.

Es ist nicht einfach, die Modellvielfalt dieser Jahre zu beschreiben: Anfang der 70er Jahre hatten die Rüsselsheimer mit dem »Ascona« und dem »Manta« eine

verarbeitet und harmonisch aufeinander abgestimmt. Prüfen Sie die makellose Lackierung oder die Nähte der anatomisch geformten Sitze mit guter Seitenführung …"

„Überlegen motorisiert und über 200 km/h schnell"

Im September 1972 trat dann der bereits erwähnte 2,1-Liter-Dieselmotor seinen Dienst an. Und im selben Jahr wurde auch der »Commodore« durch ein neues Modell ersetzt, das sich optisch eng an den neuen »Rekord D« anschloß und seine Kundschaft durch eine geglückte Synthese von Komfort und Leistung erfreute. Ursprünglich wurden diese

Von 1972 bis 1977 lief der »Rekord D« in den verschiedensten Varianten von den Bändern: als »Caravan« (oben), als zweitürige Limousine (rechts).

zusätzliche Baureihe eröffnet, und am 6. September 1971 lief der zehnmillionste Opel vom Band. Im Januar 1972 trat dann der »Rekord D« das schwere Erbe an, den äußerst erfolgreichen »C« zu ersetzen. Noch glatter und eleganter, überzeugte er seine Käuferschaft auf Anhieb und ließ sich – trotz der folgenden harten Jahre – bis zum Juli 1977 in nicht weniger als 1 116 088 Exemplaren verkaufen. Auch hier gab es wieder eine zwei- und eine viertürige Limousine, ein überzeugendes Coupé und einen robusten »Caravan«. Die Stylisten hatten hart daran gearbeitet, den neuen »Rekord« noch eleganter und flacher wirken zu lassen – dennoch bot Opels Klassiker mehr denn je Platz im Innenraum. Die Opel-Werbung verkaufte den »D« mit neuen Argumenten, die bewiesen, daß nun neben der Qualität auch das Thema »Sicherheit« relevant wurde: „Das Wageninnere kennzeichnen funktionelle Eleganz, großzügiger Komfort und vor allem die nötigen Sicherheitsfaktoren für Fahrer und Insassen. Alles ist erstklassig

… und als viertürige Limousine war der Rekord D besonders beliebt (rechts).

Eine erfolgreiche Familie: der »Commodore GS/E« als Coupé, mit und ohne Sonderlackierung sowie als viertürige Limousine.

Fahrspaß pur: das »GS/E Coupé«.

kraftvollen Sechszylinder »nur« mit einem 2,5-Liter-Sechszylinder mit nunmehr 115 PS ausgestattet, doch rasch kamen die »GS«-Modelle, die mit dem 130 PS starken Doppelvergasermotor bis zu 185 km/h erreichten. Und als dann der 2,8-Liter-Einspritzmotor mit 160 PS dem »Commodore 2800 GS/E« zur Verfügung gestellt wurde, hatte Opel auch in dieser Kategorie die Aufnahmeprüfung für den »200 km/h«-Club bestanden. Ganze 16460 Mark waren für diese temperamentvolle Limousine und 16795 Mark für das elegante Coupé auf den Tisch des Händlers zu legen. Kein Wunder, daß »auto, motor und sport« zu folgendem Resümee fand: „Man fühlt sich in Opels jüngstem Modell stets ausgesprochen überlegen motorisiert und kann allen auftretenden Situationen im Straßenverkehr mit Gelassenheit entgegensehen…"

Im August 1973 brachte Opel dann mit dem »Kadett C« den lang erwarteten Nachfolger des »B« auf den Markt, von dem zwischen 1965 und 1973 nicht weniger als 2649501 Exemplare in Bochum vom Band gelaufen waren. General

Das erfolgreiche Einstiegsmodell: Der »Kadett C« wurde als »GM-Weltauto« konzipiert und gebaut (rechts).

Mit großer Heckklappe: der »Kadett City« (unten).

Beliebt und begehrt: das »Kadett C Coupé« (rechts unten).

Motors hatte diesen Erfolg mit Wohlgefallen zur Kenntnis genommen, und so ist es wohl auch zu erklären, daß der »C« von vornherein als »GM-Weltauto« geplant war. Damit war klargestellt, daß der neue Wagen so konzipiert werden mußte, daß er bei praktisch allen Tochtergesellschaften weltweit mit vergleichsweise kleinen Veränderungen – die durch die regionale Gesetzgebung erforderlich wurden – gebaut werden konnte. In der Praxis bedeutete diese Forderung aus Detroit nichts anderes, als daß auf Experimente kein Wert gelegt wurde. Der »Kadett C« mußte also auch weiterhin über einen längsmontierten Motor mit Hinterradantrieb und der problemlosen Zentralgelenk-Hinterachse verfügen, die sich im Dschungel genauso wie auf den Highways und Dorfstraßen dieser Erde bewährt hatte.

»auto, motor und sport« schrieb: „Der neue »Kadett« bedeutet die konsequente Fortsetzung einer Modell-Konzeption, die bereits den Typen »Manta«, »Ascona« und zuletzt dem »Rekord« zu durchschlagendem Erfolg verholfen hat und die es Opel ermöglichte, das »Volkswagenwerk« erstmals vom traditionsreichen ersten Platz in der deutschen Zulassungsstatistik zu verdrängen. Das

Rezept, nach dem der »Kadett« entstand, ist ebenso einfach wie einleuchtend: Man übernahm die seit Jahren millionenfach bewährte Technik und entwarf im übrigen ein völlig neues Blechkleid. Daß es auch beim »Kadett« wieder gelungen ist, genau die Form zu treffen, die beim deutschen Publikum heute ankommt, dürfte schon vor Verkaufsbeginn feststehen.“ – »ams« hatte es richtig erkannt. Bei dem Design waren keine Experimente gefragt: Glatt, schnörkellos und ohne Gimmicks überzeugte der »C« sein Publikum als ein Automobil, das einen beachtlichen Gegenwert für die 7175 Mark darstellte, und das in seiner Basisversion mit 1196 ccm Hubraum 52 PS Leistung bot. Die weiteren Motorisierungsvarianten: 1,2 Liter Hubraum mit 60 PS, 1974 folgte eine Sparvariante mit 983 ccm Hubraum und 40 PS Leistung für 7420 Mark, 1976 kam dann eine 1,6-Liter-Variante mit 75 PS.

Die erste Ölkrise brachte das Ende der »großen Drei«

Bereits 1975 war ein heißer »GT/E« mit 1,9 Liter Hubraum und einer »Bosch-L-Jetronic« (105 PS) auf den Markt gekommen, der für 13 119,80 Mark 184 km/h bot. Innerhalb von zwei Jahren konnten 8660 Exemplare dieses Temperamentbündels verkauft werden, dann folgte 1977 der »GT/E 2«, der für 16 700 Mark sogar 115 PS und 190 km/h zur Verfügung stellte – er sollte 2234mal ausgeliefert werden. Daß diese kleinen und kraftvollen Automobile im Motorsport auch weiterhin erfolgreich waren, zeigte nicht nur eine Vielzahl von Siegen und Plazierungen, sondern auch die Tatsache, daß es 1978 und 1979 darüber hinaus einen »Kadett Rallye« gab, der als »1,6 S« mit 75 PS und als »2,0 E« mit 110 PS für 11 900 und 13 475 Mark bei den Händlern stand. Von diesen Varianten konnten 8549 Exemplare verkauft werden.

Gegen Mitte der 70er Jahre stand das Ende der »großen Drei« unmittelbar bevor – die erste Ölkrise bedeutete für die großen Modelle das endgültige Aus. Diese Krise bewirkte aber bei den kleineren Modellen einen beachtlichen Technologieschub, denn nun waren von dem beliebten »Ascona« an aufwärts äußerst sparsame Diesel-Triebwerke im Angebot, die mit 2,0 Liter und 2,1 Liter Hubraum mit 58 bzw. 60 PS zu haben waren. In diesen kritischen Jahren, in denen Opel – wie auch alle anderen Produzenten – drastische Verkaufsrückgänge zu

Der »Kadett C« trug mit seinen glatten Formen und seinem Preis-/Leistungsverhältnis mit dazu bei, daß Opel erstmals die Nummer Eins bei den Zulassungszahlen wurde.

verkraften hatte, wurden aber die Weichen für die nächsten Modellgenerationen gestellt, die von 1977 an auf den Markt kamen: Der neue »Rekord E«, der bis 1986 auf dem Markt bleiben sollte; 1978 folgte mit dem »Senator« wieder eine »große« Opel-Limousine, der in Form des »Monza« ein elegantes Coupé zur Seite gestellt wurde, und ein Jahr später gelang dann mit dem »Kadett D«, der bis 1984 in über zwei Millionen Exemplaren für Umsatz sorgte, ein weiterer Bestseller.

Mit der Hilfe des »Kadett« konnte Opel auch im Breitensport unzählige Erfolge erringen – an diesem Steuer sitzt übrigens Walter Röhrl.

14

Die Privatfahrer entdecken die Qualitäten des »Kadett Coupé«, mit dem man bei Rallyes und Rundstreckenrennen ohne großen finanziellen Aufwand beachtliche Erfolge erzielen kann. Opel entdeckt mit Freude ein neues, sportlicheres Image und beschließt, sich 1974 mit Werkswagen an der Rallye-Europameisterschaft zu beteiligen, die auch prompt gewonnen wird. Der Höhepunkt dieser Entwicklung ist dann 1982 der Rallye-WM-Titel, den Walter Röhrl auf dem »Ascona 400« holt. Heute ist Opel in der Formel 3, beim »Opel-Lotus-Challenge-Cup« und bei der Deutschen Tourenwagen-Meisterschaft dabei.

Mit dem Sport auf dem Weg zu einem neuen Image

Die erste Ölkrise der frühen 70er Jahre hatte alle Automobilhersteller kräftig gebeutelt: So konnten bei den Rüsselsheimern 1973 noch 874 355 Personen- und Nutzfahrzeuge ausgeliefert werden, im Jahr darauf rollten dann aber nur noch 583 645 Opel-Modelle von den Fließbändern. Daß die Konkurrenz unter ähnlich katastrophalen Verkaufsrückgängen litt, war da zwar etwas beruhigend, tröstete aber dennoch nur schwer über die tiefroten Zahlen in den Bilanzen hinweg. Kein Wunder, daß die Herren in der Chefetage in diesen harten Zeiten die sportlichen Erfolge, denen Opel ein neues Image verdankte, mit Interesse und Freude zur Kenntnis nahmen.

Man hatte bei Opel ja über viele Jahrzehnte hinweg Probleme mit dem Motorsport gehabt. Dann war man aber von 1963 an durch die überraschenden Erfolge des »Kadett Coupé«, dem 1966 der »Rallye Kadett« in den Händen vieler Privatfahrer folgen sollte, gewissermaßen durch die Hintertür wieder zum Motorsport gekommen. Es blieb den schwedischen »Opel«-Händlern vorbehalten, in diesen Jahren mit dem »GM-Nordiska-Team« ein erstes professionelles Rallye-Team zu finanzieren, das unter der Leitung von Ragnar Eklund auch 1966 mit einem »Rekord 1900« und Lillebror Nasenius am Steuer den ersten

Rallye-Europameistertitel in der Seriendivision holte. In diesen Tagen kamen nun auch »Tuning«-Betriebe ganz groß in Mode: Firmen wie »Irmscher«, »Steinmetz«, »Hetzer & Gräf« oder »Transeurop Engineering« bauten immer kraftvollere Exemplare, und eine immer größer werdende Anzahl von Motorsportaktiven errangen im Lauf der Jahre Tausende von Pokalen, Siegen und Plazierungen für das Haus aus Rüsselsheim. Opel erkannte rechtzeitig die Zeichen der Zeit und stiftete von 1968 an einen »Opel-Sportpokal«, bei dem bereits im ersten Jahr 66 000 Mark an die 50 besten deutschen »Opel«-Privatfahrer ausgeschüttet wurden. Parallel dazu wurde im Werk mit stillschweigendem Einverständnis der Direktion auch eine Sportabteilung gegründet, die den Sportfahrern mit Rat und Tuningteilen zur Seite stehen sollte.

Klassensieger bei der »Targa Florio«: Opel »GT«

In enger Zusammenarbeit mit den Häusern »Irmscher« und »Steinmetz« konnten neue Zylinderköpfe, Doppelvergaseranlagen und optimierte Auspuffsysteme entwickelt und homologiert werden, die dem »Kadett« zu den 190 PS Leistung verhalfen, die ihrerseits zu Klassensiegen bei der »Rallye Monte Carlo« oder beim »24 Stunden Rennen« am Nürburgring führten. 1969 gewann Opel dann auch erstmals die »Tour d'Europe«, die über viele Jahre eine Domäne der Rüsselsheimer bleiben sollte, und der »Kadett B« war bis zur Mitte der 70er Jahre – als er durch den »GT/E« abgelöst wurde – stets für Klassensiege und vordere Plazierungen im Gesamtklassement gut. Es kamen aber nicht nur der »Kadett«, sondern auch die starken »Commodore«-Modelle zum Einsatz – und selbst der »GT« wurde von Privatfahrern gerne eingesetzt. Dabei sollte ihm sogar ein Klassensieg bei der »Targa Florio« gelingen.

In den frühen 70er Jahren waren die Markenrennen außerordentlich beliebt – hier zwei Bilder vom Nürburgring: 1970 (oben) und 1972 (unten).

Der »GT« bildete übrigens auch die Basis für zwei Rekordwagen, mit denen Opel 1971 und 1972 in die Schlagzeilen rutschte: Georg von Opel kam im Sommer 1971 mit einem »Elektro«-GT nach Hockenheim, bei dem der Antrieb anstelle des gewohnten Vierzylindermotors durch zwei »Bosch«-Gleichstrommotoren erfolgte. Für die Energie sorgten vier Blöcke mit Natrium-Cadmium-Batterien, die jedoch 590 Kilogramm wogen und dem »Elektro«-GT ein Startgewicht von 1530 Kilogramm (so schwer war auch bereits der »Diplomat A« mit dem 4,7-Liter-Achtzylinder gewesen) mit auf den Weg gaben. Zwar betrug die Reichweite dieses Wagens bei 100 km/h ganze 44 Kilometer, die Leistung von 120 PS genügte Georg von Opel jedoch, um den »Elektro«-GT auf 188 km/h zu beschleunigen und damit in die Rekordlisten aufgenommen zu werden.

Wesentlich praxisbezogener war da schon der »Diesel«-GT, der im Juni 1972 auf der Schnellfahrbahn in Dudenhofen zwei Welt- und 18 internationale Langstreckenrekorde erzielte. Die Basis war ein aerodynamisch verbesserter und nunmehr einsitziger »GT«, unter dessen Motorhaube sich ein Prototyp des Diesel-Triebwerks verbarg, das von September 1972 an in den »Rekord«-Modellen zum Einsatz kommen sollte. Damit die Fahrleistungen auch auf ein Rekordniveau rutschten, spendierten die Techniker dem 2,1-Liter-Vierzylinder noch einen Abgas-Turbolader, der die 95 PS bereitstellte, die den »Diesel GT« auf 197,5 km/h beschleunigten. Nach drei Tagen und zwei Nächten war Opel dann im Besitz der bereits erwähnten Bestleistungen, die vom »fliegenden« Kilometer bis hin zum »24 Stunden«-Langstreckenrekord alles abdeckten, was damals in die Rekordlisten aufgenommen wurde. Angesichts dieser Erfolge ließ es sich Opel nicht entgehen, diese Fahrten auch anläßlich der Präsentation des ersten »Rekord« mit Dieselmotor besonders herauszustellen.

Die Erfolge des »Kadett« hatten Opel soviel sportliches Image gebracht, daß man nun in Rüsselsheim darüber nachzudenken begann, mit welchem Fahrzeug auch Gesamtsiege erreichbar waren – die Rolle des »Underdog«, der die Großen hin und wieder in die Wade beißen durfte, genügte nicht mehr. Gut, daß in diesen Tagen bereits der »Ascona« das Licht der Welt erblickt hatte, der dank seines ausgezeichneten Fahrverhaltens und seiner robusten Technik rasch zu einem Siegerauto mutierte. In dieser Entwicklungsphase war der erfahrene Rallyefahrer und Maschinenbau-Ingenieur Günther Irmscher für die Einsätze der mittlerweile bis zu 215 PS starken »Rallye-Ascona« zuständig – und ihm blieb es auch vorbehalten, 1973 einen jungen Rallyefahrer aus Regensburg hinter das Steuer seiner Fahrzeuge zu locken: Walter Röhrl. Mit diesem Mann hatte Irmscher einen Coup gelandet, denn Röhrl sollte in den darauffolgenden Jahren bis hin zur Rallye-Weltmeisterschaft nahezu alle Titel nach Rüsselsheim holen.

Von Anfang an war der »Commodore« mit seinem Sechszylindermotor sehr beliebt – oben ein Bild aus Spa-Francorchamps, unten ein »Steinmetz«-Commodore am Nürburgring.

1973 zog Opel die Konsequenzen aus den sportlichen Erfolgen und gründete das »Opel Eurohändler-Team«, das als offizielles Werksteam (mit der technischen und logistischen Unterstützung von Günther Irmscher) 1974 an acht Läufen zur Rallye-Europameisterschaft (die Rallye-WM war wegen der Energiekrise abgesagt worden) teilnahm, von denen Walter Röhrl zusammen mit seinem Beifahrer Jochen Berger sechs gewann. Da in diesem Jahr die sechs besten Ergebnisse in die Wertung kamen, waren Röhrl/Berger mit der Maximalpunktzahl Europameister geworden. Und 1975 konnte dieses Team mit dem Gewinn der brutalen »Rallye Akropolis« auch den ersten Sieg bei einem Weltmeisterschaftslauf feiern. Im gleichen Jahr kam auch der »Ascona 19 SR« zum letzten Mal zum Einsatz – am 1. Oktober 1975 wurde der »Kadett GT/E«, der Anfang September auf der IAA Premiere gefeiert hatte, homologiert und löste den »Ascona« ab. Der bis zu 225 PS starke »GT/E« konnte zuerst nicht an die Siegesserie seines robusten Vorgängers anknüpfen – die reichlich vorhandene Leistung forderte doch mehr Detailarbeit an Motor, Getriebe und Fahrwerk, als man sich das ursprünglich vorgestellt hatte. Erst 1978 waren die »Kadett«-Werksfahrer Anders Kulläng und Achim Warmbold wieder auf den Siegertreppchen zu finden. Walter Röhrl hatte diese Entwicklung jedoch nicht mehr abwarten wollen und am 7. November 1977 einen Fahrervertrag

Knapp 200 km/h schnell: der »Diesel« GT, dessen Basismotor im September 1972 in den »Rekord« verpflanzt wurde.

mit »FIAT« abgeschlossen. Trotz der »Kadett«-Erfolge war man sich in Rüsselsheim darüber im klaren, daß die Zukunft wieder einem größeren und stärkeren Rallyewagen gehören mußte, und einmal mehr wurde der neue »Ascona B«, der 1975 auf den Markt gekommen war, als Basismodell auserkoren.

Erste Überlegungen und technische Zeichnungen für einen »Super«-Ascona, der in einer für die Homologation auf 400 Exemplare limitierten Serie gebaut werden sollte, wurden bereits 1976 in die Wege geleitet. Die Arbeiten an dem realen »Ascona 400« hatte die Sportabteilung dann 1977 begonnen, wobei bei der Konstruktion nicht nur auf aerodynamische Hilfsmittel wie Front- und Heckspoiler sowie dicke Kotflügelverbreiterungen Wert gelegt wurde, sondern die Techniker auch die gesamte Mechanik und das Fahrwerk derart verstärkten, daß man die »East African Safari« mit Vollgas durchheizen konnte. Für die Beschaffung der nötigen Leistung beauftragte man niemand Geringeren als die britische Formel-1-Motorenschmiede »Cosworth«, wo der »Motorenpapst« Keith Duckworth auf der Basis des »Rekord«-Diesel-Vierzylinders ein 2,4-Liter-Triebwerk mit zwei obenliegenden Nockenwellen, 16 Ventilen und zwei Weber-48-DCOE-Doppelvergasern schuf, das bereits in der Basisstufe 240 PS an die Hinterachse brachte. Das gab den Ausschlag, daß der »Ascona 400« – der am 1. Oktober 1979 homologiert werden konnte – schon bei seinem ersten Auftritt bei der »Rallye Monte Carlo« im Januar 1980, mit Anders Kulläng am Steuer auf

Seiner Zeit voraus: Schon im Sommer 1971 war dieser »Elektro« GT auf Rekordfahrt.

Besonders im Rallye-Sport wußten die robusten Opel-Rennwagen zu überzeugen: So gewann das Team Röhrl/Geistdörfer 1982 auf »Ascona 400« die »Rallye Monte Carlo« und die »Elfenbein-Rallye« (oben). Aber auch ein schneller »Kadett D« machte offensichtlich Spaß.

Rang Vier im Fürstentum am Mittelmeer einlief. Und beim zweiten Einsatz bei der »Schweden-Rallye« gelang dem Team Kulläng/Berglund dann der erste WM-Sieg seit 1975. Auch 1981 plazierte sich der »Ascona 400« immer wieder in den vorderen Rängen – obwohl kein Gesamtsieg errungen werden konnte, landete Opel bei der Marken-WM auf Rang Vier.

Und Walter Röhrl holte die Rallye-Weltmeisterschaft

Natürlich hatte Opel noch immer enge Kontakte zu Walter Röhrl, der seinem neuen Arbeitgeber »FIAT« gleich 1980 die Fahrer- und die Marken-WM beschert hatte. Röhrl verließ die Italiener 1981, da »Mercedes-Benz« auf der Basis des neu erschienenen »190« ein Mittelmotorauto mit Allradantrieb bauen wollte, das dem »Kleinen« aus Stuttgart eine sportliche Reputation mit auf den Weg geben sollte. Röhrl schien den Schwaben der richtige Mann, dieses Projekt – das dem »Audi Quattro« und anderen späteren Allradmodellen viel Wind aus den Segeln genommen hätte – zum Laufen zu bringen. Es kam aber alles ganz anders: Der »Mercedes-Benz«-Vorstand gab dem »Rallye-190« letztlich kein grünes Licht, und einer der besten Rallyefahrer der Welt stand, zwar blendend bezahlt, aber ohne Rennwagen, auf der Straße. In dieser Situation verpflichtete Opel den Regensburger Fahrkünstler, und zusammen mit den Sponsorgeldern eines Zigarettenkonzerns gewann der konventionell heckgetriebene und etwa 275 PS starke »Ascona 400« mit Röhrl und seinem Beifahrer Christian Geistdörfer gegen den erstmals am Start befindlichen allradgetriebenen »Audi Quattro« 1982 die Fahrer-Weltmeisterschaft vor der französischen »Quattro«-Fahrerin Michèle Mouton.

Röhrl verließ das Team dann am Ende dieser Saison und ging zuerst ein Jahr zu »Lancia« und schließlich zu »Audi«, während Ari Vatanen und Henri Toivonen zu den Rüsselsheimern stießen. In dieser Zeit wurde allen Beteiligten klar, daß die großen Siege nur noch mit allradgetriebenen Fahrzeugen errungen werden konnten, und so baute man auch von 1982 an mit Hilfe der britischen Firma »Ferguson« einige allradgetriebene »Manta«-Modelle, die jedoch rasch erkennen ließen, daß sie gegen die Spezialkonstruktionen von »Audi«, »Lancia« oder »Peugeot« keine Chance haben würden. Und es war auch keine Frage, daß die Motorsportabteilung niemals die finanziellen Mittel zur Verfügung gestellt bekommen würde, einen reinrassigen Rennwagen zu entwickeln, von dem 200 Exemplare zusätzlich für die Homologation hätten gebaut werden müssen. Zwar konnte 1985 dann noch ein »Kadett 4x4« bewundert werden, der über ein reinrassiges Rennfahrwerk und den mittlerweile nahezu selbstverständlichen Allradantrieb verfügte, für dessen Vortrieb

Auch bei der berüchtigten »East African Safari« durfte der »Manta 400« im April 1984 zeigen, was in ihm steckte: Aaltonen/Drews liefen auf Rang Zwei ins Ziel.

jedoch ein »Manta«-Rallye-Triebwerk mit etwa 275 PS Leistung zuständig war – in Zeiten, in denen die Konkurrenz mit bis zu 540 PS unterwegs war, trat man mit diesem Wagen aber dann doch lieber erst gar nicht an.

Dennoch waren bis zur Mitte der 80er Jahre noch etliche Fahrzeuge mit dem »Blitz« auf den Rallyepisten und Rundstrecken zu sehen: Besonders bei den materialmordenden Langstreckenrennen sorgten der »Ascona 400« und sein Nachfolger, der »Manta 400« – unter dessen attraktiver Hülle sich die nahezu unveränderte »Ascona«-Technik verbarg – für gute Plazierungen: So gewannen Vatanen/Harryman 1983 die »East African Safari«, dazu kamen andere gute Plazierungen und letztlich der Rang 3 in der Rallye-Marken-Weltmeisterschaft. 1984 kam der »Manta 400« bei der »Safari Rallye« auf Rang Zwei, und bei »Paris – Dakar« belegte das belgische Team Colsoul/Lopez Rang Vier im Gesamtklassement. Und es gewann die Wertung für den besten nicht-allradgetriebenen Wagen. Natürlich sind die Fahrzeuge aus Rüsselsheim in den Händen vieler Privatfahrer auf den Rennstrecken zu sehen: Der »Manta« ist bis heute eines der zu schlagenden Modelle bei Langstreckenrennen – so waren 1990 die ersten sechs Fahrzeuge im Langstreckenpokal vom Typ »Manta 400« – und der »Kadett 16V« brachte es mit dem Österreicher Sepp Haider am Steuer und seinem Beifahrer Ferdi Hinterleitner sogar zu einem Sieg bei der »Rallye Neuseeland« im Juli 1988.

International erfolgreich: »Opel-Lotus-Challenge«

Es sollten aber fünf Jahre vergehen, bis Opel auch wieder offiziell beim Motorsport antrat – und dieses Mal fuhr man gleich dreigleisig: 1988 wurde erstmals der »Opel-Lotus-Challenge« ausgefahren, der seit 1990 auch als »Internationaler Challenge« stattfindet und zudem noch als britischer »Vauxhall-Lotus-Challenge«, als skandinavischer »Opel-Lotus-Challenge« sowie als »Austria-Mitropa-Cup« (mit Österreich, CSFR und Ungarn) und als nationale Meisterschaft in vielen anderen Ländern zur Austragung kommt. Diese Marken-Serie wird mit einem bis zu 260 km/h schnellen Monoposto gefahren, dessen Chassis von der Rennwagenfirma »Lotus« entworfen und der in Großbritannien bei der Firma »Reynard« gefertigt wird. Die 2-Liter-Vierzylinder mit 16-Ventiltechnologie stammen aus der »Kadett«- und »Vectra«-Serienfertigung in Kaiserslautern, wo die 155 PS starken Triebwerke nach einer sorgfältigen Prüfung sofort verplombt werden, damit nachträglich keine Manipulationen ausgeführt werden können. Da Chassis und Motoren praktisch gleichwertig sind – nur die Einstellung der Stabilisatoren, der Spoiler-Anstellwinkel und die Getriebeübersetzung sind variabel – hat es Opel mit dieser Rennserie geschafft, identische Fahrzeuge anzubieten, die nicht nur für ausgeglichene Starterfelder und attraktive Rennen sorgen, sondern auch Fahrertalente ans Licht bringen. „Bei der »Opel-Lotus-Challenge« ist der talentierteste Fahrer gesucht und nicht der beste Tuner", so definierte ein »Opel«-Sprecher den Sinn dieser Rennserie – die Ergebnisse sprechen für sich: Mit Mikka Hakkinen ist mittlerweile der erste Sieger des Jahres 1988 in der »Formel 1« gelandet, und andere seiner Kollegen fahren inzwischen in der »Formel 3« oder »Formel 3000« vorne mit. Mit diesem Cup trägt Opel seinen Teil dazu bei, daß auch weniger begüterte Talente eine Chance haben, ihre Qualitäten zu beweisen. Denn mit einem Einstandspreis von 55 000 Mark für einen rennfertigen Wagen und einem großzügig verteilten Sieggeld (allein in Deutschland kamen 1991 rund 200 000 Mark Preisgeld zusammen) kann hier Motorsport in einer Finanzkategorie betrieben werden, die ansonsten kaum noch zu finden sein dürfte.

Und wer sich in den nationalen Rennen durchsetzt, darf an der »Euro-Serie« teilnehmen, in der bei 15 Rennen 375 000 Mark an Preisgeldern fällig werden. Da acht dieser 15 Wettbewerbe im Rahmenprogramm von »Formel 1«-Rennen stattfinden, haben die Profis von morgen auch gute Chancen, sich vor den Augen der großen Teamchefs in Szene zu setzen. Kein Wunder, daß die Adam Opel AG in ihrem Geschäftsbericht 1990 zu Recht darauf hinwies, daß „sich der »Opel-Lotus-Challenge« als Talentschmiede für den Motorsport fest etabliert hat. Dieser europaweite Wettbewerb und neue nationale Championate unterstreichen

Sicherer Sieger: Erwin Weber bei der »Rallye Esslingen« im Herbst 1983.

Auch nicht langsam: Sepp Haider auf dem Werks-»Kadett« 1987.

Machte fehlende Leistung mit Einsatz wett: Peter Oberndorfer auf dem »Kadett« bei der DTM.

Großer Spaß mit kleinem Auto: Der »Opel Junior Cup« wurde und wird mit dem »Corsa« gefahren.

Zwei Männer aus der »Opel-Lotus-Challenge«: Wolfgang Kaufmann und Marco Werner.

den richtigen Weg, mit dieser speziellen Formel Motorsport für den Nachwuchs finanzierbar zu machen."

Die zweite Motorsport-Schiene betrifft die »Formel 3«. Nachdem 1988 rasch klar geworden war, daß der 2-Liter-Sechzehnventiler des »Kadett« und des »Vectra« eine blendende Basis für einen Rennmotor abgeben konnte, wurde der Motor von 1989 an auch in der »Formel 3« eingesetzt. Für die technische Vorbereitung konnte Opel den in der »Formel 3« gerne als »Motorenpapst« apostrophierten Siegfried Spiess gewinnen, und schon 1990 gab es dann die ersten beiden Siege und den Rang Drei im Gesamtklassement durch Wolfgang Kaufmann vom »Team Schübel« zu feiern. 1991 waren

Eine der härtesten Rennserien der Welt: die »Deutsche Tourenwagen-Meisterschaft« – hier der Lauf in Wunstorf 1990.

1991 für Opel dabei: Volker Strycek auf dem »Renn-Omega« (links).

bereits drei professionelle »Formel 3«-Teams von den Qualitäten des etwa 172 PS starken Motors so angetan, daß sie ihre Rennwagen den Vierzylindern der Marke mit dem »Blitz« anvertrauten, und auch hier setzte sich die Siegesserie fort.

Mit dem »Evolution 500« auf dem Weg zu Siegen

Wesentlich härter ist die Gangart jedoch bei der »Deutschen Tourenwagen-Meisterschaft«, der Kenner gerne höchstes technisches Niveau bescheinigen. Hier trat Opel erstmals 1989 mit dem »Kadett GSi« an, dessen 267 PS jedoch gegen die wesentlich stärkere Konkurrenz nicht viel erreichen konnten – nur bei strömendem Regen vermochte der deutlich leichtere »Kadett« sein PS-Manko einigermaßen zu verbergen, sonst fuhren ihm die »BMW M 3« und »Mercedes-Benz 190E 2.5-16« zwangsläufig auf und davon. Anlaß genug, daß man sich bei Opel und dem Haustuner »Irmscher« rasch daranmachte, für diese Serie einen »Omega 3000 24V« in Renntrimm zu bringen, der mit seinen 360 PS schon eher mithalten konnte. Die Rüsselsheimer hatten jedoch Probleme damit, aus einem sehr guten Straßenwagen – immerhin »Auto des Jahres 1987« – einen Rennwagen zu entwickeln. Zu unterschiedlich sind die Anforderungen an diese verschiedenen Fahrzeugtypen: Während der »Serien«-Omega seine Leistung über eine große Drehzahlbreite zur Verfügung zu stellen hat, genügt beim »Renn«-Omega eine schmale Drehzahlbreite, in der aber sehr viel Leistung existent sein muß. Die Wünsche an Bremsen, Kupplung, Fahrwerk oder Geräuschdämmung sind ebenfalls völlig unterschiedlich – und da die Motorsport-Behörden stets eine gewisse Seriennähe für die Zulassung auf der Rennstrecke verlangen, konnten die beiden Konkurrenten aus Stuttgart und München mit speziell auf die Bedürfnisse der Sportabteilung abgestimmten Serienmodellen in kleinsten Stückzahlen (500 gebaute Exemplare werden für die Homologation verlangt) die »Basis«-Fahrzeuge bereitstellen, aus denen exzellente Rennwagen erwachsen.

So sah sich Opel im Winter 1990/91 gezwungen, auf der Basis des »Omega 3000 24V« ein Sondermodell zu entwikkeln, in dem all die aerodynamischen und technischen Details zum Einsatz kommen, die dem »Omega« zu Siegen verhelfen sollen. Der – natürlich – »Evolution 500« getaufte Wagen unterscheidet sich optisch deutlich vom »Serien«-Bruder: Neben den Kotflügelverbreiterungen und Schwellern sind für den Motorsport in erster Linie der tiefergezogene Frontspoiler und der verstellbare Heckflügel von größter Bedeutung. Die Frontschürze reicht bis knapp über den Boden und erzeugt wesentlich mehr Abtrieb. Durch eine Lippe, die sich um bis zu elf Zentimeter ausfahren läßt, kann der Abtrieb je nach Beschaffenheit der Rennstrecke vergrößert oder verringert werden, wobei große Öffnungen im Frontspoiler für die optimale Kühlung der Bremsanlage sorgen. Viele Stunden verbrachte der »Evolution 500« auch im Windkanal, wo eine optimale Position und Form des

Heckspoilers ermittelt wurde, der – beim »Straßen«-Wagen – je nach Geschwindigkeit automatisch ausfährt. Beim Rennmotor wurde die Leistung auf etwa 380 PS angehoben, die bei 8900/min zur Verfügung stehen. Damit erreichte der »Renn«-Omega bis zu 300 km/h, während die 100 km/h-Grenze nach 5,3 Sekunden durcheilt wurde. 1992 wollte man dann mit diesem Wagen aktiv in das Renngeschehen eingreifen – Reglementunsicherheiten brachten dann aber alle Pläne zum Erliegen.

Opel engagierte sich aber 1994 nicht nur in der renommierten Deutschen Tourenwagen-Meisterschaft, sondern auch – mit dem »Vectra« – in England und Frankreich, wo die Meisterschaft nach dem Klasse 2-Reglement ausgefahren wird. Dazu gibt es noch einen Klasse 2-»Astra«, der in Portugal, Spanien, Südafrika und der Schweiz zum Einsatz kam. Läufe zur Rallye-Weltmeisterschaft und diversen nationalen Rallye-Meisterschaften runden das Bild eines weltweit im Motorsport aktiven Unternehmens ab. Wobei

Worauf man aber bei Opel zu Recht besonders stolz ist, dürfte die Tatsache sein, daß man seit der Saison 1990 in allen Motorsportbereichen nur noch Motoren mit Katalysator zum Einsatz bringt – eine vernünftige Entscheidung, der sich rasch auch die anderen Mitbewerber anschlossen.

Im Frühjahr 1993 gab es dann erste Gerüchte, daß Opel – nun auf der Basis des »Calibra 4x4« mit dem 2,5 Liter V6-Triebwerk – wieder aktiv eingreifen wollte. Und im Herbst war es dann soweit: Im September ließ sich das elegante Coupé beim DTM-Finale in Hokkenheim erstmals blicken.

Für die Saison 1994 wurden dann der Ex-Formel 1-Weltmeister Keke Rosberg und die beiden ehemaligen Le Mans-Sieger Manuel Reuter und »John Winter« alias Louis Krages verpflichtet, die sich immer wieder auf die vorderen Ränge und auf die Siegertreppe fahren konnten.

Opel – seit dem Jahr 1990 – auch wieder den beliebten Opel-Markensport-Pokal ausrichtet, bei dem der Breitensport durch Preisgelder, die zusammen die Summe von 500.000 Mark erreichen, unterstützt wird.

Wie seit vielen Jahren trat Opel aber auch wieder in der deutschen Formel 3-Meisterschaft an, wo es den bereits mehrfach errungenen Titel zu verteidigen galt. Dazu stellte Opel das Material für etliche weitere Formel 3-Fahrer, die weltweit in nicht weniger als neun Ländern um Meisterschaftspunkte kämpften.

Und auch die Monopost der »Formel Opel« hatten bei dem deutschen Championat und der europaweit ausgeschriebenen »Euroserie« wieder den Beweis anzutreten, daß aus ihren Reihen die Formel 1-Stars von morgen erwachsen – wie beispielsweise Maka Hakkinen, Heinz-Harald Frentzen, David Brabham, Rubens Barichello, Pedro Lamy oder Jos Verstappen.

Mit dem Ex-Formel 1-Weltmeister Keke Rosberg und Manuel Reuter am Steuer zählte der »Calibra 4x4« bei den Läufen zur DTM 1994 nicht nur zu den absoluten Publikumslieblingen, sondern auch zu den schnellsten Rennwagen auf der Strecke.

15

Mit neuen Konzepten in die 80er Jahre

»Senator« und »Monza« besetzen wieder die Oberklasse, und mit dem »Kadett D« hält bei Opel der Frontantrieb Einzug. Im Mai 1979 laufen die ersten 200 Versuchsfahrzeuge mit Motoren, die auch einen Methanolanteil im Treibstoff vertragen – und die letzte »Rekord E«-Baureihe bringt es auf 481 674 Exemplare. 1982 wird dann im spanischen Saragossa ein völlig neues Werk für einen völlig neuen Wagen eingerichtet: den »Corsa«.

Opel hatte die erste Ölkrise vergleichsweise gut überstanden und bereits 1976 mit 921 696 Fahrzeugen einen neuen Produktionsrekord aufgestellt – dies lag nicht zuletzt daran, daß im September 1975 auf der IAA mit den »Ascona«- und »Manta B«-Modellen zwei komplett neue Fahrzeuge vorgestellt wurden, die mit ihren Vorgängern nur noch den Namen und die Motorenpalette gemeinsam hatten und sich auf Anhieb als Bestseller entpuppten. Dazu kam, daß Opel hart daran arbeitete, mit einem neu konzipierten Modellprogramm den Anforderungen der sich allmählich abzeichnenden 80er Jahre gerecht zu werden. Bis diese Maßnahmen dann im Herbst 1977 zu greifen begannen, sorgten aber einige neue Varianten der verschiedensten Modellreihen, wie beispielsweise der 1975 erschienene »Kadett GT/E« und ein Jahr später der »Kadett Aero« oder die von 1,9 auf 2,0 Liter vergrößerten Vierzylinder mit nunmehr 100 PS für den »Ascona«, »Manta« und »Rekord«, für einen geregelten Geschäftsgang. Daß sich der »Kadett Aero«, eine pfiffige »Oben ohne«-Version des Bochumer Bestsellers, bei dem ein herausnehmbares Dachteil und ein herunterklappbares Rückfenster für reichlich Frischluft sorgten, mit nur 1224 montierten Exemplaren nicht zu dem erhofften Verkaufserfolg entwickelte, ist allen, die einmal eines dieser witzigen Fahrzeuge fahren konnten, ein Rätsel – heute ist der »Aero« bereits eine gesuchte Rarität.

Doch 1977 hatte das Warten auf die neue Modellstruktur ein Ende: Bereits zu Beginn der 70er Jahre hatten die Techniker damit begonnen, sich Gedanken über die nächste »Rekord«-Generation zu machen, die in diesem Jahr auf den Markt kommen sollte.

Sportliche »Kadett«-Variante: der »GT/E« von 1977.

Offene »Kadett«-Variante: der »Aero« von 1976.

Praktische »Manta«-Variante: »CC« mit großer Heckklappe von 1978.

Das »E« stand für »Evolution«

Das Ergebnis dieser Überlegungen trug – wie es nicht anders zu erwarten war – wieder den Namen »Rekord«. Daß diese »Rekord«-Generation zusätzlich die Bezeichnung »E« bekam, hatte zwar historische Gründe, aber wenn man ihn nur als »E« wie »Evolution« bezeichnet hätte, wäre man seiner Persönlichkeit genauso gerecht geworden. Mit seinen im Windkanal glattgeschliffenen kompakten Formen, die die für Benzinpreise sensibilisierte Kundschaft ansprachen, und einer völlig neuen Vorderachse eroberte sich der mit sechs verschiedenen Motoren lieferbare »Rekord« sofort die Spitze der Verkaufszahlen. Natürlich gab es auch eine »Caravan«-Version, zu gut waren die Erfahrungen mit diesem Raumwunder, das sich dennoch nicht als Lieferwagen zu erkennen gab, gewesen. Während sich auf der Motorenseite nicht so viel geändert hatte, zeigte der »Rekord E« auf der Karosserieseite einige neue Wege auf, die bei Opel bis heute nachvollziehbar sind – das Werk selbst definierte sie damals in den Pressemappen mit den Begriffen: »Ergonomie« und »Aerodynamik«.

„Dort, wo Sie zur Bedienung eines Schalters oder Hebels automatisch hingreifen oder zur Kontrolle eines Anzeigeinstruments hinblicken, da befindet sich auch, was Sie suchen", so erklärte das Werk damals die Vorteile der »Ergonomie«. Und zur »Aerodynamik« können wir lesen: „Das Äußere entsteht nicht nur nach den Vorstellungen der Designer, sondern ebenso nach den Erkenntnissen der Ingenieure im Windkanal. Dieses Windprofil zeichnet sich durch hervorragende Aerodynamik aus – was bedeutet, daß Sie mit weniger Kraft(stoff) weiter und schneller vorankommen." Daß Opel mit diesem Schritt zur verbesserten Aerodynamik den richtigen Weg gegangen war, sollte sich bereits zwei Jahre später erweisen, als die zweite Ölkrise das Interesse nach im Windkanal optimierten Fahrzeugen drastisch vergrößerte. Kein Zweifel, der »Rekord E« war ein großer Wurf, dies zeigte auch die Tatsache, daß er – bis zu dem großen Facelift im Oktober 1982 – in nicht weniger als 992 695 Exemplaren gebaut wurde.

Ein seltenes Stück: Der »Manta 400« hatte in der Straßenversion 144 PS (oben) – die Wettbewerbsvariante brachte bis zu 300 PS an die Hinterachse (darunter).

Einige Monate nach dem »Rekord E« folgte 1978 eine »Commodore«-Variante, die mit den Formen des neuen »Rekord« und dem 115 PS starken 2,5-Liter-Reihensechszylinder mit Fallstromvergaser (für dessen Unterbringung allerdings der Vorbau etwas verlängert werden mußte) den »Rekord«-Interessenten eine Alternative bot, die statt der 165 km/h des 1,9-Liter-Vierzylinders die 180 km/h des »Commodore« bevorzugten – dafür mußten für den »Commodore« 16765 Mark auf den Tisch des Händlers gelegt werden, während ein »Rekord 1,9 SH« für 14677 Mark zu haben war. Auf dem Genfer Automobilsalon 1981 zeigte Opel den »Commodore Voyage«, der als fünftüriger »Caravan« mit einem neuen 2,5-Liter-Einspritzmotor und 130 PS Leistung eine besonders reizvolle Mischung aus Platzangebot und Leistung darstellte. Drei Monate später war der Einspritzmotor auch in der Limousine zu haben, mit dem sie dann knapp 190 km/h erreichte. Im Herbst 1982 kam jedoch das Ende des »Commodore«. Nach insgesamt 79380 Exemplaren wurde die Sechszylinder-Variante des »Rekord« von den Bändern genommen. Ausschlaggebend dafür waren zwei Dinge: Erstens verfügte der im Herbst 1982 präsentierte, grundlegend überarbeitete »Rekord« mit seinen neuen 2,0-Liter-Motoren über nahezu dasselbe Temperament wie der »Commodore«, und zweitens hatte Opel im Herbst 1977 auf der IAA mit dem »Senator« und dem »Monza« zwei neue Top-Modelle vorgestellt, deren Qualitäten dem »Commodore« das Leben immer weiter erschwerten und die Stückzahlen in unrentable Bereiche verwiesen.

Der zweite Schritt zum neuen Modellprogramm

»Senator« und »Monza« waren der zweite Schritt auf dem Weg zu dem neuen Modellprogramm, das Opel in den frühen 70er Jahren konzipiert hatte: Der »Senator« konnte als viertürige

Beliebt wie immer: Den »Rekord E« gab es natürlich auch als »Caravan«.

Frisch aus dem Windkanal: der »Rekord E« von 1977.

Limousine wieder die Nische besetzen, die durch das Ende der »großen Drei« im Jahr zuvor freigeworden war, während der »Monza« als sportliche Coupé-Variante die Käuferschichten überzeugen sollte, die ihr Geld ansonsten in Stuttgart-Untertürkheim, Stuttgart-Zuffenhausen oder München gelassen hätten. Als die Modelle dann von 1978 an die Fließbänder verließen, konnten sie sich auf Anhieb eine eigene Nische erobern, obwohl sie ihre technische und optische Basis, den »Rekord E«, doch nicht so verleugneten. Durch den um 15 Zentimeter längeren Radstand (2683 statt 2668 Millimeter) bot das neue Top-Modell deutlich mehr Innenraum, und mit einer etwas längeren Frontpartie und einigen geschickt eingesetzten Design-Attributen, wie dem großzügig verwendeten Chrom, einem neuen Kühlergrill sowie der weiter nach hinten gelegten C-Säule und den zusätzlichen Dreiecksfenstern in der breiten C-Säule, bot der »Senator« auch das eigenständige Design, das von der Kundschaft gewünscht wurde. Und da der auf 3 Liter Hubraum aufgebohrte Sechszylinder (als Vergaser-Modell) 150 PS und mit der »Bosch L-Jetronic« stolze 180 PS an die Hinterachse lieferte, brachte der Senator auch gute Fahrleistungen: Der »3.0 E« erreichte als Top-Modell für 27 410 Mark Kaufpreis 210 km/h Höchstgeschwindigkeit, während der »3.0 H« für 24 185 Mark immerhin 193 km/h erreichte. Das Einstiegsmodell in der »Senator«-Klasse war der 23 380 Mark teure »2.8 H«, bei dem ein 140 PS starker 2,8-Liter-Motor für 190 km/h sorgte. Der »Senator« zeigte auf Anhieb in den Vergleichstests der großen Fachzeitschriften, daß die Techniker in Rüsselsheim ein famoses Automobil auf die Räder gestellt hatten. Alle lobten das hervorragende Preis-/Leistungs-Verhältnis, die Komplettausstattung und das gegenüber dem »Rekord« weiter verfeinerte Fahrwerk, das erstmals in der Opel-Historie auch über einzeln aufgehängte Hinterräder verfügte und dessen Schräglenker durch die neu entwickelten »Miniblock«-Federn gegen die Karosserie abgestützt wurden. Dank ihrer doppelkonischen Form konnten sich die Federwindungen auch beim heftigsten Einfedern nicht berühren. Und da die Konstrukteure ein System mit progressiver Kennung wählten, zeigten der »Senator« und der »Monza« bei hoher Zuladung und hohen Kurvengeschwindigkeiten auch höhere Belastbarkeit. Lobend wurde zudem das hervorragende Bremssystem mit den innenbelüfteten Scheibenbremsen und die Drehmomentstärke der Sechszylinder erwähnt, die jede Hektik im Keim ersticken ließen.

Der erste Opel mit Frontantrieb: der »Kadett D«

Natürlich besaß auch der sportliche Bruder des »Senator«, das zweitürige »Monza«-Coupé, all die aufgeführten Vorzüge. Da diese Variante, die zu Preisen von 25 325 Mark an aufwärts bei den Händlern stand, aber über einen kürzeren Radstand verfügte, war sie natürlich noch eine ganze Klasse agiler im Fahrverhalten. Und durch die bessere Aerodynamik des flacheren Coupés erreichte der 180 PS starke und 29 355 Mark teure »Monza 3.0 E« auch immerhin 215 km/h

– womit er im Kreis der »Super«-Coupés eine blendende Rolle spielte. Selbstverständlich war der sportliche »Monza« genauso wie sein viertüriges »Senator«-Pendant ein durch und durch vernünftiges und ausgereiftes Automobil. Mit der bei Opel selbstverständlichen Alltagstauglichkeit, den normalen Service-Intervallen, vernünftigen Ersatzteil- und Inspektionspreisen boten die neuen Top-Modelle zwar jene Exklusivität, die manche Opel-Kunden zu schätzen wußten, aber man erkaufte diese Exklusivität nicht mit Star-Allüren oder exotischem Gehabe. Das führte dazu, daß »Senator« und »Monza« 1982 nach 74 412 (»Senator«) und 29 414 (»Monza«) gefertigten Exemplaren einem aufwendigen Facelift unterzogen und mit neuen Motor-Varianten bis zum Sommer 1986 weitergebaut wurden. Vielleicht sollte man hier noch kurz erwähnen, daß Opel in den späten 70er Jahren auch Versuchsfahrzeuge mit Allradantrieb baute und diese zusammen mit der britischen Firma »Ferguson« entwickelte. Zwar kamen jene Fahrzeuge niemals offiziell in den Verkauf, wer aber seinen »Senator« oder »Monza« mit dieser Technik ausrüsten wollte, konnte sie von Frühjahr 1982 an bei Erich Bitter gegen einen nicht unerheblichen Aufpreis einbauen lassen.

Der dritte Streich der späten 70er Jahre war dann der neue »Kadett«, der im August 1979 – folgerichtig als »Kadett D« – den Frontalangriff auf den »VW Golf« startete. Die vierte »Kadett«-Generation konnte über viele Jahre hinweg entwickelt werden und verkörperte eine völlig neue Traktions-Philosophie: Erstmals war auch ein Opel mit Frontantrieb zu haben. Die Ingenieure hatten die Wünsche der Kundschaft endlich erhört, die sehr wohl erkannt hatte, daß man mit quergestellten Motoren und Frontantrieb den Innenraum bei identischen Außenabmessungen deutlich vergrößern konnte. Die »Süddeutsche Zeitung« schrieb in ihrem ersten Bericht: „Leicht ist den Rüsselsheimern diese Entscheidung nicht gefallen, wußte man doch genau, wie kritisch die Kundschaft diesen ersten Frontantriebswagen beäugen würde. Aber der

Mit sechs Zylindern und einem riesigem Stauraum: der »Commodore Voyage«.

Mit Luxus-Ausstattung: der »Senator« mit der »CD«-Ausstattung.

Elegant, sportlich und praktisch: der »Monza« – hier die erste Variante mit »S«-Ausstattung.

Nach der Modellpflege: der »Monza GSE« in seiner letzten Ausführung 1983.

Frontantrieb ist die einzige Möglichkeit, bei möglichst kompakten Außenabmessungen ein Maximum an Innenraum bereitzustellen. Und in der Tat ist der neue »Kadett« bei einem um zwölf Zentimeter gewachsenen Radstand (2,51 gegenüber 2,39 Meter) rund 13 Zentimeter kürzer als sein Vorgänger und bietet allen Insassen dennoch mehr Raum. Der »Neue« hat aber nicht nur mehr Innenraum als sein direkter Vorgänger, er bietet auch mehr Platz für das Gepäck – mit 402 Liter Kofferrauminhalt (nach VDA-Norm) überbietet er den »VW Golf« deutlich." Und zu dem Fahrwerk schrieb die »SZ«: „Auch die Technik braucht keine Vergleiche zu scheuen: Vorne Einzelradaufhängung mit McPherson-Federbeinen und hinten eine Verbundlenker-Hinterachse mit den auch bei »Senator« und »Monza« bewährten Miniblock-Federn.

„Gut anzuschauen und sicher zu fahren"

Dazu kommen Drehstab-Stabilisatoren an beiden Achsen. Das Ergebnis ist ein neutrales Fahrverhalten mit der gewünschten Neigung zum Untersteuern, die mittlerweile von allen Autofirmen als sicherheitsfördernd gewünscht wird." Dazu hieß es: „Ein weiterer Wunsch des Vorstands an die Entwicklungsabteilung: Der neue »Kadett« muß verbraucherfreundlich sein. Dazu zählt nicht nur die Servicefreundlichkeit: Der Wechsel der Kupplung ist ohne Ausbau des Motors möglich – der Motor kann nach oben oder unten entfernt werden – das Auswechseln der Lampen ist ohne Werkzeuge möglich – die Vorderachsaufhängung ist wartungsfrei."

Mit Preisen von 10745 Mark an waren 3 Motoren mit exakt 53, 60 und 75 PS zu bekommen, die bis zu 158 km/h Höchstgeschwindigkeit ermöglichten – dazu

Im August 1979 kam der erste Opel mit Frontantrieb auf den Markt: Den »Kadett D« gab es unter anderem als »L« mit fünf Türen, als sportlichen »SR« und natürlich auch als »Caravan«.

Der stärkste seines Stammes: Mit 115 PS Leistung erreichte der »GT/E« 187 km/h.

trug auch die im Windkanal optimierte Karosserie ihren Teil bei: Mit einem c_W-Wert von 0.39 zählte der »Kadett D« zu den aerodynamisch besten Kleinwagen der damaligen Jahre. Das Resümee der »Süddeutschen Zeitung«: „Es war klar, daß sich die Firma Opel, wenn sie sich um einen Nachfolger für den millionenfach bewährten »Kadett« kümmern mußte, ein gutes Auto entwickeln würde. Daß aber gleich beim ersten Versuch, ein neues Konzept (Frontantrieb und Abreißheck) auf die Beine zu stellen, ein so überzeugendes Ergebnis herauskommen würde, war kaum zu erwarten. Der »Neue« ist ein gut anzuschauendes, sicher zu fahrendes, komfortables Auto mit viel Innenraum zu interessanten Preisen. Es wird spannend zu sehen sein, was sich »VW« darauf einfallen läßt."

Der neue »Kadett« war – gerade im Herbst 1979, als sich nach dem Sturz des Schahs von Persien die zweite Ölkrise abzuzeichnen begann – ein blendender Beweis dafür, daß die Opel-Strategen zu Beginn dieses Jahrzehnts die richtigen Bahnen eingeschlagen hatten: Temperamentvoll und dennoch ökonomisch, mit reichlich Innenraum und der von Opel erwarteten Servicefreundlichkeit, sollten bis zur Produktionseinstellung im Sommer 1984 nicht weniger als 2 092 087 Exemplare des »Kadett D« in allen seinen Variationen verkauft werden. Natürlich gab es den »D« nicht nur als zwei- und viertürige Limousine, sondern auch als »Caravan« und von 1983 bis zur Produktionseinstellung im darauffolgenden Jahr auch als sportlichen »GT/E« mit einem neuentwickelten 1,8-Liter-Vierzylinder-Einspritzmotor und 115 PS Leistung, der als Dreitürer (die große Heckklappe wurde extra gezählt) für 20 255 Mark und als Fünftürer für 20 945 Mark bei den Händlern stand – von diesen 187 km/h schnellen Varianten wurden immerhin 36 513 Fahrzeuge verkauft. Und es wundert nicht, daß der »GT/E« auch im Motorsport gerne zum Einsatz kam. Wesentlich häufiger als der kraftstrotzende »GT/E« wurde jedoch der »Kadett Diesel« verkauft, der von Herbst 1982 an den für den »Ascona« und »Kadett« neu entwickelten 1,6-Liter-Vierzylinder mit 54 PS Leistung besaß und die Kunden ansprechen sollte, die die Ökonomie des Selbstzünders schätzten. Für 13 980 Mark gab es hier zwar »nur« 143 km/h Höchstgeschwindigkeit, dafür sorgten Verbrauchswerte zwischen sechs und sieben Liter Dieselkraftstoff auf 100 Kilometer für zufriedene Gesichter bei denjenigen, die rechneten – nicht weniger als 154 483 verkaufte »Kadett Diesel« zeigten der Direktion in Rüsselsheim, daß man hier eine interessante Marktnische erkannt hatte. Wer nicht unbedingt einen Selbstzünder erwerben wollte, aber dennoch auf Ökonomie Wert legte, konnte von 1982 an aber auch zu einem neuen 1,2-Liter-Vierzylinder mit obenliegender Nockenwelle greifen, der zu Preisen von 13 250 Mark aufwärts mit 54 PS Leistung auf den Markt kam.

Für den automobilen Einsteiger: die »Chevette«-Familie im September 1980.

Kaum hatte Opel 1979 den neuen »Kadett« präsentiert, zogen mit der zweiten Ölkrise schon die nächsten Schatten über Rüsselsheim auf. Gut, daß der »Kadett« durch seine überzeugende Konzeption für ökonomisch denkende Kunden sofort die erste Wahl war – Opel hatte aber auch an die Besitzer größerer Modelle gedacht und sich bereits im Mai 1979 an einem vom Bundesforschungsministerium geförderten Großversuch mit methanolhaltigem Superbenzin beteiligt, bei dem 200 »Rekord«-Modelle mit umgerüsteten Motoren gebaut wurden, die mit »M 15«, einem Supertreibstoff mit 15 Prozent Methanolanteil, angetrieben wurden. Die 200 Versuchsfahrzeuge legten in den darauffolgenden zwei Jahren Hunderttausende von Kilometern problemlos zurück, und von 1981 an verfügten alle Opel-Modelle serienmäßig über ein methanolresistentes Kraftstoff- und Gemischbildungssystem – schließlich wußte man nie, ob bei einer nächsten Ölkrise nicht doch »M 15« an den Tankstellen auftauchen könnte. Im März 1979 hatte eine neue Vierzylinder-Motorengeneration das Licht der Welt erblickt, die als erstes Opel-Großserientriebwerk über einen Zylinderkopf aus Leichtmetall und eine zahnradgetriebene obenliegende Nockenwelle sowie einen hydraulischen Ventilspielausgleich verfügte. Zuerst kam der Motor mit 1,3 Liter Hubraum und 60 PS im »Ascona« und »Manta« zum Einsatz, später sollte er mit noch mehr Hubraum in die anderen Modellreihen einfließen. Dennoch mußte Opel, wie alle anderen Hersteller bei den größeren Modellen, herbe Einbußen über sich ergehen lassen – die Verkaufszahlen von »Commodore«, »Senator« und »Monza« sackten sogar um bis zu 60 Prozent ab. Die Jahresproduktion rutschte von 968 466 Einheiten (1979) um 18 Prozent (1980) auf 792 800 ab, und selbst Preissenkungen und Sondervarianten wie der »Ascona Sport« oder der »Manta GT/J« konnten nicht verhindern, daß zuweilen Kurzarbeit angemeldet werden mußte.

»Vauxhall Chevette« für den kleinen Geldbeutel

Wie sehr Opel sich darum bemühte, wirklich jedem Kunden und jeder Brieftasche ein Fahrzeug anbieten zu können, zeigte sich im September 1980, als der »alte« Kadett »C« mit Heckantrieb wieder bei den Händlern auftauchte. Der nur 10265 Mark teure Wagen bewies aber durch seine veränderte Frontpartie und durch den Namen »Vauxhall Chevette«, daß er nicht wieder in Bochum auf Band gelegt worden war, sondern aus dem britischen »Vauxhall«-Werk kam, wo die Produktion noch nicht auf den »Neuen« umgestellt worden war. Die »Chevette« rundete bis zum Sommer 1982, als auch in England die Produktion des rechtsgelenkten »Kadett D« aufgenommen wurde, das »Opel«-Angebot nach unten ab – allerdings waren die Stückzahlen nie sonderlich groß, zu sehr hatten sich mittlerweile die Vorzüge des »neuen« Kadett herumgesprochen.

Die zweite Ölkrise forderte neue Konzepte

Die zweite Ölkrise überraschte »Opel« bei dem auf rund zehn Jahre angelegten vollständigen Erneuerungsprogramm zu früh: Bei den Entwicklungszyklen, die unter fünf bis sieben Jahren nicht realisierbar sind, konnten die Rüsselsheimer noch nicht alle Modelle komplett revidiert haben. Nach dem neuen »Kadett«, der mit seinem Frontantrieb gezeigt hatte, wohin die Reise am Main ging, stand nun die Generalüberholung des »Ascona« an. Und auch hier war die Grundrichtung klar: von einem Grundmodell möglichst viele Varianten abzuleiten. Diese Philosophie war bereits von der Schiene »Rekord«/»Commodore«/»Senator« bekannt, und sie wurde nun vom »Kadett« auch auf den »Ascona« übertragen. Und hier waren die Vorteile noch größer: Im Gegensatz zum Heckantrieb, bei dem die Kardanwelle nicht einfach nach Belieben verkürzt oder verlängert werden kann, bietet der Frontantrieb noch weitaus größere Variationsmöglichkeiten. Eine Verschiebung des Motorblocks an der Längsachse im Motorraum oder unterschiedliche Anlenkpunkte für die Aufhängung schaffen verschiedene Radstände und Außenlängen, ohne daß die Hinterradaufhängung oder die Basisbodengruppe geändert werden mußte.

Mit sportlicher Optik: Der »Ascona SR« von 1975 hatte 90 PS Leistung.

Noch mit Heckantrieb: Der »Ascona B« hat bis heute viele Freunde.

Modifikationen am Aufbau oder Karosserievarianten wie Zwei-/Viertürer lassen sich nach dem Baukastensystem kostengünstig herstellen; unterschiedliche Front- und Heckpartien können ohne Änderungen der Blechteile das Gesicht eines Autos von »bieder« bis »sportlich« trimmen. Als der »Ascona C« dann am Freitag, dem 18. September 1981, auf der IAA in Frankfurt Weltpremiere feierte, entpuppte er sich auch sofort als eigenständiges Modell, dem man die vielen Ähnlichkeiten mit dem »Kadett« nicht anmerkte.

Robert C. Stempel, in jenem Jahr der Generaldirektor der Adam Opel AG, beschrieb den neuen »Ascona«, der als Stufenheck- und als Schrägheck-Limousine mit großer Heckklappe angeboten wurde, mit wenigen Worten folgendermaßen: „Als eigenständiges Modell zwischen »Kadett« und »Rekord« spricht der »Ascona« eine Käuferschicht an, die das Angenehme mit dem Nützlichen zu verbinden weiß – das Raumangebot mit der Wirtschaftlichkeit." Einmal mehr gestattete es der Frontantrieb, den Radstand bei nahezu identischen Außenabmessungen von 2518 auf 2574 Millimeter zu verlängern – das Ergebnis war ein deutlich größerer Innenraum, der schon nahezu das Raumgefühl eines »Rekord« aufkommen ließ. Zusammen mit den 1,3- und 1,6-Liter-Motoren, die zwischen 60 und 90 PS an die Vorderräder brachten, sorgten die McPherson-Federbeine an der Vorderachse und die Verbundlenker-Hinterachse für adäquate Fahrleistungen und eine Straßenlage, die von den Motorjournalisten in den höchsten Tönen bejubelt wurde: „Der »Ascona« hat sich zu einem wahren Kurvenkünstler entwickelt und liegt wie das sprichwörtliche Brett auf der Straße", hieß es in nicht nur einem Fahrbericht. Bereits ein Jahr später wurde die Motorenpalette mit dem 54 PS starken 1,6-Liter-Dieselmotor und einem 115 PS starken 1,8-Liter-Einspritzmotor ergänzt; dazu kamen mit dem »Ascona J« und dem »Ascona CD« zwei Ausstattungsvarianten ins Programm, die eine Alternative zwischen dem besonders preisgünstigen »J« und dem besonders luxuriösen »CD« boten und weitere Kundschaft ins »Ascona«-Lager ziehen sollten. Für die Produktion dieses neuen 1,6-Liter-Triebwerks hatte »Opel« im Herbst 1981 in Kaiserslautern

Praktisch und beliebt: Der »Ascona C« besaß in der »CC«- oder Schrägheck-Variante ein Fließheck und eine große Heckklappe.

Die klassische Form: Mit Stufenheck und vier Türen erreichte der »Ascona C« die größten Verkaufszahlen.

Stilistisch überarbeitet und mit besserer Ausstattung: der »Ascona GT Sport« im Modelljahr 1987.

ein völlig neues Werk für 1,2 Milliarden Mark in Betrieb genommen, und im Mai 1982 folgte in Rüsselsheim eine neue Lackiererei, in die 500 Millionen Mark investiert werden mußten.

Der »Ascona«, dessen Produktion erst im Sommer 1988 eingestellt werden sollte, war auch der erste deutsche Wagen, der nach der 1984 aufbrandenden Diskussion um das Waldsterben im Januar 1985 mit einem Katalysator lieferbar war. Der »Ascona 1.8 i« leistete mit einer elektronischen Kraftstoffeinspritzung und Schubabschaltung bei 5800/min glatte 100 PS und kostete 21 070 Mark. Im Laufe seiner Karriere, bei der von dem »Ascona« in allen seinen Varianten immerhin 1 721 649 Exemplare gebaut wurden, erhielt der Wagen 1986 dann noch neue 1,6- und 2,0-Liter-Vierzylinder, die zwischen 55 PS (für die Diesel-Variante) und 115 PS leisteten. Und wer es gerne etwas sportlicher hatte, konnte von 1986 an zum »Ascona Sprint« greifen, der – zusammen mit der Firma »Irmscher« entwickelt – mit einem um 25 Millimeter tiefergelegten Fahrwerk und eleganten Spoilern sowie einer sportlicheren Innenausstattung seine Klientel ansprach.

1982 sollte in der Geschichte von Opel ein ganz besonderes Jahr werden: Der »Kadett« wurde in neuen Rekordzahlen gebaut, der »Ascona« fand auf Anhieb sein Publikum, der immer noch ungemein populäre »Manta« hatte seine treuen Käufer, der »Rekord« wurde zusammen mit seinem größeren »Bruder« – dem »Senator« – und dem »Monza« grundlegend überholt (wobei durch diese Verbesserungen der »Commodore« überflüssig wurde und aus dem Programm kam). Und im spanischen Saragossa konnte »General Motors España SA« ein neues, etwa zwei Milliarden Mark teures Werk einweihen, in dem ein neuer Kleinwagen, der »Corsa«, produziert wurde.

Die sportlichste »Ascona«-Variante bekam wieder den Namen »GT« – hier das Modelljahr 1987.

Und dazu gewann Opel noch mit Walter Röhrl und Christian Geistdörfer die Rallye-Markenweltmeisterschaft. Kein Wunder, daß mit 12,6 Milliarden Mark auch gleich ein neuer Umsatzrekord aufgestellt wurde und man mit 982 906 gebauten Fahrzeugen nur knapp die Millionengrenze verfehlte – die dafür allerdings dann ein Jahr später fallen sollte.

Doch nähern wir uns zuerst der nächsten »Rekord«-Generation, die zwar immer noch als »E«-Modell geführt wurde, deren im Windkanal weiter geglättete Karosserie jedoch klar bewies, daß man dem Thema »Aerodynamik« immer mehr Bedeutung beimaß – der c_W-Wert betrug nun nur noch 0.36, damit war der »Neue« rund 20 Prozent windschlüpfriger als sein Vorgänger. Der »Rekord« konnte nur noch als Viertürer und als »Caravan« geliefert werden, und er entpuppte sich mit Preisen von 18 560 Mark an (für die 1,8-Liter-Basisversion mit 75 PS) als nahezu konkurrenzlos billig. Beschränkte sich die »Rekord«-Motorenpalette ursprünglich auf zwei 1,8-Liter-Motoren mit 75 und 90 PS, auf zwei 2,0-Liter-Triebwerke mit 100 und 110 PS sowie den 2,3-Liter-Dieselmotor mit 65 PS, so kam 1984 noch für Limousine und »Caravan« ein 2,2-Liter-Vierzylinder mit 115 PS ins Programm, der diese 190 km/h schnelle Variante zum temperamentvollsten »Rekord« aller Zeiten machte. Die Produktion des »Rekord« wurde im Sommer 1986 eingestellt – und nach 481 674 Exemplaren dieses letzten Modells kam

Aus dem Haus »Irmscher« – ein »Ascona Sport«.

auch der geschichtsträchtige Name zu den Akten. Der Nachfolger bekam einen neuen Namen: »Omega«. Allerdings war der »Rekord« nicht mit seinem Schicksal allein: Auf den »Manta« folgte der »Calibra«, dem »Ascona« der »Vectra«, und im Frühherbst 1991 erlebten wir, wie aus dem »Kadett« ein »Astra« wurde. Irgendwann kann man die alten Namen eben nicht mehr hören und sucht mit neuen Bezeichnungen neue Werte.

Wesentlich früher kam hingegen das Ende von »Senator A« und »Monza A«. Diese beiden Top-Modelle blieben nur bis 1986 im Programm – beide wurden 1982 ebenfalls grundlegend überholt und präsentierten sich in aerodynamisch deutlich verbesserter Form. Hinzu kam ein überarbeitetes Fahrwerk sowie eine neue Innenausstattung und eine erweiterte Motorpalette. Der Auftragseingang dieser Topmodelle war nach der zweiten Ölkrise nur mühsam wieder angelaufen, deshalb gab es neben dem bewährten 3,0-Liter-Sechszylinder mit 180 PS nun auch einen 136 PS starken 2,5-Liter-Sechszylinder sowie (von 1983 an) den 2,0-Liter-Vierzylinder mit 115 PS, der ein Jahr später durch den gleichstarken 2,2-Liter-Motor ersetzt wurde. Da die Aerodynamik von »Senator« und »Monza« bei der Modellpflege deutlich verbessert werden konnte, waren die Vierzylinder-Varianten praktisch genauso schnell wie die alten 2,8-Liter-Motoren. Dafür lagen jedoch die Verbrauchswerte unter denen der Sechszylinder. In den letzten beiden Baujahren war der »Senator« noch mit zwei verschiedenen Dieselmotoren zu bekommen: Im Herbst 1984 wurde der neu entwickelte 2,3-Liter-Vierzylinder mit Turbolader und 86 PS erstmals eingesetzt, im darauffolgenden März konnte dann mit der Auslieferung des »Comprex«-Dieselmotors begonnen werden, der – ähnlich wie ein Kompressor – dieser Variante durch Aufladung zu 95 PS und 172 km/h Höchstgeschwindigkeit verhalf. Da die Produktion des zusammen mit der Firma »BBC« entwickelten »Comprex«-Laders sehr aufwendig war, wurde zunächst einmal nur eine Serie von 500 Fahrzeugen zum Preis von 33 500 Mark gefertigt. Der »Senator«, dessen Edel-Version »CD« als erstes »Opel«-Modell das Anti-Blockier-System serienmäßig hatte, wurde in seiner überarbeiteten Version noch in immerhin 59 777 Exemplaren verkauft, während die zweite »Monza«-Variante, bei der natürlich nie ein Dieselmotor im Angebot war, noch 16 569mal geordert wurde. Daß der Abschied von diesen beiden Modellen im Sommer 1986 nicht so schwer fiel, lag dann daran, daß alle Welt bereits wußte, daß auf der Basis des neuen »Omega« wieder ein »Senator« erscheinen sollte – für den kraftvollen »Monza« gibt es aber bis heute keinen Nachfolger.

Die große Premiere des Jahres 1982 war aber der in Spanien produzierte »Corsa«, der den immer größer und stärker gewordenen »Kadett« nach unten ergänzte – und der durch die kostengünstige Produktion in Spanien seinen Teil dazu beitragen sollte, daß »Opel« auch in den mediterranen EG-Ländern seine Marktanteile wieder verbessern konnte.

Der Kleine aus Spanien: Mit Stufenheck trug der »Corsa« zusätzlich die Bezeichnung »TR«.

16

Neue Autos, neue Märkte, neue Chancen

Die 80er Jahre werden zu einem Jahrzehnt der neuen Produkte, die zugleich altgediente Namen ablösen. Zuerst erschließt aber der im spanischen Saragossa gefertigte »Corsa« in den südlichen Ländern neue Käufergruppen, während der »Kadett E« bei uns zum Bestseller wird. Mit dem »Omega« schiebt Opel dann 1986 den »Rekord« aufs Altenteil, 1987 kommt schließlich der »Senator«. Ein Jahr später löst der »Vectra« den »Ascona« ab, und das sportliche Pendant trägt nun den Namen »Calibra«. Im Herbst 1990 entfällt schließlich auch der »Kadett« – sein Nachfolger wird der »Astra«, der die Erfolgsstory offensichtlich fortsetzen wird. Dann geht es Schlag auf Schlag weiter: Es kommen »Corsa«, »Astra-Cabriolet« und »Astra-Caravan«, »Omega« und »Tigra« – eine breite Modell-Palette, die Opel zu einem hochmodernen, aktuellen Programm verhilft.

Der »Corsa« war hauptsächlich ein Auto für Europa und erst in zweiter Linie ein Auto für Deutschland – aber er wurde in Deutschland für Europa entwickelt. Der spanische Standort Saragossa war nicht nur eine Reverenz vor dem sich abzeichnenden EG-Binnenmarkt und der Tatsache, daß Spanien damals seine Grenzen für Automobilimporte nur den Herstellern öffnete, die auch direkt im Land produzierten, sondern auch ein untrügliches Indiz dafür, daß der Produktionsstandort Deutschland für den Bau von Kleinwagen zu teuer wurde. Mit dem »Corsa« versuchte Opel zu allererst die südeuropäischen Märkte zurückzuerobern, in denen der Verkaufsanteil an Kleinwagen von maximal vier Metern Außenlänge auf 43 Prozent gestiegen, aber der Marktanteil von Opel unter drei Prozent gefallen war. Der vollautomatisierte Zusammenbau des »Corsa« fand zwar in Spanien statt, allerdings kamen die 1,0- (45 PS), 1,2- (55 PS) und 1,3-Liter-Triebwerke (70 PS) aus dem ebenfalls neu erstellten Motorenwerk im österreichischen Wien-Aspern – und in beide Werke wurden etwa zwei Milliarden Mark investiert. Bei diesen Kosten und Expansionswünschen war klar, daß die Vorgaben des Vorstands an die Entwicklungsabteilung knallhart waren: „Konstruieren Sie ein Auto, das der etablierten Konkurrenz wie dem »VW-Polo«, dem

Von 1985 an war der »Corsa« auch mit vier Türen zu bekommen – oben die »Swing«-Version von 1991.

Da es serienmäßig nie ein »Corsa«-Cabrio gab, versuchten sich mehrere Tuner an diesem Thema: hier die »Irmscher«-Lösung.

»Ford Fiesta« und dem »Renault 5« überlegen ist – wobei in puncto Fahrverhalten, passiver Sicherheit und Innenraumgröße neue Maßstäbe zu setzen sind." Keine leichte Aufgabe, die die Techniker dem Lastenheft entnehmen konnten.

Als der »Corsa« dann im September 1982 erstmals zu besichtigen und zu fahren war, schrieb die »Süddeutsche Zeitung« über den neuen Opel: „Der »Corsa« ist mit einem c_W-Wert von 0.36 bis 0.38 (Stufenheck) nicht nur Klassenbester in Sachen Aerodynamik (das im März '83 folgende Sportmodell SR schafft sogar 0.35), er bietet trotz der im Vergleich zu »Polo« und »Fiesta« nochmals kompakteren Außenabmessungen auch meßbar mehr Platz für die Insassen, viel Raum fürs Gepäck sowie eine deutlich höhere Zuladung. Der Innenraum des »Corsa« besticht durch ein großzügiges Raumangebot und ausgezeichnete Rundumsicht. Kopf- und Knieraum sind sowohl vorne wie im Fond auch für großgewachsene Passagiere ausreichend dimensioniert, und auch hinsichtlich der Bedienbarkeit von Pedalerie und Schaltung weiß der »Corsa« zu gefallen. Daß man sich im »Corsa« auf Anhieb wohl fühlt, liegt nicht nur an der günstigen Sitzposition und den gut zur Hand liegenden übrigen Schaltern und Bedienungselementen, sondern vor allem an der gelungenen Verbindung aus Fahrspaß, Fahrkomfort und Fahrsicherheit. Der »Corsa« fährt sich um eine halbe Klasse erwachsener als seine Hauptkonkurrenten, ohne dabei an Kleinwagentugenden wie Handlichkeit, Übersichtlichkeit und Wendigkeit zu verlieren." Eine Einschätzung, die in praktisch allen Fachzeitschriften wiederzufinden war. Da die deutschen Marketing-Strategen wußten, daß der »Corsa« in den verwöhnteren und reicheren nordeuropäischen Ländern keine Hauptrolle spielen würde – hier betrug der Marktanteil der Kleinwagen zwischen zwölf (Deutschland) und sechs (Skandinavien) Prozent –, wurde im Norden eine andere Verkaufsstrategie gewählt: In diesen Märkten wurde der »Corsa« nicht nur als preis- und kostengünstiges Kompaktfahrzeug für den »Einsteiger« angeboten, sondern auch als Stadt- und Zweitwagen für diejenigen propagiert, die bereits einen großen Wagen besaßen, aber die Parkplatzsuche leid waren. Und man fand noch eine dritte Zielgruppe: den Käufer und die Käuferin, die zwar über ein gutes Einkommen verfügten, aber eigentlich keine Lust mehr hatten, allzuviel ihres Geldes in ein Auto zu investieren – sie sprach die Werbung folgendermaßen an: „Mehr sein als scheinen, ein Auto von unaufdringlicher Modernität bauen, das in der Summe seiner Eigenschaften überzeugen kann, aus dieser Denkweise sind die Opel der neuen Generation geboren – und jetzt auch der »Corsa«."

Der »Corsa«, der von Anfang an mit Schrägheck- und mit Stufenheckkarosserie zu Preisen zwischen 11 650 und 13 633 Mark bei den Händlern stand, setzte sich auf Anhieb am Markt durch: Von März bis Dezember 1983 konnten in Deutschland 31 539 Exemplare verkauft werden, und in Spanien, Frankreich und Italien war die Nachfrage derart groß, daß die Produktion schon nach wenigen Monaten von täglich 700 auf 1200 Exemplare erhöht werden mußte. Im Lauf der Jahre hat der »Corsa« alle Wünsche seiner Schöpfer erfüllt: Als neues Einstiegsmodell brachte er Opel europaweit Kunden, die ansonsten zur Konkurrenz gegangen wären. Er ermöglichte »GM« den Einstieg in den spanischen Markt, bescherte dem Unternehmen zusätzlich ein hochmodernes Werk in einem Land mit einer günstigeren Kostensituation und schaffte zudem noch Entlastung in den anderen europäischen Werken, deren Kapazitäten eine zusätzliche Modellreihe niemals verkraftet hätten. Natürlich gab es im Lauf der Jahre eine Vielzahl von Modellpflegemaßnahmen: Nachdem 1984 aus dem »Corsa SR« der »Corsa GT« geworden war, bekam der spanische Zögling 1985 vier Türen und einen geregelten Katalysator, dessen Abgaswerte so gut waren, daß er auf Anhieb alle Anforderungen bis in die 90er Jahre erfüllen konnte. 1987 folgte dann auf der IAA ein 100 PS starker 1,6-Liter-Motor, der dem »Corsa GSi« zu 168 km/h Höchstgeschwindigkeit verhalf, und ein 1,5-Liter-Dieselmotor, der mit 50 PS Leistung gerade in den dieselorientierten südlichen Ländern zum Renner wurde. Natürlich gab es bereits ein Jahr später auch eine 67 PS starke Turbo-Dieselvariante, die den »Corsa TD« auf immerhin 167 km/h beschleunigte. 1990 folgte schließlich ein neuer 1,4-Liter-Motor, der bei 5600/min 60 PS abgab, während die Nicht-Kat-Variante, die immer noch in vielen Ländern gefragt ist, 72 PS an die Vorderräder beförderte. Es gab aber nicht nur Modifikationen für die Großserie, sondern auch Spezialversionen, die mehr der Freude am Fahren dienten: So bewies der »Corsa Spider«, den Günther Irmscher im Sommer 1985 für rund 23000 Mark auf die Räder stellte, daß Opels Kleinster durchaus auch eine Basis für ein elegantes viersitziges Cabrio abgeben konnte. Und mit dem bis zu 126 PS starken »Corsa Sprint«, unter dessen Kotflügelverbreiterungen ein modifiziertes Fahrwerk und Reifen der Größe 225/50VR 15 Platz fanden, war ein kleines, immerhin 200 km/h schnelles Sportgerät entstanden, das der »Gruppe B« des Sportreglements entsprach und jederzeit problemlos bei Rennen eingesetzt werden konnte.

Ein ganz besonderes Stück war dann die Design-Studie »Opel Junior«, die 1983 auf der IAA in Frankfurt einem begeisterten Publikum zeigte, wie ein Kleinwagen der 90er Jahre aussehen könnte. Der ungemein windschnittige »Junior«, dessen c_W-Wert von 0.35 entscheidend dazu beitrug, daß der kleine Viersitzer mit seinem 55 PS starken 1,2-Liter-Vierzylinder immerhin 150 km/h erreichen konnte, war einer der Mittelpunkte der Motorshow und sollte in den darauffolgenden Jahren noch etliche Designpreise gewinnen. Viele Stilmerkmale des »Junior« waren dann beim »Corsa«, der von 1993 an bei den Händlern stand, wiederzufinden.

Dezember 1984: Der erste Katalysator-Opel

Im Lauf der nächsten Jahre zog Opel das gewohnte Programm der Erneuerungen konsequent weiter durch: Nach dem »Corsa«, dem grundlegend überholten »Rekord«, »Senator« und »Monza«, nach den Modellpflegemaßnahmen am »Manta« und der neuen 1,8-Liter-Motorenfamilie im Jahr 1982 kamen im darauffolgenden Jahr der »Kadett GT/E« mit 115 PS und als Spitzenmodell der »Monza GSE« mit 180 PS Leistung und einem Armaturenbrett mit farbigen LCD-Anzeigen auf den Markt. Auf der IAA stand der bereits erwähnte »Opel Junior«, und in der Entwicklungsabteilung nahm der neue »Kadett E« seine endgültige Form an, der im Herbst 1984 Weltpremiere feiern sollte. In diesen Monaten sorgte auch eine immer umweltorientiertere Öffentlichkeit dafür, daß mit der Entwicklung von ungeregelten und geregelten Katalysatoren begonnen wurde – im Frühjahr 1984 forschten bereits nicht weniger als 1000 Mitarbeiter an der Lösung dieser Probleme, und im Dezember 1984 kam dann mit dem »Ascona 1,8 i« der erste Katalysator-Opel auf den Markt. Und man arbeitete auch daran, schädliche Werkstoffe, wie beispielsweise das Asbest, aus den Fahrzeugen verschwinden zu lassen – so beendete Opel im Herbst '83 den Einbau von asbesthaltigen Kupplungsbelägen. Mit 1 201 332 montierten Fahrzeugen (inklusive des »Corsa«-Werks in Saragossa) überschritt Opel erstmals in der Geschichte die Millionengrenze.

Viele Stilmerkmale der Opel-»Junior«-Studie von 1983 sind beim »Corsa« von 1993 wiederzufinden.

Im Frühjahr 1984 beschloß der Vorstand das größte Investitionsprogramm in der Geschichte des Hauses: Mit nicht weniger als 7,4 Milliarden Mark sollten die Werke und die Produktionspalette in den nächsten Jahren modernisiert werden – von dieser Summe floß eine Milliarde Mark in die Abgasforschung und die Katalysatorentwicklung. Das große Ereignis dieses Jahres war aber die Präsentation der nächsten »Kadett«-Generation, die im August 1984 stattfand. 1979 hatten die Techniker und Ingenieure mit der Entwicklung des »Kadett E« begonnen, und obwohl der »E« technisch auf der ersten Frontantrieb-»Kadett«-Generation beruhte, mußten dennoch 1,5 Milliarden Mark aufgewendet werden, um ihn auf den neuesten Stand zu bringen. Zwei Ziele hatten die Entwickler bei diesem Modell besonders im Auge: »Aerodynamik« und »Leichtbau«. Nach über 1200 Stunden im Windkanal besaß der »Neue« dann eine Form, die es in dieser Qualität in diesem Marktsegment noch nicht gegeben hatte: Mit einem c_W-Wert von 0.32 war bereits das Basismodell in einem Bereich, der bislang eher Zukunftsstudien zugestanden worden war. Der mit Spoilern verfeinerte »GSi« erreichte sogar die 0.30-Marke – kein Wunder, daß der mit dem 115 PS starken neuen 1,8-Liter-Motor ausgestattete »GSi« mit 203 km/h die prestigeträchtige 200 km/h-Grenze durchbrechen konnte. Und selbst der »Caravan« bewegte sich mit einem c_W-Wert von 0.35 in neuen Dimensionen. Für den »Leichtbau« sorgten neuartige finite Computerberechnungsmethoden, die den Technikern exakt prognostizieren konnten, wo man was an Material und Gewicht einsparen konnte. So kam es, daß der neue »Kadett E« größer und geräumiger, sicherer und stabiler und dennoch leichter als sein Vorgänger wurde. Besonderen Wert hatten die Entwickler auch auf die Wartungsfreundlichkeit gelegt – schließlich galt und gilt der Wahlspruch „Opel, der Zuverlässige" bis heute. Einige der »Kadett«-Features: Eine neue Klebetechnik, die den preisgünstigen Austausch beschädigter Karosserieelemente ermöglichte; Stoßfänger, die jeden Stoß bis 4 km/h ohne Schaden aushalten; ein Kabelsatz, der

Premiere im August 1984: Der neue »Kadett E« überzeugte in der eleganten »GLS«-Variante . . . (oben)

. . . ebenso wie als sportlicher »GT« (links).

Die schnellste Variante war dann der »GSi«, der zunächst mit 1,8 Liter und später mit 2 Liter Hubraum angeboten wurde.

Und auch hier durfte wieder nicht der praktische »Caravan« fehlen, den es mit drei und fünf Türen gab.

aus nur vier Teilen besteht, oder eine Kupplung, die ohne Getriebeausbau gewechselt werden kann. Dazu kamen eine wartungsfreie Transistoranlage, der Entfall der Ventilspielkontrolle oder die Kontrolle der Bremsbeläge ohne Raddemontage. All diese Qualitäten überzeugten dann auch die Jury »Auto des Jahres«, die den »Kadett E« 1985 auf Rang Eins setzte.

Es wundert nicht weiter, daß sich der »Kadett E« auf Anhieb zu einem Bestseller entwickelte – zumal er nicht nur mit günstigen Preisen (das Einstiegsmodell mit 55 PS kostete ganze 13 995 Mark) glänzen konnte, sondern auch im Lauf der Jahre in der bewährten Baukastenpolitik als Schräg- und als Stufenheck, als »GSi«-Sportvariante (später mit 2 Liter Hubraum und 129 PS und von 1987 an mit dem 150 PS starken Doppel-Nockenwellenmotor mit 16 Ventilen) oder mit Diesel-Triebwerken angeboten wurde. Es gab den »Kadett« als Zwei- und Viertürer, als »Caravan« und als »Combo«-Lieferwagen, der dank einer verstärkten Hinterachse bis zu 635 Kilogramm Nutzlast beförderte, und von 1987 an erfüllte Opel zusammen mit dem italienischen Karosseriekünstler Nuccio Bertone auch den Wunsch nach einem Cabrio. Vom schadstoffarmen 1,3-Liter-Motor mit 60 PS bis hin zum 217 km/h starken »GSi 16V« konnte der »Kadett E« alle Motorisierungswünsche erfüllen. Das führte dazu, daß er selbst 1991, als er von dem »Astra« abgelöst wurde, noch in Rekordzahlen vom Band lief.

1985 war dann das Jahr, in dem Opel eine kleinere Ruhepause einlegte – wenn man die Tatsache, daß in diesem Zeitraum »nur« der »Kadett« mit Stufenheck, der »Kadett Combo« und der Prototyp des »Kadett Cabrio« vorgestellt wurden, als »Ruhepause« definieren darf. Dazu gab es noch den »Kadett 4x4«, mit dem die Sportabteilung an den Start gehen wollte, und beim »Corsa« kam auch eine viertürige Variante ins Programm. In diesem Jahr glückte es Opel erstmals, für das gesamte Modellprogramm Fahrzeuge mit Katalysator anzubieten. Es war also doch eine ganze Menge los, was sich auch an den 1 215 172 montierten Fahrzeugen zeigte, von denen nicht weniger als 61,2 Prozent in den Export gingen.

Daß 1985 vergleichsweise wenig Neuigkeiten auf den Markt kamen, lag schlicht und einfach daran, daß Opel all seine Anstrengungen sowie etwa zwei Milliarden Mark auf ein neues Modell konzentrierte, das 1986 den »Rekord« ablösen sollte: Der »Omega« war – als Groß-

Beliebt und bewährt: der »Kadett« – hier eine viertürige Limousine des Modelljahres 1990 (oben links).

Der schnellste »Kadett« aller Zeiten: der »GSi 16 V« mit 150 PS Leistung (oben rechts).

Bei »Bertone« entworfen und gebaut: das »Kadett Cabrio«.

Der »Aerodynamik-Weltmeister« und das »Auto des Jahres 1986«: Der »Omega« war ein konsequenter Schritt in die Zukunft. Rechts ein Wagen der ersten Serie – unten ein »Omega« des Jahres 1991.

Mit Leichtmetallfelgen und Spoilern: Der »Omega 3000« hat einen 3-Liter-Sechszylinder mit Einspritzanlage und erreichte über 220 km/h.

Wie nicht anders zu erwarten, bekam auch der »Omega« eine Kombi-Version mit dem Namen »Caravan« zur Seite gestellt – hier der »24V«.

volumenmodell – für Opel derartig wichtig, daß man nicht nur eine neue Modellfamilie, sondern auch zugleich ein völlig neues Produktionswerk erstellte, das zu den modernsten weltweit gehörte. Als der »Omega«, dessen Name bereits klar zum Ausdruck brachte, daß mit dem »Neuen« ein neues Zeitalter beginnen sollte, im August 1986 vorgestellt wurde, charakterisierte ihn der Vorstandsvorsitzende Dr. Horst W. Herke so:

„Ein konsequenter Schritt in die Zukunft“

„Nach dem »Kadett« mit seiner neuen Technik war der »Omega« ein nächster konsequenter Schritt von Opel in die Zukunft. Mit dieser komplett neuen Modellreihe setzte Opel wichtige Akzente in Fahrwerkstechnik, Aerodynamik, Wirtschaftlichkeit, Umweltfreundlichkeit und Sicherheit.“ Der »Neue«, für den auch die Namen »Antara« und »Modena« in Erwägung gezogen worden waren, verfügte in der Tat mit einer deutlich überarbeiteten Vorderachse und einer neuen Schräglenker-Hinterachse über ein Fahrwerk, dem die »SZ« attestierte, daß „der »Omega« zu den Fahrzeugen gezählt werden darf, die mit über das beste Fahrwerk verfügen. Auch auf schlechten Straßen folgt der »Omega« präzise den Wünschen des Fahrers, und bei Bremsungen bleibt er ungewöhnlich spurstabil. Das Einlenkverhalten ist – gegenüber dem des »Rekord« – besser geworden, die Fahrfreude ist gewachsen. Zusammen mit dem lieferbaren ABS (bei »Omega CD« und »3000« serienmäßig) bietet der »Rekord«-Nachfolger Fortschritte, die der Konkurrenz noch manche harte Nuß zu knacken geben werden.“ Zum Thema »Aerodynamik« blieb nur zu vermelden, daß der »Omega« über einen c_w-Wert – je nach Wagentyp und Reifenbreite – zwischen 0.28 und 0.30 verfügte und damit Maßstäbe setzte. Erreicht wurde dieser neue Bestwert durch eine tropfenförmige Gestaltung des Karosseriegrundrisses, durch die im Windkanal perfektionierte Form der rundlichen Frontpartie sowie der rundum flächenbündigen Verglasung. Kein Wunder, daß der »Omega« von den 1,8- und 2,0-Liter-Vierzylindern sowie dem 2,3-Liter-Dieselmotor auf beachtliche Geschwindigkeiten befördert wurde, die zwischen 155 km/h (Diesel) und 200 km/h (2,0i-Motor) lagen. Noch schneller war da nur der »Omega 3000«, dessen 177 PS starker Sechszylinder das sportliche Spitzenmodell von 1987 an auf 220 km/h beschleunigte. Natürlich gab es auch wieder eine »Caravan«-Version, deren riesiger Laderaum sofort begeistert akzeptiert wurde. Was die Qualität betraf, sorgte nicht nur die neue Montagefabrik für die gewünschten Ergebnisse, sondern auch die aufwendige Korrosionsvorsorge, die mit verzinkten Stahlblechen und überarbeiteten Lackierverfahren sowie einer Wachsbehandlung des Unterbodens und Kunststoffeinsätzen in den Radkästen den Rost schon im Ansatz erstikken sollte. Natürlich wurde auch den Themen »Sicherheit« und »Komfort« besondere Aufmerksamkeit geschenkt – man hatte sich einfach alle Mühe gegeben, mit dem »Omega« den Ansprüchen einer veränderten Zeit gerecht zu werden. Dies wurde von den Motorjournalisten verstanden: „Jeder weiß, wie gerne sich Opel von alten Vorurteilen lösen möchte – von Vorurteilen, die zum größten Teil nicht mehr berechtigt sind. Der »Omega« wird diese Bemühungen deutlich unterstützen, aber er macht es auf eine bodenständige Art und Weise, und das ist kein Nachteil, denn die Dynamik und Zukunftsgläubigkeit, die die Marketing-Spezialisten so gerne auch ins Opel-Image ziehen möchten, könnte viele der »Rekord«-Käufer verschrecken – und das hätte der »Omega« wirklich nicht verdient", schrieb eine große Tageszeitung im August 1986. Daß die Opel-Ingenieure ihre Hausaufgaben gut gelöst hatten, zeigte sich am Ende des Jahres, als der Wagen von einer internationalen Jury zum »Auto des Jahres« gewählt wurde. Natürlich mußte sich der »Omega« im Lauf der Jahre etlichen Modellpflegemaßnahmen unterziehen: So kam im Herbst 1988 der 2,4-Liter-Vierzylinder mit 125 PS Leistung zum Einsatz, und ein Jahr später sorgte dann eine Vierventil-Variante des 3,0-Liter-Sechszylinders mit 204 PS für 240 km/h Höchstgeschwindigkeit. Wer es nicht ganz so schnell haben wollte, aber auf den Sechszylinder nicht verzichten mochte, durfte von September 1990 an zum 2,6-Liter-Einspritzmotor mit 150 PS Leistung greifen und sich an 215 km/h erfreuen.

Mit neuer Frontpartie und zusätzlichem Seitenfenster: Der »Senator« kam 1987 auf den Markt (oben). Komplett ausgestattet: das »Senator«-Armaturenbrett.

Etwas ganz Besonderes: der »Lotus Omega«

Als etwas ganz Besonderes entpuppte sich der »Lotus Omega«, der in enger Zusammenarbeit mit der britischen Sportwagenfirma »Lotus«, die im Januar 1986 in den Besitz von General Motors übergegangen war, entwickelt wurde. Ganze 1100 Exemplare dieses mit 382 PS vor Kraft strotzenden »Omega« wurden gefertigt und erfreuten die auserwählte Schar von Käufern mit Fahrleistungen, die eher im Rennwagenbereich angesiedelt waren: Die 100 km/h-Grenze erreichte der »Lotus Omega« bereits nach 5,4 Sekunden, und erst bei 282 km/h hoben sich Vortrieb sowie Luft- und Rollwiderstand auf. Für die 382 PS war ein auf 3616 ccm Hubraum angewachsener Motor (der Hub war von 69,8 auf 85 Millimeter vergrößert worden) sowie der Einsatz von zwei »Garrett T 25«-Turboladern zuständig, die für einen maximalen Ladedruck von 0,7 bar sorgten. Zusammen mit dem Sechsganggetriebe ließ der »Lotus Omega« auch großkalibrigen Sportwagen auf der Autobahn keine Chance: Nachdem man bei 210 km/h in den fünften und bei 260 km/h dann in den sechsten Gang geschaltet hatte, wurde jeder »Porsche« im Rückspiegel kleiner, und es bedurfte schon eines »Ferrari Testarossa«, um da einigermaßen mithalten zu können – aber der verfügte weder über vier Türen noch über

Ein neues Auto mit neuem Namen: Der »Vectra« trat 1988 die Nachfolge des »Ascona« an.

einen familientauglichen Kofferraum. Allerdings hatte der »Lotus Omega«-Traum einen kleinen Haken: Man mußte nicht nur auf die limitierte Liste der Käufer kommen, sondern auch über die 125 000 Mark verfügen, die auf den Tisch des Opel-Händlers zu legen waren.

Wer nicht bereit war, diese Summe auszugeben, aber dennoch Wert auf sportliche Fahrleistungen und ein entsprechendes Fahrwerk legte, konnte im Frühjahr 1991 zum »Omega 3000 24V Evolution 500« greifen, der in einer limitierten Auflage für 89 400 Mark nicht nur 244 km/h Höchstgeschwindigkeit, sondern auch ein knapp vor dem Rennwagen angesiedeltes Fahrverhalten bot – aber natürlich war auch diese Serie rasch vergriffen.

Selbstverständlich dauerte es nicht lange, bis auf der Basis des »Omega« ein neuer »Senator« entstand, der von Sommer 1987 an den »Omega«-Kunden, die mit sechs Zylindern und 156 bzw. 177 PS unterwegs sein wollten, ihr Modell lieferte – die »Omega«-Sechszylinder sollten ja erst später kommen. Äußerlich war die neue »Senator«-Generation an einer neuen Frontpartie und einem zusätzlichen dritten Seitenfenster zu erkennen, innen sorgte bei der 59 000 Mark teuren »CD«-Variante eine Komplett-Ausstattung, bei der nur noch Klimaanlage, Schiebedach und Tempomat extra bezahlt werden mußten, für die entsprechenden Kaufanreize. Natürlich gab es auch eine kostengünstigere Basisversion für 44 700 Mark, und im Lauf der Jahre wurde der »Senator« mit dem 3,0-Liter-24V-Motor mit 204 PS Leistung und dem 2,6-Liter-Einspritzmotor mit

Natürlich war auch der »Vectra« in verschiedenen Varianten zu haben: als »CC« mit Fließheck (hier mit 1,7-Liter-Dieselmotor) und als »V6« mit dem samtweichen Sechszylinder (links).

150 PS ausgerüstet. Zwar war der »Senator« nie ein Großvolumen-Modell, jedoch bedient er noch immer die Käufer, die ein luxuriös ausgestattetes Fahrzeug mit sechs Zylindern erwerben wollen – aber keine Produkte anderer Marken aus dem südlichen Deutschland zu fahren wünschen.

Auf Anhieb erfolgreich: Der Opel »Vectra«

Von 1988 an ging es dann praktisch Schlag auf Schlag: Mit dem »Vectra« wurde der etablierte Name »Ascona« abgeschafft, und in der Tat hatte der »Ascona«-Nachfolger mit seinem Vorgänger nichts mehr gemein. Von seinen Vorfahren hatten die Ingenieure bereits die Finessen des Frontantriebs zu schätzen gelernt, und so präsentierte sich auch der »Vectra« zuerst mit Frontantrieb, später sollte auch auf Wunsch ein Allradantrieb lieferbar sein. Natürlich hatte der »Vectra« seine Hausaufgaben im Windkanal gelernt: Mit einem c_w-Wert von 0.29 lag dieser neue Vertreter in der Mittelklasse unter den Besten. Die Kundschaft war aber nicht nur von der Aerodynamik, sondern auch von dem riesigen Innen- und Kofferraum begeistert, der in dieser Fahrzeugkategorie neue Maßstäbe setzte. Daran war nicht zuletzt der Frontantrieb schuld, der einen um 25 Millimeter verlängerten Radstand ermöglicht hatte. Die Motorenpalette begann bei 1,6 Liter Hubraum und endete zuerst mit dem 2,0-Liter-Doppel-Nockenwellen mit 16 Ventilen und 150 PS, der als »4x4« mit Allradantrieb ausgestattet war. Im August 1992 folgte dann noch eine 204 PS starke Turbo-Version, die 240 km/h erlaubte. Natürlich gab es auch Dieselmotoren sowie eine Schrägheck- und eine Stufenheckvariante – nur auf einen »Vectra Caravan« mußte die Kundschaft verzichten. Nahezu zwangsläufig entwickelte sich der »Vectra« sofort zu einem Bestseller: Innerhalb des ersten Produktionsjahres konnten rund 350 000 Exemplare verkauft werden.

Im September 1989 feierte dann der »Calibra« auf der Frankfurter IAA Weltpremiere. Obwohl die Produktion des ungemein eleganten Coupés erst im darauffolgenden Juni beginnen sollte, hatte der »Calibra« bereits an Weihnachten 1989 seine ersten Designpreise gewonnen. Der »Calibra« begeisterte das Publikum aber nicht nur durch seine nahezu perfekten Proportionen und die attraktive »Haut«, unter der sich dennoch ein ausgewachsener Innenraum und ein familientauglicher Kofferraum befanden, sondern auch durch seine Alltagstauglichkeit und Ökonomie – schließlich schlüpfte er mit seinem c_w-Wert von 0.26 praktisch unter dem Wind hindurch. Damit dem sportlichen Erscheinungsbild adäquate Fahrleistungen folgten, war der »Calibra« nur mit den bewährten 2,0-Liter-Einspritzmotoren zu bekommen, die 115 PS oder (mit dem 16V-Zylinderkopf) 150 PS leisteten. Und ähnlich wie beim nahezu identischen »Vectra« gab es – gegen Aufpreis – einen »4 x 4«-Allrad-»Calibra«. Wer es gerne etwas komfortabler hatte, konnte anstelle des serienmäßigen Fünfgang-Getriebes auch eine Viergang-Automatik ordern, die das rundum geglückte Coupé auf 200 km/h (115 PS) oder 215 km/h (150 PS) beschleunigte. 1991 sollte dann noch der 204 PS starke »Calibra Turbo« folgen.

Aufsichtsratsvorsitzender Ferdinand P. J. Beickler bei der Grundsteinlegung für das Werk in Eisenach.

Das »Vectra« Top-Modell: der »2000 16 V 4 × 4« mit Allradantrieb.

Natürlich entpuppte sich der »Calibra« auf Anhieb als bemerkenswert ökonomisches Automobil: „Mit Verbrauchswerten, die sich – je nach Fahrweise – zwischen acht und elf Litern einpendeln, darf

Der stärkste »Calibra«: 1992 kam das elegante Coupé auch als »Turbo« auf den Markt.

Eines der elegantesten Coupés im Angebot: Der »Calibra« begeisterte bei seiner Premiere 1989.

der temperamentvolle »Manta«-Nachfolger zweifellos zu den sparsamsten Coupés im Lande gezählt werden", schrieb die »SZ«. Daß der »Calibra« aber nicht nur unter ästhetischen und ökonomischen Gesichtspunkten Freunde fand, lag dann aber noch an der Tatsache, daß das knapp 1,2 Tonnen schwere Coupé auch über ein bemerkenswert ausgeglichenes Fahrwerk verfügte, dem die Rüsselsheimer Techniker den richtigen Kompromiß zwischen Sportlichkeit und Komfort anerzogen hatten. Mit Preisen, die zwischen 35 875 und 44 215 Mark für die allradgetriebene Topversion angesiedelt waren, hatte der »Calibra« das Haus Opel auf Anhieb wieder in die Reihe der ernstzunehmenden Coupé-Produzenten eingereiht und einen beachtlichen Teil dazu beigetragen, daß Opel sich heute eines aktuellen, sportlichen Images erfreuen kann.

Das Jahr 1990 war weniger von neuen Modellen geprägt, hier wurde im Frühjahr mit dem 1,4-Liter-Motor, der in »Corsa« und »Kadett« erstmals zum Einsatz kam, eine neue Motorengeneration zum

Er ist vollbracht: Der erste Opel fährt in Eisenach vom Band.

Laufen gebracht, dann begann im Sommer die Produktion des »Calibra«, und im Herbst kam im »Omega« und »Senator« der 2,6-Liter-Einspritzmotor mit 150 PS Leistung zum Einsatz. 1990 ging als das Jahr in die Opel-Geschichte ein, in dem die Rüsselsheimer nach der Wiedervereinigung Deutschlands mit der Ansiedlung in Eisenach ihren Beitrag dazu leisteten, daß die Automobilbau-Tradition in der Ex-DDR nicht abbrach. In Eisenach plante Opel innerhalb der nächsten Jahre rund eine Milliarde Mark zu investieren und 2000 Arbeitsplätze zu schaffen – zweifellos eine große Aufgabe, die aber entscheidend dazu beitrug, daß Opel gerade in diesem Markt,

Mit zwei und mit vier Türen im Angebot: Der »Frontera« ist mit unterschiedlichen Radständen lieferbar (oben).

Für das Gelände und die Straße gleichermaßen geeignet: der »Monterey«.

in dem man sich aus dem Stand heraus mit einem Marktanteil von 23,6 Prozent an die Spitze aller Bewerber setzte, seine starke Position halten konnte.

Die nächste Opel-Neuigkeit war dann auf dem Genfer Automobilsalon 1991 zu betrachten: Mit dem »Frontera«-Geländewagen, dessen Karosserie, Fahrgestell und Getriebe von der »GM«-Beteiligung »Isuzu« geliefert werden und dessen 2,0- und 2,4-Liter-Einspritzmotoren mit 115 und 125 PS, ebenso wie der 2,3-Liter-Turbodiesel mit 100 PS Leistung

Wieder ein neuer Name für ein neues Auto: der »Astra« – hier der »GSi 16 V« – löste im August 1991 den »Kadett« ab.

aus dem Rüsselsheimer Motorenprogramm stammen, verfügte nun auch Opel über den mittlerweile unvermeidlichen Geländewagen im Programm. Der »Frontera« ist mit zwei verschiedenen Radständen (233 und 276 Zentimeter) im Angebot und bietet – je nach Länge – zwei oder vier Türen. Und im Mai 1992 wurde noch die Produktion des größeren »Monterey« angekündigt, der mit 177 PS die Käufer begeistern soll, denen der »Frontera« zu klein ist.

Der neue »Kadett« heißt nun »Astra«

Während der »Frontera« aber doch eine Entwicklung darstellte, die im weltweiten »GM«-Verbund entstand, war mit dem »Astra«, der im August 1991 in Wien seine Weltpremiere feierte, ein neues Opel-Produkt auf den Markt gekommen, das den bewährten »Kadett« ablöste. Nach etlichen Jahren Entwicklungsarbeit und einigen Milliarden Mark Kosten durften die Vorstandsmitglieder schon starke Worte gebrauchen: „Der »Astra« setzt Signale: Innovation in der Fahrzeugtechnik und neue Wege in der Automobilproduktion – das ist unser Konzept für eine erfolgreiche Zukunft. Mit dem komplett neuentwickelten »Astra« fahren unsere Kunden sicherer, umweltfreundlicher und komfortabler“, so Louis R. Hughes, der Vorstandsvorsitzende der »Adam Opel AG«. Und Friedrich W. Lohr, der Entwicklungsvorstand: „Die Schwerpunkte unserer Entwicklungsarbeit lagen auf den Gebieten Sicherheit, Umweltschutz und Komfort. Hier setzt der »Astra« neue technische Akzente.“

In allen Variationen lieferbar: als »Astra GL 1,6« ebenso wie als »Caravan« (unten).

Die Verbesserungsliste gegenüber dem »Kadett« umfaßte bei der »Astra«-Pressemappe eine ganze, eng beschriebene Seite – hier die wichtigsten Features: Opel Full Size Airbags für Fahrer- und Beifahrerseite, ein Aktivgurt-System mit Gurtstraffer (vorne) und höhenverstellbaren Gurten vorne und hinten, Doppelstahlrohr-Verstärkungen in den Türen, Reinluftfilter-System mit Umluftschaltung, Katalysator auch beim Dieselmotor, recyclinggerechte Werkstoffauswahl und Konstruktion, Multi Info Display, größer dimensionierte Bremsanlage, breitere Spur und eine um 34 Prozent verwindungssteifere Karosserie, bündige Seitenscheiben, mehr Kopf- und Kniefreiheit, Fünfganggetriebe serienmäßig und eine serienmäßige Servolenkung (außer beim »1,4i GL«-Basismodell). Deshalb sah man bei Opel der »Karriere« des mit Motoren von 1,4 Liter (60 PS), 1,6 Liter (71 PS), 1,6-Liter-16V (100 PS) und 1,8-Liter-16V (115 PS) oder als »16V« mit 150 PS starken »Astra« mit Ruhe entgegen. Zumal es auch für die Freunde des Selbstzünders einen 1,7-Lliter-Turbo-Dieselmotor mit 82 PS Leistung gab. Daß die neuen »Astra«-Modelle nicht nur Geschwindigkeiten zwischen 160 und 220 km/h erreichten, sondern zugleich auch zu den ökonomischsten Vertretern zählten, lag aber nicht nur an dem Leichtbau, sondern auch an einem c_W-Wert von 0.32 für die Limousine und 0.33 für den »Caravan«, der selbstverständlich nicht fehlen durfte.

Als es sich im Spätherbst 1992 abzuzeichnen begann, daß der große Auto-Boom erst einmal zu einem Ende kommen würde, hatten die Rüsselsheimer in weiser Voraussicht ihr Einstiegsmodell auf den neuesten Stand gebracht – der neue »Corsa« hatte mit seinem Vorgänger nur noch den Namen gemeinsam. Unter der bemerkenswert eleganten Form des kleinen Fronttrieblers, die

Ein Automobil für Europa: Der »Astra« wird in den verschiedenen »GM«-Werken jährlich in bis zu 800000 Exemplaren gefertigt.

etliche Stilelemente der 1983 auf der IAA präsentierten Opel-»Junior«-Studie aufzeigt, verbergen sich aber nicht nur ökonomische und umweltfreundliche Triebwerke, sondern auch ein hohes Maß an aktiver und passiver Sicherheit.

„Gegenüber dem kantigen Vorgängermodell wirkt der neue »Corsa« stilistisch ausgewogen, jung und pfiffig – und durch großzügige Verglasung sowie filigrane Dachpfosten und extrem kurze Überhänge sehr modern", schrieb die »Süddeutsche Zeitung« im März 1993. „Weshalb man dem neuen »Corsa« zutrauen darf, daß er zum meistverkauften Fahrzeug seiner Klasse avancieren wird? Weil er mit Ausstattungsdetails glänzt, die manche Mittelklasse-Limousine vermissen läßt und im Kleinwagensegment bisher als überflüssig, weil zu teuer, galten. Beispielsweise eine Crash-erprobte Sicherheits-Fahrgastzelle mit doppelten Stahlrohren in den Seitentüren, Stützrampen in den Sitzgestellen, höhenverstellbare Sicherheitsgurte vorne und hinten, serienmäßig Fahrer- und Beifahrer-Airbag und Gurtstrammer vorne."

Der »Corsa« überzeugte aber durch noch mehr Technik: Zur Serienausstattung aller fünf Modelle zählten ein Fünfganggetriebe, umklappbare Rücksitze, die sich zudem noch vielfach arretieren lassen, ein Heckscheibenwischer und ein Belüftungssystem mit Pollenfilter – und gegen Aufpreis gab es ein elektronisch geregeltes Anti-Blockier-System (in der »GSi«-Version serienmäßig), eine FCKW-freie Klimaanlage sowie für den »1.4i« mit 44 kW (60 PS) ein Viergang-Automatikgetriebe mit drei Fahrprogrammen.

Elegant und technisch auf dem Stand der Dinge: Der »Corsa« – hier die »Joy«-Variante – kam im Januar 1993 auf den Markt.

Womit wir bei den Motorisierungsvarianten wären: Vier Benzinmotoren mit geregelten Katalysatoren sowie zwei Dieselaggregate mit Oxidations-Katalysator standen für den Vortrieb bereit. Das Einstiegsmodell war der »1.2i« mit 33 kW (45 PS) in der »City«-Variante, parallel dazu gab es den »Eco«, den »Swing« mit reichhaltigerer Innenausstattung und breiteren Reifen und den »Joy« mit einem besonders attraktiven Innenraum-Design. Der bekannte »1.4«-Vierzylinder war mit 44 kW (60 PS) als »Swing«, »Joy« und »Sport« erhältlich. Auf Wunsch gab es den »Joy« und »Sport« auch mit einem neuen 1,4-Liter-16V-Aggregat, das 66 kW oder 90 PS leistete. Den 1,6-Liter-16V-Motor mit 78 kW (106 PS) gab es für den »Sport 16V« und den »GSi«. Wahre Sparbüchsen auf Rädern waren die beiden Diesel-Versionen »1.5D« mit 37 kW (50 PS) und »1.5TD« mit 49 kW (67 PS), die zwischen 150 und 165 km/h Höchstgeschwindigkeit erreichten und dennoch im Drittelmix nur 5,2 Liter auf 100 Kilometer verbrauchten.

Der »Corsa« verfügte aber nicht nur über einige attraktive Motoren, sondern auch über zwei verschiedene Karosserien: eine dreitürige, eher Coupé-orientierte Variante und eine fünftürige Version mit einem kombiähnlichen Steilheck und größerer Kopffreiheit im Fond. Nach Aussage der Opel-Marketingabteilung sahen die Rüsselsheimer den Dreitürer als wendige, sportliche Version für Singles und als klassischen Zweitwagen, während sie den Fünftürer eher als familienorientierten Kleinwagen definierten.

Der neue »Corsa«, der im spanischen Stammwerk Saragossa, im portugiesischen GM-Werk Azambuja und im deutschen Werk Eisenach gefertigt wurde, erschien (ausstattungsbereinigt) zu Preisen, die unter denen seines Vorgängers lagen – eine Leistung, die einerseits auf eine Neustrukturierung der Entwicklungsabteilung zurückzuführen ist, die die Entwicklungszeit deutlich verkürzen konnte. Andererseits gelang es diesem

Team auch, die Teilevielfalt um rund 36 Prozent zu reduzieren und drastische Montagezeitverkürzungen durchzusetzen – und dies bei gestiegener Qualität und einer um 20 Prozent erhöhten Produktivität.

Es bedurfte also keiner großen prophetischen Begabung, dem »Corsa« eine beachtliche Karriere vorauszusagen – das beste Indiz für Aussagen dieser Art ist noch immer die Menge der japanischen Techniker und Designer, die auf einer Automobilausstellung im, neben und unter dem Auto zu finden sind. Und hier darf man den Kollegen aus dem Land der aufgehenden Sonne konstatieren, daß sie im März 1993 während des Genfer Automobilsalons auf dem Opel-Stand in beachtlichen Stückzahlen gesichtet wurden.

Für die sportlich Ambitionierten: Der »Corsa GSi 16V« verfügt über einen 1,6 Liter-Vierzylinder mit 106 PS Leistung und einen dezenten Heckspoiler.

Ein Cabriolet, das Emotionen zu wecken vermag: Das »Astra-Cabriolet« wurde von Nuccio Bertone gezeichnet – und wird auch bei Bertone gebaut.

Sie kamen aber nicht nur wegen des »Corsa«, sondern auch wegen der Weltpremiere des »Astra«-Cabriolets. Gerade in Zeiten, in denen sich die Automobile nicht mehr wie von alleine verkaufen, sind eben doch noch Fahrzeuge gefragt, die über ihre schiere Alltagstauglichkeit hinaus etwas Besonderes zu bieten haben – und in diese Kategorie gehören besonders die Cabriolets, die über die reinen Transportaufgaben hinaus noch etwas Freude am Fahren vermitteln sollen und können. Eine Einsicht, der sich heute kein Hersteller mehr verschließen kann: Entschieden sich 1987 noch rund 30 500 Autofahrerinnen und Autofahrer in Deutschland für ein fabrikneues Cabriolet, so erfüllten sich 1992 bereits mehr als 71 000 Bundesbürger den Traum vom offenen Auto. Im genannten Zeitraum stieg die Zahl der Neuzulassungen um rund 133 Prozent – und dieser Trend gilt derzeit für nahezu alle Länder.

Und eine weitere interessante Zahl: Die Mehrzahl der deutschen Cabrio-Besitzer sind Frauen – immerhin 53 Prozent aller Cabriolets werden vom schwächeren Geschlecht gekauft. Dazu sind die Käuferinnen und Käufer deutlich jünger als die Erwerber einer Stufenheck-Limousine – knapp 85 Prozent werden von 18- bis 44jährigen Käuferinnen und Käufern erworben.

Kein Wunder, daß sich Opel für die Formgestaltung des »Astra«-Cabriolets an eine bewährte Adresse aus Italien wandte: an das seit den Zeiten des »Kadett«-Cabrios bewährte und routinierte Haus »Bertone«. Seit 1987 funktioniert diese Ehe ganz hervorragend – 60 218 verkaufte Exemplare des Vorgängers sprechen eine überzeugende Sprache. So war es auch klar, daß sich die Turiner Firma um das neue Cabriolet zu kümmern hatte, nachdem die Produktion des »Kadett«-Cabrios 1992 eingestellt wurde.

Natürlich waren Nuccio Bertone und sein Team von Anfang an in die Entwicklung des »Astra« miteinbezogen – und so wunderte sich eigentlich auch niemand auf dem Genfer Automobilsalon im März 1993 darüber, daß das »Astra«-Cabriolet zu einem wirklich schönen Vertreter seiner Spezies geworden war. Zu diesem Eindruck trug natürlich besonders die Tatsache bei, daß bei dem neuen Modell auf den »Bügel« – einen fest montierten Überrollbügel – verzichtet wurde. So kam die langgestreckte Linie der »Astra«-Stufenheck-Limousine geöffnet nun besonders gut zur Geltung, zumal auch das Dach nahezu vollständig verstaut werden konnte. Ein wichtiger Punkt, denn für 71 Prozent aller Cabrio-Freunde ist die Karosseriegestaltung der ausschlaggebende Punkt für die Kaufentscheidung – andere Aspekte wie Fahrleistungen, Kraftstoffverbrauch oder Wiederverkaufswert spielen dagegen eine weitaus geringere Rolle.

Opel hatte der attraktiven Optik noch ein paar andere Essentials hinzugefügt: Je einen Full-Size-Airbag auf Fahrer- und Beifahrerseite, Gurtschloßstraffer an beiden Vordersitzen und Doppelrohr-Verstärkungen in den Türen gehörten ebenso zur Serienausstattung wie die Servolenkung, ein Anti-Blockier-System, Sportsitze und elektrische Fensterheber vorne und hinten. Wer etwas mehr Geld ausgeben wollte, konnte zum »Elektro-Komfort-Paket« greifen, das ein elektrisch betätigtes Faltverdeck, elektrisch einstellbare und beheizbare Außenspiegel, eine Zentralverriegelung sowie eine Diebstahlwarnanlage umfaßte. Die nächste Steigerungsstufe war dann noch das »Premium«-Paket mit einer Lederausstattung, Fondkopfstützen und einem Verdeck in hochwertiger Stoffqualität. Und auch unter den Farben gab es noch eine gewisse Qual der Wahl: Hier konnten die Käuferin und der Käufer unter sieben Lackierungen und vier Verdeckfarben ihre persönliche Wahl treffen.

Der Luftwiderstandswert war mit 0.33 für ein Cabriolet bemerkenswert niedrig – hier machte sich die lange Arbeit im Windkanal besonders bezahlt. Mit diesem Wert hatten es dann auch die 85 kW oder 115 PS des 1,8-Liter 16V-Vierzylinders relativ leicht: Mit einer Höchstgeschwindigkeit von 195 km/h und einer Beschleunigung von exakt zehn Sekunden von null auf 100 km/h war das »Astra«-Cabriolet mehr als ausreichend motorisiert. Die Feinarbeit im Windkanal und bei der Motoroptimierung war auch den Verbrauchswerten abzulesen: Mit einem Drittelmix-Verbrauch von 8,2 Litern auf 100 Kilometer durfte man dieses Cabriolet zu den verbrauchsgünstigsten überhaupt zählen. Ein besonderer Gag: Wenn Ihnen im Urlaub einmal der unverbleite Eurosuper-Kraftstoff ausgegangen war, genügte ein Griff zu einem im Motorraum montierten Stecker – hier konnten Sie auf die Benutzung von unverbleitem Normalbenzin umschalten. Sie verloren dadurch zwar etwas an Leistung, aber der Motor konnte keinen Schaden erleiden.

Praktisch und unverwüstlich: Der »Astra« mit dem etablierten Namen »Caravan« setzte die Geschichte der Opel-Lieferwagen weiter fort.

Im Mai 1993 tauchte dann der »Vectra V6« bei den Händlern auf – und mit dem 2,5-Liter-Sechszylinder und dessen 125 kW oder 170 PS Leistung erreichte das neue Flaggschiff der »Vectra«-Baureihe 233 km/h Höchstgeschwindigkeit, während der Spurt von null auf 100 km/h in 7,8 Sekunden erledigt war. Über dieses Modell schrieb die »Süddeutsche Zeitung«: „Immer mehr Menschen legen Wert auf Diskretion – wir hätten da einen Geheimtip zu bieten: den Opel »Vectra« mit dem V6-Motor. Er stellt seine Leistung unaufdringlich, aber wenn erforderlich, sehr nachdrücklich zur Verfügung – und sein Kraftstoffverbrauch von rund elf Litern ist akzeptabel."

Mit dem »Astra«-Cabriolet hatte Opel ein Cabriolet ohne Kompromisse geschaffen, das offen und geschlossen gleichermaßen zu überzeugen vermochte – und auch bei Schnee und Regen nicht den Wunsch nach einer »richtigen« Limousine aufkommen ließ. Auch hier haben die Verkaufszahlen die Richtigkeit des Rüsselsheimer Konzepts bewiesen.

Natürlich ließ es sich Opel nicht nehmen, in Genf auch noch eine Studie zu zeigen – den »Astra-Caravan 16V« mit einem 110 kW (150 PS) starken Vierzylinder. Aber es wurde rasch klar, daß dieses 210 km/h schnelle Modell mit Features wie ABS und Full Size Airbags für Fahrer und Beifahrer relativ rasch zu den Händlern kommen sollte. Die renommierte »Automobil Revue« aus Bern schrieb als Resümee: „Obwohl der Astra Caravan 16V im Grunde genommen den vielzitierten Wolf im Schafspelz verkörpert, sind es nicht die Fahrleistungen alleine, die zum Kauf animieren. Vielmehr bilden bei diesem sehr temperamentvollen Kompaktkombi der praktische Nutzen des überaus geräumigen und wandelbaren Interieurs, der günstige Benzinverbrauch, das angenehme Komfortniveau und die sicheren Fahreigenschaften sowie der antrittsstarke Motor eine in jeder Beziehung harmonische Einheit."

Und wie gut der »Astra Caravan« bei den Käufern ankam, zeigte sich dann im Mai 1994, als das Werk drei Jahre nach der Produktionsaufnahme schon mehr als 530 000 verkaufte Exemplare melden konnte – damit hatte sich dieser Kombi zum erfolgreichsten Modell seiner Kategorie europaweit entwickelt.

Mit dem 2,5-Liter-Sechszylinder wurde der »Vectra V6« zum Geheimtip für Leistung mit Diskretion.

Die Internationale Automobil-Ausstellung in Frankfurt brachte dann drei weitere Weltpremieren: den »Tigra«, den »Scamp« und einen »Roadster«. Alle drei Concept-Cars waren auf der Basis des »Corsa« entwickelt worden – der »Tigra« als elegantes Coupé, der »Scamp« als vielseitig nutzbares Freizeitauto und der »Roadster« als zweisitziges Fun-Car für sonnige Sommerstunden. Damals als »Studie« vorgestellt, hat der »Tigra« dann 1994 die Serienproduktion erreicht –

Im September 1993 noch eine Studie, im Herbst 1994 in Serie: das »Tigra«-Coupé auf der technischen Basis des Corsa.

und die erste Resonanz auf das kleine Coupé war außerordentlich positiv. Trotz der kompakten Außenabmessungen (Länge: 3,92 Meter) zeichnete sich der »Tigra« durch ein für diese Fahrzeugklasse vorbildliches Raumangebot aus – und mit dem neuentwickelten ECOTEC-Vierzylinder mit 1,6 Liter Hubraum und 78 kW oder 106 PS erreichte der »Tigra« mehr als 200 km/h Höchstgeschwindigkeit. Zu diesem Temperament dürfte auch der hervorragende c_w-Wert von 0.31 beigetragen haben.

War von Anfang an klar, daß der »Scamp« in dieser Form keine Chance auf eine Serienfertigung haben würde, so dachte man bei Opel noch einige Monate lang über eine Produktion des »Roadsters« nach – doch letztlich glaubte das Marketing nicht an die verkaufbaren Stückzahlen, die für die teure Einrichtung der Produktion nötig gewesen wären.

Der »Scamp«, ein vielseitig nutzbares Freizeitauto auf »Corsa«-Basis, blieb eine Studie.

Auch wenn es einige Zeit lang Gerüchte gab, daß der »Roadster«-Concept in Serie gehen könnte, so blieb es doch bei der Studie.

Klein und wendig – und mit 106 PS gut motorisiert: der »Tigra«.

Natürlich bekam auch der neue »Omega« eine »Caravan«-Variante zur Seite gestellt – hier der »Caravan 24V« mit 170 PS.

Zwischen der IAA und dem Serienanlauf des »Tigra« hatten die Rüsselsheimer jedoch mit der Präsentation des neuen »Omega« noch eine weitere Baureihe völlig neu auf Band gelegt. Die viertürige Limousine und der fünftürige Caravan waren über mehrere Jahre hinweg völlig neu konstruiert worden – und nach den ersten Fahrten war sich die Fachpresse darüber einig, daß auch die zweite »Omega«-Generation „den Prinzipien seines Vorgängers treu bleibt: Sie bietet ungewöhnlich viel Auto für das Geld." So beschrieb es jedenfalls »auto, motor und sport« – und das Stuttgarter Fachblatt fuhr fort: „Die neue Form erscheint interessanter und optisch kompakter als die bisherige und der Fortschritt macht sich auch in puncto Gediegenheit bemerkbar. Und bei den Fahreigenschaften hat der Omega ebenfalls spürbar gewonnen: Die Lenkung wirkt präziser, das Kurvenverhalten noch gutmütiger. Vor allem aber ist es der Zugewinn an Agilität, der den Unterschied zum Vormodell ausmacht."

Der »Omega« kam auf Anhieb bei der Kundschaft an – und dazu trugen mehrere Umstände bei: Erstens sah das neue Modell (sowohl als Limousine wie auch als Caravan) gut aus. Zweitens hatten die Innenraumabmessungen trotz keinerlei äußerlicher Veränderungen deutlich zugenommen. Drittens hatte die neue Baureihe unter der attraktiven Haut teils überarbeitete, teils neue Vierventil-Triebwerke zu bieten, die sämtliche Abgasgrenzwerte bis 1996 bereits erfüllten – und viertens konnten die Preise trotz einer ungewöhnlich umfangreichen Serien-Ausstattung teilweise sogar gesenkt werden. Was besonders in der

Mit modernster Technik – ein Blick unter das Blechkleid des »Omega MV6«.

hart umkämpften Top-Klasse zum Ausdruck kam: Gegenüber dem alten »Senator CD« sparte der Käufer eines »Omega MV6« nicht weniger als 15000 Mark.

Für den Vortrieb standen fünf Motor-Varianten zur Wahl: ein 2-Liter-Vierzylinder mit Zweiventiltechnik und 85 kW oder 115 PS, ein 2-Liter-Vierzylinder mit Vierventiltechnik und 100 kW (136 PS), ein 2,5-Liter-V6-Triebwerk mit 125 kW (170 PS) und ein 3-Liter-V6 mit 155 kW oder 211 PS. Und für die Freunde des Selbstzünders stand noch ein 2,5-Liter-Sechszylinder mit Turbolader im Programm, der von BMW zugeliefert wurde und 96 kW oder 130 PS leistete. Mit Fahrleistungen zwischen 195 und 240 km/h gehörte die Omega-Baureihe unter allen Verkehrsverhältnissen zu den Schnellsten – und mit Beschleunigungswerten zwischen 8,8 und 13 Sekunden von Null auf 100 km/h war auch genügend Temperament vorhanden.

Und auch bei den Ausstattungsvarianten hatten die Rüsselsheimer die Qual der Wahl relativ gering gehalten: Da bereits die Basis-Modelle über zwei Airbags, ein ABS, elektrisch einstellbare und beheizbare Außenspiegel, Gurtschloßstraffer und Gurtklemmer, eine Servolenkung, eine Wegfahrsperre, eine Zentralverriegelung mit Infrarot-Fernbedienung und ein Reinluftfiltersystem verfügten, hatte die »CD«-Ausstattung mehr den Komfort- und Luxus-Ansprüchen zu genügen. Hier gab es (u. a.) elektrische Fensterheber (vorne), ein Lederlenkrad, einen Bordcomputer, Nebelscheinwerfer und ein Stereoradio mit Cassettenspieler. Die Top-Variante war hingegen dem 3-Liter-Sechszylinder vorbehalten: Der »Omega MV6« verfügte über eine riesige Ausstattungsliste, die u. a. ein Automatikgetriebe (auf Wunsch), eine Geschwindigkeitsregelanlage, eine Klimaanlage, Leichtmetallfelgen, ein Radio mit CD-Player, eine Metalliclackierung, eine elektrische Sitzverstellung für die Vordersitze und Gasdruckstoßdämpfer beinhaltete.

Ein Erfolgstyp: Der »Omega« setzte sich dank seiner Technik und Komplettausstattung auf Anhieb durch.

Mit dem »Omega« war Opel ohne Zweifel ein großer Wurf gelungen, der nicht nur den Motorjournalisten auf Anhieb gefiel, sondern sich auch im harten Wettbewerb durchsetzen konnte und in Deutschland die Zulassungsstatistik seiner Klasse lange anführte.

Natürlich hat man sich bei Opel auch stets um alternative Antriebe gekümmert – so war ja bereits der mittlerweile legendäre »GT« mit einem Elektromotor auf Rekordjagd gegangen und hatte immerhin stolze 188 km/h erreicht (Seite 134/36) – deshalb beteiligte sich Opel auch mit zehn entsprechend umgerüsteten Astra-Modellen an dem Feldversuch für Elektrofahrzeuge auf der Insel Rügen. Aber ob in der absehbaren Zukunft aus diesen Technologien auch Fahrzeuge für die Großserie werden können, scheint derzeit noch nicht absehbar.

Eine Erkenntnis, die sich dann ein paar Jahre später bestätigen sollte, als der Feldversuch ohne weiter fortführende Konsequenzen abgeblasen wurde, da die Elektrofahrzeuge mit den derzeit zur Verfügung stehenden Batterietechnologien keine Marktchancen haben.

Neben den neuen Modellreihen konnte Opel natürlich auch immer wieder neue Modellvarianten vorweisen – so bekam der Vectra im August 1996 eine elegante Kombi-Variante mit dem bewährten Namen »Caravan« zur Seite gestellt, mit dem man die Kombi-Palette komplettierte. Als erster Opel war der »Vectra Caravan« mit Seitenairbags in den Sitzlehnen ausgestattet, dazu waren Dachreling, Gepäckraumabdeckung und -netz, Servolenkung, Fahrersitzhöhenverstellung und Zentralverriegelung serienmäßig. In der Basisversion stand ein 74 kW (100 PS) starker ECOTEC 1,6-Liter-16V-Vierzylinder zur Verfügung – dazu gab es drei weitere ECOTEC-Benzinmotoren mit Leistungen zwischen 85 kW (115 PS) und 125 kW (170 PS) sowie einen 2-Liter-Vierventil-Direkteinspritzer-Dieselmotor mit 60 kW (82 PS).

Im März 1996 präsentierte Opel dann auf dem Genfer Automobilsalon mit dem »Sintra« einen gemeinsam mit General Motors entwickelten Minivan, der mit einem Vierzylinder (2,2 Liter Hubraum mit 141 PS) und einem Sechszylinder (3,0 Liter Hubraum und 201 PS) mehr als ausreichend motorisiert war – und mit seinem variablen Innenraum die Mobilitätsansprüche auch großgewachsener Familien befriedigen konnte. Als die Großraum-Limousine dann im Herbst zu den Händlern rollte, standen zwei Motoren mit 2,2 Liter Hubraum (104 kW / 141 PS) und 3 Liter Hubraum zur Verfügung, wobei der aus dem

Der Kombi, der im August 1996 auf der Basis des »Vectra« erschien, trug natürlich auch den bewährten Namen »Caravan«.

Im März 1996 feierte der »Sintra« auf dem Genfer Automobilsalon seine Weltpremiere – die Großraum-Limousine rollte dann im Herbst mit zwei Benzin-Motoren zu den Händlern.

Omega MV6 bekannte Sechszylinder 148 kW (201 PS) leistete und 201 km/h ermöglichte.

Und am 3. Juni 1996 begann dann in Rüsselsheim die Produktion des Cadillac »Catera« – das neue Einstiegsmodell der amerikanischen Luxusmarke, das erstmals im Januar 1994 auf der Detroit Motorshow zu sehen war, basierte auf dem Opel MV6 und lief gemeinsam mit dem Opel Omega vom Montageband. Hier arbeitete der 3-Liter-Sechszylinder mit 24 Ventilen und 149 kW (203 PS) unter der Motorhaube – und nur ein Jahr später konnte bereits die Montage des 25.000sten Fahrzeugs vermeldet werden.

Insgesamt war das Jahr 1996 für Opel ein erfolgreiches Jahr – die Rüsselsheimer konnten ihre Umsatzerlöse deutlich um 2,4 Milliarden Mark auf nunmehr 28,3 Milliarden Mark steigern. Und mit 1,54 Millionen Neuzulassungen erzielte die Adam Opel AG das zweitbeste Ergebnis nach 1992 – davon wurden 567.248 Fahrzeuge in Deutschland zugelassen, was einem Marktanteil von 16,2 Prozent entsprach.

17

Die Zeiten werden härter

In den Jahren vor dem Millenniumswechsel beginnt Opel mit immer weiteren Modellreihen dem Wunsch des Marktes, für jeden Käufer jedes Modell zur Verfügung zu haben, Rechnung zu tragen. So finden sich heute bei den Händlern – neben bewährten und bekannten Namen wie »Corsa«, »Astra«, »Vectra«, »Omega« und »Frontera« – nun auch neue Typen wie der Microvan »Agila«, der Minivan »Zafira« und das kleine Sport-Coupé »Tigra« sowie ein breites Nutzfahrzeugangebot. Und damit nicht genug sorgen auch Sondervarianten wie die betont sportlichen »OPC«-Modelle, der rassige »Speedster« oder der souveräne »Omega V8« für die Erfüllung auch ausgefallener Wünsche. Und mit der erfolgreichen Rückkehr in den Motorsport haben die Freunde des Hauses Opel auch an der Rennstrecke wieder Grund zum Jubeln.

Die letzten Jahre des vergangenen Jahrtausends brachten dem Hause Opel mehr Arbeit denn je – die Gründe dafür waren nicht nur der immer stärkere Wettbewerb, der sich daran machte, möglichst jede Nische mit eigenen Modellreihen zu besetzen, sondern auch die immer schärfer werdenden Umweltvorgaben, die vom Recycling über die Sicherheitsvorgaben bis hin zu der Abgasgesetzgebung den vollen Einsatz einer immer größer werdenden Entwicklungsabteilung erforderten.

Anforderungen, die beispielsweise zu dem besonders sparsamen 1,0-Liter-Dreizylinder mit zwölf Ventilen und einer Leistung von 55 PS führten, der – nachdem er erstmals auf dem Genfer Autosalon 1997 zu sehen war – dem kleinsten »Corsa« zu einem Benzinverbrauch von 5,6 Litern auf 100 Kilometer und einer Höchstgeschwindigkeit von 150 km/h verhalf. Und der »Frontera« erhielt eine neue stärkere – und dennoch sparsamere – Motorenpalette mit 2 Liter Hubraum und 85 kW (115 PS), mit einem 2,2-Liter-16V-Motor mit 100 kW (135 PS) und einem ökonomischen 2,5 Liter Turbo-Diesel, der 85 kW (115 PS) bereitstellte. Und parallel dazu kam auch für den Vectra und den Omega ein 74 kW (100 PS) starker 2-Liter-Dieselmotor zum Einsatz, der mit Direkteinspritzung, Vierventiltechnik und Turbolader mit Ladeluftkühler Ökonomie und Ökologie vereinigte.

Der Geschäftsbericht 1997 verzeichnete jedoch: »Die wichtigsten Ereignisse des Geschäftsjahres 1997 waren für die Adam Opel AG die Vorbereitungen für den Produktions- und Verkaufsstart des neuen Astra, die Einrichtung des neuen Vorstandsressorts Qualität sowie die umfassende Modernisierung für rund 1,1 Milliarden Mark des Astra-Stammwerks in Bochum.« Bereits im Sommer 1997 waren die ersten Bilder des neuen Opel »Astra« in der Presse aufgetaucht – und als der optisch geglückte Wagen dann erstmals auf der IAA in Frankfurt zu sehen war, standen die Interessenten Schlange, um den großen Rivalen des VW Golf näher zu betrachten. Doch bei den Händlern tauchte der Wagen dann erst im darauffolgenden März auf, denn Opel hatte die Auslieferung um ein halbes Jahr verschoben, um den Wagen noch weiter zu perfektionieren. Anders als bei früheren Modellwechseln blieb beim neuen Astra keine Schraube auf der Mutter – und er kam mit drei Karosserien (Zweitürer, Viertürer und Kombi) und mit acht Motoren (davon zwei neue Aggregate) auf den Markt.

Der im Windkanal feingeschliffene Wagen (in der Basis-Version liegt der c_W-Wert bei 0.30) überzeugte seine Kritiker aber nicht nur durch die geglückte Optik, sondern auch durch ein ausgewogenes Fahrwerk, das in praktisch allen Testberichten als eine der großen Stärken des neuen Modells gelobt wurde. Zudem war die Karosserie vollverzinkt und ziemlich geräumig – kein Wunder, daß beispielsweise die Zeitschrift *mot* schrieb: »Opels wichtigstes Auto ist, im guten Stil des Hauses, ein sachlicher, nutzwertorientierter Wurf. Die Hessen müssen keine Angst vor dem bösen Wolf haben.«

Acht Vierzylinder-Motoren standen für den neuen Astra zur Wahl – davon sechs Benziner und zwei Dieseltriebwerke: 1,2 Liter 16V mit 48 kW (65 PS) / 1,6 Liter mit 55 kW (75 PS) / 1,6 Liter 16V mit 74 kW (100 PS) / 1,8 Liter 16V mit 85 kW (115 PS) / 2,0 Liter 16V mit 100 kW (136 PS) / 1,7 Liter Turbo-Diesel mit 50 kW (68 PS) und 2,0 Liter DI 16V mit 60 kW (82 PS). Und die Höchstgeschwindigkeit lag je nach Motorisierung zwischen 163 und 208 km/h. Und da sich Opel auch bei den Preisen – die zwischen 24.170 und 36.050 Mark liegen – relativ zurückgehalten hatte, konnte man in Rüsselsheim beruhigt in die Zukunft blicken.

Der Astra sollte im Laufe der nächsten Monate und Jahre auch als viertürige Stufenheck-Variante sowie als Multi-Van-Variante namens »Zafira«, als Coupé (wieder von Bertone gezeichnet) und als Cabriolet auf den Markt kommen – und damit die gesamte Bandbreite der Käuferwünsche abdecken. So war der Zafira erstmals als Prototyp auf dem Frankfurter Automobilsalon im September 1997 zu betrachten – die Produktion selbst startete dann im Januar 1999.

Was brachte das Jahr 1997 außerdem?

Beispielsweise die Zukunftsstudie »Signum«, die als Oberklassen-Limousine neue Technologie wie einen Aluminium-V6-Turbodieselmotor mit Vierventiltechnik, Common-Rail-Direkteinspritzung und 130 kW (175 PS), ein innovatives Innenraumkonzept sowie vier Informationsdisplays bereitstellte, über die sich die Insassen alle relevanten Daten zu Geschwindigkeit, Verbrauch, Tempo etc. individuell abrufen konnten.

Auf der IAA stellte man auch den »Vectra i500«, einen 143 kW (193 PS) starken und 239 km/h schnellen

Mit seinem 1,0-Liter-Dreizylinder und 55 PS Leistung brauchte die kleinste »Corsa«-Variante nur 5,6 Liter Treibstoff auf 100 Kilometer.

Über den neuen »Astra« schrieb die Presse: »Opels wichtigstes Auto ist, im guten Stil des Hauses, ein sachlicher, nutzwertorientierter Wurf.«

Die Multivan-Variante des Astra erschien unter dem Namen »Zafira« auf dem Markt.

»Sport-Vectra« vor, von dem nur 500 Exemplare mit einem 2,5-Liter-ECOTEC-V6-Motor gebaut werden sollten – auf der Essener Motorshow konnte Opel dann im November bekanntgeben, daß wegen der extrem hohen Nachfrage sogar 1500 Fahrzeuge entstehen sollten.

Und im Dezember stellten die Rüsselsheimer dann mit dem »Arena« einen universell einsetzbaren Transporter in der Klasse von 2,8 bis 3,5 Tonnen vor, der als Kastenwagen und als Combi lieferbar war – mit dem Arena kam auch das erste Ergebnis einer strategischen Zusammenarbeit bei leichten Nutzfahrzeugen mit dem französischen Hersteller Renault zum Laufen. Was die Freunde eleganter Coupés hingegen eher traurig gestimmt haben dürfte, war die Produktionseinstellung des erfolgreichen Calibra im Jahre 1997.

Im Jahr darauf konnte Opel sein Jubiläumsjahr »100 Jahre Opel Automobile« feiern – Robert W. Hendry, der Vorsitzende des Vorstands sagte damals: »Wir präsentieren uns innovativ und selbstbewußt. Die Marke mit dem Blitz knüpft an traditionelle Stärken an: Technische Innovation, herausragende Antriebs- und Fahrwerksqualitäten sowie das besondere Können der Opel-Ingenieure bei Raumausnutzung und Design haben Opel-Automobile stets ausgezeichnet.« Und Opel ergänzte diese

Der »Signum« zeigte auf der IAA im September 1997, wie man sich eine Oberklassen-Limousine in neuem Gewand und mit einem V6-Turbodiesel mit 175 PS Leistung vorstellen könnte.

Mit dem »Arena« ging Opel in die Transporter-Klasse von 2,8 bis 3,5 Tonnen.

Zum 100. Geburtstag schenkte Opel sich und der Öffentlichkeit zwei Studien – darunter auch diesen Kompakt-Van mit der Bezeichnung »Concept A«, die im Jahr 2000 in veränderter Form zum »Agila« mutieren sollte.

Aussage gleich mit den beiden attraktiven Studien »Concept A«, einem Compact Van, sowie dem »Speedster«. Beide Modelle führten damit eine Reihe außergewöhnlicher Studien wie den »Twin« des Jahres 1992 – der eine Lanze für den Hybridantrieb brechen sollte – oder den kompakten »MAXX« des Jahres 1996 fort, der – in der besten Tradition eines kleinen Stadtwagens – bereits über den 1-Liter-Dreizylindermotor verfügte, der kurze Zeit später in den Corsa fließen sollte. Und natürlich arbeitete man auch intensiv an alternativen Motorkonzepten – so wurde 1997 auf der Basis eines »Sintra Fuel Cell« ein Brennstoffzellen-Prototyp gezeigt, der von dem neu gegründeten »Global Alternative Propulsion Center« (GAPC) entwickelt worden war – und dessen 50 kW (68 PS) starker, von einer Brennstoffzelle gespeister Drehstrommotor bis 2004 serienreif sein soll.

Was die beiden neuen Studien des Jubiläumsjahrs jedoch von den attraktiven Vorgängern unterschied, war die Tatsache, daß die Grundkonzeption der Concept A-Studie – wenn auch in veränderter Form – im Jahr 2000 in den »Agila« einfließen sollte. Und der mit

Der Weg zu alternativen Antriebsformen wurde unter anderem auch mit dem »Sintra Fuel Cell«, einem Brennstoffzellen-Prototyp erforscht.

Die zweite Geburtstagsstudie trug den schlichten Namen »Speedster« – und auch sie sollte in einer limitierten Serienproduktion enden.

Im Herbst 1998 präsentierten die Rüsselsheimer in Leipzig den »Astra Stufenheck«.

einem 108 kW (147 PS) starken Mittelmotor, Aluminium-Chassis und Kunststoffkarosserie ausgestattete Speedster (Leergewicht um 800 Kilogramm) fand sich sogar in nahezu unveränderter Gestalt vom Herbst 2000 an bei den Händlern, wo der ultraleichte und agile Roadster auf Anhieb für Aufsehen sorgte.

Das Jahr selbst stand für Opel jedoch ganz im Zeichen der erfolgreichen Einführung des neuen »Astra«, der mit 175.000 Neuzulassungen das erfolgreichste Opel-Modell war – eine Ziffer, zu der auch die Einführung des Astra-Stufenheck auf der Leipziger Messe »Auto Mobil International« im Herbst 1998 ihren Teil beitrug. Mit ihrem c_W-Wert von 0.29 und einem besonders großen Kofferraumvolumen von 460 Litern eroberte sich diese Astra-Variante auf Anhieb ein eigenes Publikum, dem die Schrägheck-Version noch etwas zu modisch geraten war.

Wie gut den Opel-Ingenieuren der Astra geglückt war, zeigte sich dann auch im Juni 1998, als drei Rennfahrzeuge mit dem 200 PS starken 2-Liter-ECOTEC-Motor beim berüchtigten »24-Stunden-Rennen« auf dem Nürburgring in ihrer Klasse einen überlegenen Doppelsieg erringen konnten. Überhaupt hatte Opel in den vergangenen Jahren wieder erfolgreich zum Motorsport zurückgefunden: Nachdem man im Herbst 1993 auf dem Hockenheimring erstmals den »Calibra 4x4« mit dem 2,5 Liter V6-Motor einsetzte, fuhren dann in der Saison 1994 der Ex-Formel 1-Weltmeister Keke Rosberg und die beiden Le Mans-Sieger Manuel Reuter und »John Winter« alias Louis Krages immer wieder auf das Siegerpodest. Und nur zwei Jahre später hatte Opel dann den Marken- und mit Manuel Reuter auch den Fahrer-Titel der Internationalen Tourenwagen-Meisterschaft gewonnen. Neun Siege, sechs schnellste Rennrunden und etliche weitere Plätze auf dem Siegestreppchen hatten die Basis für den großartigen Erfolg bei der härtesten Tourenwagen-Meisterschaft der Welt gelegt.

1996 wurde erstmals auch der »Vectra« bei Rennen eingesetzt, der dann 1997 im Super-Tourenwagen-Cup (STW) mit sechs Fahrzeugen zum Einsatz kam –

Von 1996 an kam der »Vectra« auch im Rennsport zum Einsatz – und 1998 gewann Opel die »Deutsche Supertourenwagen-Meisterschaft« mit diesem Fahrzeugtyp.

Seit vielen Jahren ist der von Siegfried Spiess präparierte 2-Liter-Opel-Vierzylinder das Maß der Dinge in der Formel 3 – und die Zahl der Titel wächst jedes Jahr weiter.

Auf der Basis des Astra präsentierte Opel 1998 eine Rennwagen-Studie für Sechs- und Achtzylinder-Triebwerke mit bis zu 600 PS Leistung – zwei Jahre später sollte dann eine entsprechende Rennserie an den Start gehen.

und am Ende der Saison war Uwe Alzen achtmal auf dem Podium und als Fünfter im Gesamtklassement ins Ziel gekommen. »Keine schlechte Bilanz für unseren ersten Einsatz mit dem 300 PS starken Vectra«, zog Rennleiter Volker Strycek eine positive Bilanz, »deshalb werden wir 1998 mit vier Werks-Wagen antreten«. Ein Einsatz, der mit dem Gewinn des Markentitels der Deutschen Supertourenwagen-Meisterschaft nach sechs Siegen und fünf Polepositions endete. Und in der Wintersaison errang ein Astra V6 4x4 einen überlegenen Sieg in der Andros-Trophy – der besonders in Frankreich überaus populären Eisrennserie. Die Einsätze bei den Tourenwagen waren aber nicht nur auf Deutschland beschränkt – die Vectras kamen auch bei entsprechenden Rennen in England, Südafrika, Japan, Schweden und Norwegen zum Einsatz.

Opel engagierte sich in den 90er Jahren aber nicht nur in den Top-Klassen der Tourenwagen, sondern man beteiligte sich auch erfolgreich in den Rennen der Formel 3, wo die mittlerweile 207 PS starken Triebwerke noch immer von Siegfried Spiess vorbereitet werden. Wie gut diese Motoren waren und bis heute sind, zeigt sich nicht nur an den vielen Titelgewinnen in der Deutschen Formel 3-Meisterschaft, sondern auch daran, daß sie mittlerweile in England, Frankreich, Italien, Japan und der Schweiz zum Einsatz kommen – und dazu gibt es noch die internationale Formel Opel E.U.-Serie sowie zwei nationale Formel Opel-Serien in England und Irland.

1998 zeigte Opel dann auch eine Rennwagen-Studie auf Astra-Basis, die als kreativer Beitrag für ein neues, möglicherweise von 2000 an gültiges Tourenwagen-Konzept dienen sollte. Ein Konzept für ein technisch hochwertiges, spektakuläres, schnelles und gleichzeitig vergleichsweise kostengünstiges Wettbewerbsfahrzeug, das den Einsatz von V6- und V8-Triebwerken mit bis zu 600 PS Leistung vorsah – und in leicht veränderter Form dann tatsächlich im Frühjahr 2000 auf den Pisten auftauchte.

Ende 1998 präsentierte Opel dann auch noch auf der 57. Nutzfahrzeug-IAA seine gesamte Nutzfahrzeug-Palette – wobei der neue »Movano« als Transporter in der Klasse bis 3,5 Tonnen im Mittelpunkt stand. Mit diesem neuen Modell, das mit drei verschiedenen Radständen sowie drei Dachhöhen lieferbar ist, verfügten die Rüsselsheimer nun über vier Nutzfahrzeug-Baureihen: den »Combo« auf der Basis des Corsa als Partner für Handwerksbetriebe, Gärtner oder beispielsweise Pizza-Bäcker. Darüber rangiert der »Campo« als Pickup mit drei verschiedenen Aufbauten und zwei unterschiedlichen Triebwerken (2,5-Liter-Direkteinspritzer und 3,1-Liter-Turbodiesel) für ökonomische Transportaufgaben. Der im Jahr zuvor präsentierte »Arena«

Mit dem »Movano« kam Ende 1998 ein neues Nutzfahrzeug in der Klasse bis 3,5 Tonnen auf den Markt.

Im November 1998 erschien die zweite »Frontera«-Generation bei den Händlern – hier die Kurz-Version mit zwei Türen.

dient als Kastenwagen und als Kombi mit bis zu neun Sitzplätzen und einer maximalen Zuladung von 941 Kilogramm – während der Movano mit seiner bereits erwähnten Vielzahl an Varianten nahezu alle Transportaufgaben lösen hilft.

Die letzte Neuigkeit dieses Jahres war dann der neue »Frontera«, der im November zu den Händlern kam. Für die zweite Generation hatten die Designer dem Frontera eine weichere, elegantere Karosserie mit auf den Weg gegeben – die Techniker hatten hingegen mit modernen Vierventil-Motoren, weiter verbessertem Fahrkomfort und Handling sowie einer weiter verbesserten Sicherheit ihren Teil zur grundlegenden Überarbeitung beigetragen. Zu den wichtigsten technischen Neuerungen zählten ein neuer 2,2-Liter-Direkteinspritzer-Turbodiesel mit Vierventiltechnik sowie das serienmäßige »No-Stop-Allrad«-System (NSA), das den Wechsel zwischen Heck- und Vierradantrieb bequem per Knopfdruck während der Fahrt ermöglicht. Der Frontera, der seit seiner Markteinführung 1991 europaweit in mehr als 200.000 Einheiten verkauft werden konnte, war nun als dreitürige Kurzversion »Sport« und als Fünftürer mit langem Radstand lieferbar – und erstmals gab es auch in einigen Versionen ein Vierstufen-Automatikgetriebe.

Wer mehr Raumbedarf hatte, konnte den Frontera mit seinen weicheren Formen und den modernen Vierventilmotoren auch als viertürige Langversion ordern.

Mit Platz für sieben Personen und einer völlig neuen Innenraumvariabilität besetzte Opel mit dem »Zafira« als erster deutscher Hersteller das Segment der Compact Vans.

Mit seinen drei Motoren – einem 2,2-Liter-ECOTEC-16V-Vierzylinder mit Ausgleichswellen und 100 kW (136 PS), dem neuen Vierventil-Dieseltriebwerk mit 85 kW (115 PS) sowie dem 3,2-Liter-V6-Motor mit 151 kW (205 PS) Leistung – bot der Frontera die gesamte Bandbreite an Leistung von hoch ökonomisch bis äußerst leistungs- und drehmomentstark, und damit verteidigte er auch erfolgreich wieder seinen Anteil am Geländewagenmarkt.

Produzierte das Unternehmen 1998 noch 876.400 Fahrzeuge und erzielte mit 30,3 Milliarden Mark den höchsten Wert der Unternehmensgeschichte, so bot das Jahr 1999 eine auf 878.311 Exemplare erhöhte Fahrzeugproduktion – dazu kamen 322.559 CSO-Teilesätze, die in anderen Werken des Unternehmens komplettiert wurden. Und mit einem Exportanteil von 62,4 Prozent konnte der Wert von 58,2 Prozent des Vorjahrs ebenfalls übertroffen werden.

Der Vorstands-Vorsitzende Robert W. Hendry sah die Schwerpunkte dieses Jahres so: »Bis 2004 investiert Opel rund neun Milliarden Mark in neue Modelle und Produktionsanlagen. Mit einer Investitionssumme von allein 820 Millionen Mark entsteht in Rüsselsheim eines der modernsten Automobilwerke der Welt – hier ist der Produktionsbeginn bereits für das Jahr 2002 vorgesehen.« Und dazu merkte Hendry noch an: »Neben marktgerechten Produkten und modernen, hoch produktiven Werken ist ein starkes Markenprofil Schlüssel für den weiteren Unternehmenserfolg – vier Eigenschaften unterstreichen dieses Markenprofil: Flexibilität und Vielseitigkeit im Innenraum – dynamisches Fahrverhalten – modernes, ausdrucksstarkes Design – fortschrittliche Infotainment-Systeme.«

Ein Anspruch, den Opel im Januar 1999 mit der Einführung des »Zafira« in die Tat umzusetzen begann. Mit diesem Modell – das auf Anhieb renommierte Preise wie das »Goldene Lenkrad« der *Bild am Sonntag*, die »Auto Trophy« der *Auto-Zeitung* oder »Bestes Auto des Jahres« in der Kategorie Vans von *auto, motor und sport* erhielt – besetzte Opel als erster deutscher Hersteller das Segment der Compact Vans.

Mit Platz für sieben Personen und einer völlig neuen Innenraumvariabilität setzte der Zafira in der Tat Maßstäbe – sein besonderer Clou war das FLEX7-System, mit dessen Hilfe sich der Siebensitzer mühelos in einen Zweisitzer mit bis zu 1700 Litern Transportvolumen verwandeln ließ. Dabei mußten – dank eines intelligenten Falt- und Klappmechanismus – keine Sitze ausgebaut und außerhalb des Fahrzeugs gelagert werden. Und da der Zafira außerdem erstaunlich leicht (Leergewicht: 1375 Kilogramm) und aerodynamisch ausgefeilt (c_W-Wert: 0.33) geriet, boten die 1,6- und 1,8-Liter-ECOTEC-16V-Vierzylinder mit 74 kW (100 PS) und 85 kW (115 PS) Leistung auch viel Temperament bei niedrigen Verbrauchswerten. Im Spätsommer 1999 kam dann noch ein 2,0-Liter-Vierventil-Direkteinspritzer-Turbodiesel mit 60 kW (82 PS) für die Freunde des Selbstzünders mit ins Programm. Wie sehr man bei Opel an den Erfolg dieses Modells glaubte, zeigte sich auch in der Tatsache, daß der Produktionsstandort Bochum bereits im ersten Jahr auf eine Stückzahl von rund 145.000 Modellen ausgelegt wurde – und für das Jahr 2000 waren dann schon 200.000 Einheiten vorgesehen.

Ebenfalls im Frühjahr 1999 präsentierte sich aber auch der Klassiker Vectra optisch kraftvoller und technisch deutlich verbessert. Für das neue Erscheinungs-

Von Frühjahr 1999 an gab sich der Klassiker »Vectra« optisch kraftvoller und technisch deutlich verbessert.

Der Astra »Eco 4« ist mit seinem 1,7-Liter-Direkteinspritzer-Turbodiesel der erste 4-Liter-Opel (u.). Völlig überarbeitet stand auch 1999 der »Omega« als Limousine und als Caravan auf der IAA in Frankfurt (ganz unten).

bild sorgten neue Stoßfänger und Seitenschweller, ein Kühlergrill mit Chromeinfassung sowie H7-Scheinwerfer in Klarglas-Optik mit etwa 20 Prozent mehr Lichtausbeute. Zu den technischen Highlights zählte eine technisch stark überarbeitete Triebwerkspalette, darunter ein neuer 1,8-Liter-16V-Motor mit 85 kW (115 PS) Leistung sowie ein neu abgestimmtes Fahrwerk und eine direktere Lenkung. Charakteristisch für das Motorenangebot, das insgesamt vier Benziner mit einem Leistungsspektrum von 74 kW / 100 PS bis 125 kW / 170 PS sowie zwei Vierventil-Turbodiesel-Direkteinspritzer mit 60 kW (82 PS) und 74 kW (100 PS) umfaßte, war auch das hohe Maß an Umweltverträglichkeit. So erfüllten alle Motoren einschließlich der Dieseltriebwerke die deutsche D3-Norm – und der 2,5-Liter-Sechszylinder entsprach mit der D4-Norm der derzeit strengsten gültigen Abgasbestimmung.

Die Frankfurter IAA war im September 1999 einmal mehr der Ort, an dem Opel Neuigkeiten präsentierte – so beispielsweise das Astra Coupé, das von 2000 an bei der italienischen Karosseriefirma Bertone produziert werden sollte. Oder der Astra »Eco 4«, mit dem Opel das erste Vier-Liter-Auto in der kompakten Mittelklasse präsentierte. Dank eines besonders sparsamen 1,7-Liter-Direkteinspritzer-Turbodiesels mit 55 kW (75 PS), einer aerodynamisch optimierten Karosserie, eines kostengünstigen Leichtbaus sowie rollwiderstandsarmer Reifen konnte diese Astra-Version – die im Herbst 2000 serienreif wurde – zum Preis von 28.185 Mark trotz einer Höchstgeschwindigkeit von 175 km/h mit Verbrauchswerten unter 4,5 Liter auf 100 Kilometer glänzen.

Große Aufmerksamkeit galt aber auch dem überarbeiteten Omega, der mit

einer deutlich aufgewerteten Optik, einem aktualisierten Innenraum und zahlreichen technischen Verbesserungen als Limousine und als Caravan den Erfolgsweg des »großen« Opel fortsetzen sollte. Für die Neuauflage des Omega wurden mit knapp 3000 von etwa 8000 Einzelteilen über ein Drittel aller Komponenten neu konstruiert oder verändert. Neben der neuen Front mit

Mit konsequentem Aero-Design und intelligentem Leichtbau schaffte die viersitzige Studie »G90« den Sprung unter die 4-Liter-Grenze.

Der »Astra OPC« ist das erste Produkt des »Opel Performance Center« – hier sorgen 160 PS für 220 km/h.

Klarglasoptik und einem neuen Interieur kamen aber auch neue Motoren mit 2,2 Liter Hubraum und 106 kW (144 PS) Leistung und ein aus Amerika bezogener 5,7-Liter-Aluminium-Achtzylinder zum Einsatz, der erst einmal in der Studie »Omega V8.com« mit innovativer Kommunikations- und Unterhaltungselektronik präsentiert wurde. Ein Top-Modell, das von Frühjahr 2001 an mit 228 kW (310 PS) Leistung und einer bei 250 km/h abgeregelten Höchstgeschwindigkeit für Furore sorgen soll.

Und last, but not least, zeigten die Rüsselsheimer aber mit dem »G90« auch noch ein – dank konsequentem Aero-Design (c_W-Wert: 0.22) und intelligentem Leichtbau (Leergewicht: 750 Kilogramm) – sehr verbrauchsgünstiges Konzeptfahrzeug, bei dem der 1-Liter-Dreizylinder bei einem Verbrauch von 3,88 Litern pro 100 Kilometer lediglich 90 Gramm CO_2 pro Kilometer emittiert. Damit unterbot der vollwertige Viersitzer im Format der Astra-Klasse den von der Europäischen Union erst für das Jahr 2008 vorgesehenen Hersteller-Flottenwert von 140 Gramm pro Kilometer um gut ein Drittel.

Auf der IAA 1999 trat aber auch erstmals das »Opel Performance Center« (OPC) mit einem eigenen Modell an das Licht der Öffentlichkeit – die im Februar 1997 gegründete selbständige Tochtergesellschaft ist für die Planung, Entwicklung und Koordination des europaweiten Rundstrecken- und Rallye-Engagements von Opel und der britischen Schwestermarke Vauxhall zuständig. Parallel dazu konzipiert das Spezialisten-Team in enger Zusammenarbeit mit dem Internationalen Technischen-Entwicklungszentrum von Opel in Rüsselsheim aber auch exklusive Fahrzeug-Kleinserien. Und hier war der »Astra OPC« das erste bei den Händlern zu bestellende Objekt, das mit seinem nun auf 118 kW (160 PS) leistungsgesteigerten 2-Liter-16V-Motor für 42.900 Mark immerhin 220 km/h Höchstgeschwindigkeit und eine Beschleunigung in 8,2 Sekunden von Null auf 100 km/h bereitstellt. Und mit einer Auflage von mindestens 3000 Exemplaren bot der Astra OPC die Voraussetzung für die Homologation für den Einsatz im Breitensport-Bereich.

Im Motorsport engagierte sich Opel im Jahr 1999 mit dem Vectra bei der Deutschen Supertourenwagen-Meisterschaft (STW) und natürlich auch wieder bei der Deutschen Formel 3-Meisterschaft – am Ende des Jahres hatte sich Uwe Alzen auf dem bis zu 315 PS starken Vectra mit sechs Siegen und vier schnellsten Trainingszeiten erneut den Vize-Titel in dieser heißumkämpften Meisterschaft geholt. Damit trat der Vectra die erfolgreiche Nachfolge des Calibra V6 an, mit dem Opel 1996 den Fahrer- und Markentitel in der FIA Internationalen Tourenwagen-Meisterschaft (ITC) gewonnen hatte.

In der Formel 3 stellte der Opel-Zweiliter-V16-Motor mit 210 PS Leistung auch in seiner zehnten Saison mit dem Gewinn von vier nationalen Meisterschaften seine Qualitäten beeindruckend unter Beweis – »Powered by Opel« eroberten Christijan Albers in Deutschland, Sebastien Bourdais in Frankreich, Peter Sundberg in Italien und Jo Zeller in der Schweiz den Titel. Und im Rallye-Sport gewann der Astra Kit Car mit seinen 280 PS bei 960 Kilogramm Leergewicht in seiner ersten Saison nicht nur bei der »Schweden-Rallye« seinen ersten WM-Lauf, sondern auch drei nationale Titel in Deutschland, Schweden und Norwegen.

Für die Saison 2000 arbeitete man bei Opel bereits seit einiger Zeit an einem völlig neuen Fahrzeug für die wieder auferstandene Deutsche Tourenwagen-Meisterschaft (DTM), für die auf der Basis des Astra Coupés acht Tourenwagen mit einem 450 PS starken Vierliter-V8-Motor aufgebaut wurden. Als Basis dieses Triebwerks diente der »Aurora V8« aus dem Haus Oldsmobile, der aus der Indy Racing League (IRL) stammt. Parallel zu diesen spektakulären Gefährten waren natürlich auch weiterhin Einsätze in der Formel 3, beim Rallye-Sport und mit dem Astra OPC bei Tourenwagen-Rennen – und die Franzosen bekamen für ihre beliebten und spektakulären Eisrennen erneut zwei neue Astra V6 4x4.

Im Bereich alternativer Antriebe konzentrierte sich Opel in erster Linie auf die Weiterentwicklung der umweltfreundlichen Brennstoffzellen-Technologie. Mit Wasserstoff fiel die Entscheidung auf diejenige Kraftstoffvariante, die außer Wasserdampf keine weiteren Abgase emittiert. Ein wichtiger Durchbruch im Hinblick auf die Alltagstauglichkeit der innovativen Antriebstechnologie gelang den rund 250 Mitarbeitern im gemeinsam von Opel und General Motors betriebenen GAPC: Erstmals gelang es den Experten, wiederholt eine Brenn-

Hinter dem Steuer dieses Opel V8 Coupés sitzt der Franzose Eric Helary vom Team Opel Holzer.

stoffzellen-Einheit bei einer Eigen- sowie Umgebungstemperatur von minus 20 Grad zu starten und direkt mit voller Leistungskapazität elektrische Energie zu erzeugen. Mittlerweile erfolgen Tests sogar bei minus 40 Grad Celsius. Auf dem Genfer Automobilsalon 2000 präsentierte Opel mit der ersten ausschließlich mit Wasserstoff betriebenen Variante bereits den dritten fahrfertigen Versuchsträger auf Basis des Compact Van Zafira.

Und der Ausblick für das neue Millennium verhieß ebenfalls etliche Neuheiten – Robert W. Hendry: »Die Adam Opel AG wird im Jahr 2000, neben weiteren Varianten der erfolgreichen Astra-Modellreihe und attraktiven Editionen verschiedener Modellreihen, neue Modelle auf den Markt bringen. Neben dem Astra Eco 4 und dem Micro-Van Agila werden das Astra Coupé und der aufregende Opel Speedster sowie der neue Corsa auf den Markt kommen.«

Im Frühjahr 2000 stand mit dem »Astra Coupé« die nächste Variante dieses erfolgreichen Modells bei den Händlern – und das Angebot kam mit seinem sportlich-eleganten Design, den hohen Fahrleistungen und der umfangreichen Komfort- und Sicherheitsausstattung auf Anhieb gut an. Die drei zur Verfügung stehenden ECOTEC-Vierventil-Triebwerke mit 1,8 Liter Hubraum (85 kW / 115 PS), 2,2 Liter Hubraum (108 kW / 147 PS) und einem neuen 2-Liter-Turbomotor (140 kW / 190 PS) ermöglichten zusammen mit der guten Aerodynamik (c_W: 0.28) Geschwindigkeiten bis zu 240 km/h. Der Bau der jährlich etwa 30.000 Exemplare erfolgte – wie bei den Opel Coupés und Cabriolets üblich – bei der Karosseriefirma Bertone in Turin.

Von Frühjahr 2000 an überzeugte das von Bertone gezeichnete »Astra Coupé« erfolgreich in der Rolle des eleganten Beaus im Modellprogramm.

Der Wolf im Schafspelz – diese Rolle ist dem »Omega V8« mit seinem 5,7-Liter-Achtzylinder perfekt auf den Leib geschnitten.

Mit einem permanenten Allradantrieb und einem 150 PS starken 2,2-Liter-Benzin-Direkteinspritzer überraschte die Studie »Zafira Snowtrekker« auf dem Genfer Autosalon im März 2000.

Von Juli 2000 an stand der »Agila« als fünftüriger Stadtwagen mit hoher Innenraum-Variabilität bei den Händlern.

Auf dem Genfer Automobilsalon präsentierte Opel dann Ende Februar 2000 nicht weniger als drei neue Modelle und zwei Konzeptfahrzeuge – neben dem neuen Achtzylinder-Flaggschiff »Omega V8« war erstmals auch die Serienversion des besonders fahraktiven Leichtbau-Zweisitzers Speedster sowie der Microvan »Agila« zu betrachten. Dazu gab es auf der Basis des Zafira zwei Studien zu sehen: Ein Brennstoffzellen-Auto mit Wasserstoffantrieb sowie das bereits in den USA gezeigte Wintersport-Konzeptfahrzeug »Zafira Snowtrekker« mit einem 110 kW (150 PS) starken 2,2-Liter-16V-Benzin-Direkteinspritzer-Triebwerk und permanentem Allradantrieb.

Am schnellsten sollte der »Agila« seinen Weg auf die Straßen finden – der kleine Microvan rollte von Juli an zu den Händlern, wo der kleine, fünftürige Stadtwagen rasch seine Freunde fand. Der Agila, der bei extrem kompakten Abmessungen (Länge: 3,50 Meter) erstaunlich viel Platz und eine hohe Variabilität im Innenraum bietet, kam mit einem 1 Liter großen Dreizylindermotor mit 43 kW (58 PS) sowie einem 1,2-Liter-Vierzylinder mit 55 kW (75 PS) auf den Markt, der für Geschwindigkeiten zwischen 142 und 155 km/h sorgt. Dank eines intelligenten Klappmechanismus kann das Ladevolumen von 240 Liter leicht auf 1250 Liter vergrößert werden, wobei die große, weit zu öffnende Heckklappe und die niedrige Ladekante ihren Teil dazu beitragen, daß auch größere Gegenstände mühelos verstaubar sind.

Zu den weiteren Stärken gehört aber auch der geringe Serviceaufwand, den die aus dem Corsa bekannten Motoren erfordern: So sind beispielsweise die Ventil- und Nockenwellen-Antriebe völlig wartungsfrei, womit die Betriebskosten niedrig gehalten werden können. Gebaut wird der Wagen in dem polnischen Gleiwitz. Die moderne, nach Eisenacher Vorbild konzipierte Produktionsstätte garantiert mit hochentwickelten Fertigungsmethoden einen ebenso hohen Qualitätsstandard. Dies kommt auch in der zwölfjährigen Garantie gegen Durchrostung zum Ausdruck – im ersten vollen Produktionsjahr ist der Bau von 100.000 Fahrzeugen geplant.

Bis zum Herbst sollte es dann dauern, bis mit dem »Speedster« ein ziemlich radikaler Roadster auf den Markt kam, der seine Fahrfreude und Agilität aus dem Zusammenspiel von sehr wenig Gewicht (Chassisgewicht: 71 Kilogramm/ Leergewicht: 870 Kilogramm) und einem kleinen, temperamentvollen 2,2-Liter-Vierzylinder mit 108 kW (147 PS) Leistung zog. Für einen Preis von 59.900 Mark bot der Mittelmotor-Zweisitzer nicht weniger als 220 km/h Höchstgeschwindigkeit und eine Beschleunigung in 5,9 Sekunden von Null auf 100 km/h – und da für die nächsten drei Jahre eine Produktion von nur etwa 3000 Exemplaren pro Jahr geplant ist, wird der Speedster auch ein ziemlich rares Auto bleiben.

Ein Fahrzeug, von dem die Zeitschriften – wie beispielsweise *mot* – schon vor dem Serienanlauf schwärmten: »Auf dem Sportwagensektor bisher ein ziemlich unbeschriebenes Blatt, zündet Opel gleich bei seinem ersten Auftritt in diesem Genre eine extreme Rakete. Das Rezept für den Speedster ist im Sinne der reinen Lehre des Sportwagenbaus äußerst vielversprechend: extrem niedriges Gewicht, reinrassiges Fahrwerk, zentral angeordneter Motor – umhüllt von einer knapp geschnittenen Außenhaut mit abnehmbarem Dach. So

Ganze 3000 Exemplare sollen jährlich von dem Opel »Speedster« produziert werden – zum Preis von 59.900 Mark erreicht der kompromisslose Zweisitzer mit seinen 147 Pferdestärken glatte 220 km/h.

Der »Vivaro« demonstrierte auf der Nutzfahrzeug-IAA Ende September 2000 wie sich Opel eine neue, innovative Transporter-Generation vorstellen könnte.

genügen 147 PS für eine atemberaubende Fahrdynamik – die Kurve lebt.«

Etwas länger mußte man dann noch auf den Omega V8 warten, der mit seinem Achtzylindermotor mit 5,7 Liter Hubraum und Drehmoment ohne Ende für seine Form von Fahrerlebnis sorgte – er sollte im Frühjahr 2001 bei den Händlern stehen. Besonders attraktiv: Der Omega V8 wird nicht nur als Limousine, sondern auch als betont sportlich-luxuriöser Caravan in kleineren Stückzahlen gefertigt werden.

Und auf der Nutzfahrzeug-IAA in Frankfurt war dann Ende September als Weltpremiere der Prototyp eines neuen, innovativen Transporters mit dem Namen »Vivaro« erstmals zu betrachten. Das gemeinsam mit Renault entworfene frontgetriebene leichte Nutzfahrzeug wird 2001 mit zwei Radständen (3098 und 3409 Millimeter), 1200 Kilogramm Nutzlast sowie zwei Diesel- und einem Benzinmotor mit einem Leistungsspektrum von 58 kW (80 PS) bis 88 kW (120 PS) zu den Händlern kommen.

Das wichtigste Modell dieses Jahres kam dann ebenfalls im September 2000 ans Licht der Öffentlichkeit: der neue Corsa. Gekonnt in Form gesetzt, bekamen der Drei- und der Fünftürer – die mit vier Benzin- und zwei Dieseltriebwerken an den Start gingen – auf Anhieb gute Kritiken. Besonders überzeugend war die Komplettausstattung, die selbst beim 1-Liter-Einstiegsmodell (43 kW / 58 PS) zum Preis von 20.900 Mark bereits über Seiten-Airbags, ABS und eine geschwindigkeitsabhängige Servolenkung verfügte. Die Motorisierungspalette selbst bestand aus dem bereits erwähnten 1-Liter-Motor, zu dem sich noch ein 1,2-Liter mit 55 kW (75 PS), ein 1,4-Liter mit 66 kW (90 PS) sowie ein 1,8-Liter-Motor mit 92 kW (125 PS) gesellte – bei den Dieseltriebwerken kamen zwei 1,7-Liter-Motoren mit 48 kW (65 PS) und 55 kW (75 PS) hinzu. Die einstimmige Meinung der Fachpresse: Mit diesem Modell hat Opel wieder einmal Maßstäbe gesetzt.

Spannendes gab es auch aus dem Rennsport zu berichten, wo die bärenstarken »Astra Coupés« mit ihren Achtzylindern auf Anhieb an der Spitze mitfahren konnten. Hier bewiesen die Siege und guten Plazierungen bei den ersten Rennen, wie gut man sich auf die Saison vorbereitet hatte. Besondere Begeisterung herrschte natürlich bei dem 3. und 4. Lauf zur Deutschen Tourenwagen-Meisterschaft in Oschersleben, als Manuel Reuter und Joachim Winkelhock einen zweifachen

Der »Corsa«, der mittlerweile in elf Werken in allen fünf Erdteilen gefertigt wird, feierte im September 2000 völlig überarbeitet Weltpremiere. Und obwohl der neue Corsa größer und komfortabler geraten war, blieb er wendig und kompakt.

Doppelsieg erringen konnten – Manuel Reuter sollte dann mit diesem reinrassigen Rennwagen im Juli auch noch den fünften Lauf am Norisring in Nürnberg als Gewinner beenden.

Doch trotz aller Begeisterung für den Motorsport beschäftigten sich die Rüsselsheimer natürlich noch immer hauptsächlich mit dem Bau und Verkauf von Autos.

Als deutsche Tochter des größten Automobilherstellers der Welt ist Opel zweifellos gut für eine Zukunft gerüstet, in der eine immer verwöhntere Kundschaft nach immer mehr Nischenvarianten fragt. Mit einem Angebot, das vom kleinen Corsa bis hin zum Omega und vom Caravan über den betont sportlichen Speedster und Cabrios bis hin zu Geländewagen und Vans in allen Größenordnungen reicht, hat Opel zweifellos für jeden ein Fahrzeug im Angebot – eine Perspektive, die sich der Nähmaschinenfabrikant Adam Opel wohl kaum vorstellen konnte, als er beschloß, seinen Söhnen zuliebe Fahrräder und später dann Automobile zu bauen. Und das alles lange, bevor die Herren Daimler und Benz das Auto erfanden.

Der Astra OPC – hier mit Stefan Kissling am Steuer - gehört heute in der »Deutschen Tourenwagen Challenge« (DTC) zu den wichtigsten und erfolgreichsten Fahrzeugen (o.). Mit ihren großen Achtzylindertriebwerken bieten die bärenstarken Astra-Coupés Motorsport vom Feinsten – der Pilot der Startnummer 7 ist Manuel Reuter, der 1996 auf dem Opel Calibra der letzte Champion der damaligen DTM/ITC-Serie war. (u.).

Die Quellen für dieses Buch

L. Scott Bailey (Hrsg.): *Opel – Räder für die Welt,* 4. Auflage, Stuttgart 1990

Eckhart Bartels: *Opel Personenwagen,* Podszun-Verlag, Brilon 1987

Eckhart Bartels: *Das Opel Kapitän-Buch,* Podszun-Verlag, Brilon 1987

Eckhart Bartels / Reiner Manthey: *Das Opel Manta-Buch,* Podszun-Verlag, Brilon 1990

Klaus Buhlmann: *Die Opel Rallye-Story,* Motorbuch-Verlag, Stuttgart 1983

Hans-Heinrich von Fersen: *Automobile in Deutschland 1885–1920,* Motorbuch-Verlag, Stuttgart 1982

Olaf von Fersen (Hrsg.): *Ein Jahrhundert Automobiltechnik Personenwagen,* VDI-Verlag, Düsseldorf 1986

Thomas Fuths / Christoph Reifenrath / Stefan Schrahe / Oliver Schrott: *Das große Opel Kadett-Buch,* Heel-Verlag, Königswinter 1988

Norbert Giesen: *Das große Opel Manta-Buch,* Heel-Verlag, Königswinter 1990

Roger Gloor: *Nachkriegswagen 1945–1960,* Hallwag-Verlag, Bern 1984

Roger Gloor: *Personenwagen der 60er Jahre,* Hallwag-Verlag, Bern 1984

Dieter Günther / Walter Wolf: *Das große Opel GT-Buch,* Heel-Verlag, Königswinter 1988

Heinrich Hauser: *Opel – ein deutsches Tor zur Welt,* Frankfurt 1937

Ferdinand W. C. Käsmann: *Weltrekordfahrzeuge 1898 bis heute,* Verlag Kohlhammer, Stuttgart 1984

Reinhard Klein / Helmut Deimel: *Der Rallye-Sport,* Verlag Druckhaus Rudolf Müller, Köln (verschiedene Jahrgänge)

Jürgen Lewandowski: *Das Jahrhundert des Automobils,* Südwest-Verlag, München 1985

T. A. S. O. Mathieson: *Histoire du Grand Prix de l'Automobile-Club de France 1906–1914,* Connaisseur Automobile AB, Stockholm, 1965

Werner Oswald: *Deutsche Autos 1920–1945,* Motorbuch-Verlag, Stuttgart 1977

Werner Oswald: *Deutsche Autos 1945–1975,* Motorbuch-Verlag, Stuttgart 1976

Dieter L. Scharnagl: *Rallye-Autojahrbuch,* Copress-Verlag, München (verschiedene Jahrgänge)

Hans-Jürgen Schneider: *125 Jahre Opel – Autos und Technik,* Verlag Schneider + Repschläger, Wiesbaden 1987

H. C. Graf von Seherr-Thoss: *Die deutsche Automobil-Industrie,* DVA-Verlag, Stuttgart 1974

Alfred P. Sloan: *My Years with General Motors,* Doubleday & Comp., New York 1963

»auto, motor und sport«, Motorpresse-Verlag, Stuttgart (verschiedene Jahrgänge)

»hobby«, Ehapa-Verlag, Stuttgart (verschiedene Jahrgänge)

»Motor-Revue«, Motorpresse-Verlag, Stuttgart (verschiedene Jahrgänge)

»Automobile Quarterly«, USA (verschiedene Jahrgänge)